KB263604

똑똑한 쥐
vs
멍청한 인간

Smart Mice, Not-so-smart People
Copyright ⓒ 2007 by Arthur L. Caplan
All right reserved.

KOREAN language edition ⓒ 2007 by NULBOM Publishing

KOREAN translation rights arranged with Rowman & Littlefield Publishers, Inc., U.S.A.
through EntersKorea Co., Seoul, Korea.

이 책의 한국어판 저작권은 (주)엔터스코리아를 통한
Rowman & Littlefield Publishers, Inc. 사와의 독점 계약으로 늘봄 출판사가 소유합니다.
신 저작권법에 의하여 한국 내에서 보호를 받는 저작물이므로 무단전재와 무단복제를 금합니다.

똑똑한 쥐 vs 멍청한 인간

지은이 / 아더 카플란
대표역자 / 김원중
발행인 / 조유현
발행처 / 늘봄
편 집 / 이부섭 이다영
디자인 / 박준철

등록번호 / 제1-2070 1996년 8월 8일
주 소 / 서울시 종로구 충신동 189-11 동국빌딩 3층
전 화 / (02)743-7784
팩 스 / (02)743-7078

초판 1쇄 펴냄 2007년 5월 1일

ISBN 978-89-88151-76-1 03190

*가격은 표지에 있습니다.

똑똑한 쥐 vs 멍청한 인간

아더 카플란 지음 / 김원중 옮김

늘봄

지은이

카플란 Arthur L. Caplan

미국의 대표적인 생명윤리학자로 펜실베니아 대학의 윤리학과 과장이며, 유펜 생명윤리 센터의
원장. 본교의 엠마뉴엘 로버트 하트 윤리학 교수로 헌정되었고, 2001년, USA Today 지에 의해
'올해의 인물'로 선정되었다. Modern Health Care 지가 선정한 의료 분야에서 가장 영향력 있
는 50인 중에 뽑혔고, the National Journal 에서는 가장 영향력 있는 10인의 미국인 중 한 사람
으로 선정되기도 하였다. (관련사이트 http://bioethics.upenn.edu)
Arthur Caplan / Emanuel & Robert Hart Professor of Bioethics Chair,
Department of Medical Ethics and Director Center for Bioethics University of Pennsylvania
3401 Market St. Suite 320 Phila PA 19104-3308

옮긴이

김원중 대표역 및 감수

서울대 의대와 대학원을 졸업하며 최우수논문상, 우수전공의상, 학장상등을 받았다. 캐나다 몬
트리올 대학 교환교수를 지냈으며, 서울대병원, 백병원, 우리들 병원에서 정형외과 척추담당의
로 근무했으며, 현재 척추전문 시너지 병원 원장으로 있다. 역서로 코마, 바이러스, 죽음의 신,
치명적 치료, 암센터, 미필적 고의, 바이탈 사인, 6번 염색체등 추리, 과학소설과 골프 관련서로
Little red book&golf, 101 instant lessons in golf (Greg Norman)등 다수가 있다.

윤소겸

부산대 미생물학과를 졸업하고, 동대학원에서 박사 학위를 받았다. UC San Deigo 메디컬 스쿨
연구원과 식품의약국 안전본부에서 근무했으며, 현재 Bristol-Myers Squibb 의약회사에 근무하
고 있다. 역서로 늘봄과학신서 '뭐야!', '왜그래?' 등이 있다.

이원주

서강대 사학과를 졸업하고, JM영어학원강사로 근무했으며, 현재 전문번역가로 활동중이다.

이수연

연세대 식품공학과를 졸업하고, 코리아나 특허 법률 사무소에 근무했으며, 현재 미국에서 전문번
역가로 활동중이다.

유수아

외국어대 영어과와 이화여대 통번역대학원을 졸업하였다. 현재 전문번역가로 활동중이다.

자문

김준형

서울대 미생물학과를 졸업하고, 미국 SUNY 스토니 부룩에서 박사학위를 받았다. 예일대 교수
를 역임하고 Sloan 젊은 과학자상을 수상하였다. 현재 펜실베니아 대학 생물학과 교수로 재직중
에 있으며, Penn. 게놈연구소 소장. 국립 진화론 센터 고문, IEEE 컴퓨터 정보생물학 학회지 편
집자, 바이오정보 알고리즘 연구회 운영위원등을 겸임하고 있다.
http://www.bio.upenn.edu/faculty/kim/

문재완

서울대 법대를 졸업하고, 미국 인디애나 로스쿨에서 석 박사를 마치고, 미국 뉴욕주 변호사 자격
을 취득했다. 매일경제 기자를 거쳐, 단국대 교수와 사법제도개혁추진위원회 기획위원을 역임
했으며 현재 한국외국어대학 법학과 부교수로 재직중이다. 저서로는 순진한 상식 매정한 판결,
표현의 자유와 그 한계 등이 있다.

박태식

서강대 영문과와 동대학원 종교학과를 졸업하고, 독일 괴팅엔 대학에서 신학박사 학위를 받았
다. 현재 서강대, 카톨릭대에 출강하며 성공회 신부로 재직중이다. 저서로 나사렛 예수, 일세기
교회, 데미트리우스, 성서를 읽는 11가지 방법, 영화는 세상의 암호등 다수가 있다.

한국의 생명과학연구는 더욱 발전하게 될 것입니다

이 책을 한국어로 번역하여 출간한다고 하니 얼마나 감사한 일인지 모릅니다.

이 책의 목적은 연구원, 정책 결정자 그리고 일반 대중들에게 현재 우리 세대에 가장 대두되고 있는 문제 중, 특히 생명윤리에 관한 문제들에 대해 관심을 갖도록 하는데 있습니다.

한국에서처럼 우수한 과학자들이 급속도로 증가하고 있는 나라에서는 누군가가 과학 연구를 윤리적인 면에서 어떠한 방향으로 진행시킬 것인가를 충분히 고려하여 이끌어가는 것이 중요합니다. 아무쪼록 이 책이 한국의 과학과 정책 결정에 윤리적인 사고를 접합하는데 기여할 수 있기를 바라는 바입니다. 특히 얼마 전 복제기술과 관련 한국에서 벌어진 불미스런 사건을 고려해 볼 때, 바로 지금이 생명의학과 윤리는 꼭 함께 하여야 한다는 것을 깨닫는데 적당한 시기라고 생각합니다.

이제 모든 세계가 알게 되었습니다. 한국 수의학자인 황우석 박사의 연구와 논문이 가짜였다는 사실을 말입니다. 황 박사 이외에 누구도 정확한 사실은 모릅니다. 어쨌든 그가 논문을 통해서, 강연을 통해서, 기자 회견을 통해서 그 동안 어떤 과학자도 해낼 수 없었던 연구, 즉 여러 다른 사람들의 세포에서 사람의 배아 세포를 복제하고 각 복제된 배아 세포에서 줄기세포를 만들어 냈다고 전 세계적으로 발표한 사실이 모두 슬픈 코미디가 되어 버렸습니다.

이번 황 박사 스캔들은 과학계에서 21세기 최대의 조작 사건, 전대미문의 과학 스캔들로 남을 것 같아 안타깝습니다. 또한 전 세계적으로 행해지고 있는 줄기세포 연구의 도덕성에 대한 문제점이 크게 부각되게 되었습니다.

황우석 박사와 연구를 함께 해왔던 피츠버그 대학의 제랄드 세튼(Gerald Schatten)박사는 물론, 황 박사와 함께 세계 줄기세포 연구소(World Stem Cell Hub)의 탄생을 도왔던 많은 연구자들 역시 법적이나 사회적으로 매우 혼란스럽고 불명예스러운 멍에를 짊어지게 되었습니다.

또한 지난 수년간 황 박사의 주요 논문들이 기재되었던 저명한 학술 잡지인 사이언스지(Science)와 네이처지(Nature)도 심사위원을 맡은 과학자들의 검토가 철저하지 못했고, 편집과정 또한 신중하지 못한 것으로 밝혀져 명성에 금이 갔습니다.

보통사람들에게는 이번 일이 한 유명인이 실추하는 모습으로 그저 재미있는 한 사건인지는 몰라도, 우리 과학자들은 이번 사건 — 복제

인간 배아세포에서 줄기세포를 얻어내었다는 황우석 박사의 연구가 조작이라는 것 – 이 실제로 무엇을 의미하며, 관련분야의 연구가 앞으로 어떤 나쁜 영향을 받게 될 지 알아볼 필요가 있습니다.

황 박사의 연구가 중지되었다는 것이 모든 복제연구의 종말을 의미하는 것은 결코 아닙니다. 조작하였다는 것이 나쁜 일이긴 해도, 그 이론이나 이 분야의 연구가 모두 함께 매도되고 그 자체가 죄악시되어야 하는 것은 아닙니다. 이번 사건의 문제점은 황우석 개인에 관련된 것이지 과학적인 면에 대한 문제점은 아니라는 것입니다.

지난 수년간에 걸쳐, 지질학, 고고학, 물리학, 암 연구학, 면역학, 정신의학, 안과학, 심리학 등의 분야에서 행해진 조작사건은, 필트다운인(Piltdown Man: 1912년 영국 이스트 써쌕스 주의 필트다운에서 발견된 선사인 두개골, 후에 가짜로 밝혀짐)에서부터, IQ는 유전 가능한 것이라는 시릴 버트(Cyril Burt)의 주장에 이르기까지 믿을 수 없을 정도로 많이 있었습니다. 하지만, 그것으로 인해 과학 자체에 대하여 진정 의문을 품거나 관련분야의 연구가 중단된 경우는 한 번도 없었습니다. 지금 아무도 복제연구가 진정한 과학이 아니라고 말하는 사람은 없습니다.

이 분야의 윤리에 대하여 논박하거나, 과대 선전에 대하여 불평을 할 수는 있어도 과학이라는 사실은 변하지 않는 것입니다. 황우석 박사의 경우도 너무 많은 사람들에게 기대를 주었던 만큼 그 실망감과 분노가 컸지만 과학 그 사실 자체를 변화하지는 않습니다.

아직도 연구는 한창 진행 중입니다. 복제기술에서 대부분의 전문가들이 알고 있듯이, 줄기세포를 얻는 것은 상당히 어려운 기술에 속합니다.

과학자도 교수, 성직자 또는 직업 군인과 같이 끊임없이 자신을 훈련해야 하는 사람들입니다.

과학자는 강하기도 하지만 역시 약한 부분이 많습니다.

조작을 받아들이거나 용서해서는 안 되는 이유가 바로 여기에 있습니다. 그러나 우리가 정말 잊지 말아야 할 것은, 조작이란 인간의 실패를 나타내는 것이지, 절대 과학의 실패는 아니라는 것입니다.

우리는 또 알고 있습니다. 어떤 대가를 치르더라도 무조건 성공해야 한다는 거부할 수 없는 압력이 있는 시스템에서는 이런 일의 발생이 별로 놀랄 일도 아니라는 것을.

한국의 과학분야는 인간의 배아세포 복제와 관련된 이번 슬픈 조작 사건을 계기로 오히려 교훈을 얻고, 더 높게 발전하는 기회로 삼아야 합니다. 이제부터 한국의 과학은 첫 단계에서부터 윤리가 고려되어야만 합니다. 과학과 윤리는 절대 별개로 존재할 수는 없습니다.

그러기 위해서는 과학의 기본이 되는 윤리문제에 대하여 한국의 사회전체가 좀 더 관심을 가지고, 고민하며, 합의를 만들어야 합니다. 그렇게 될 때, 한국 과학계는 한국 사람들이 염원하는 대로 진정 놀라운 생명과학의 업적으로, 세계의 생명연구에 이바지하게 되고, 마침내 세상을 다시 놀라게 할 것임을 나는 확신합니다.

Arthur Caplan

2007년 2월 28일

서문

한국의 생명과학연구는 더욱 발전하게 될 것입니다. ·5

1장 인간복제의 윤리

● 시험관 아기와 복제인간의 차이 ·17
● 난치병 치료와 복제세포 중 누가 더 중요한가? ·21
● 유전자 복제에 대한 잘못된 영화들 ·26
● 최초의 복제인간 사기사건 ·29
● 생명연구의 종말은? ·34
● 부시정권의 희생자 ·39

2장. 인체조작의 윤리

● 성형수술, 다운증후군도 허영인가? ·45
● 키 크는 약, 성장호르몬 문제없는가? ·48
● 머리를 좋게 하는 문제 ·50
● 월경을 멈추게 하는 약, 편이추구에 대한 시각 ·56
● 운동선수 약물이 무조건 나쁜가? ·59

3장. 유전자조작의 윤리

- 똑똑한 쥐, 멍청한 인간 ·65
- 유전자 조작식품에 대한 진실 ·68
- 형광 원숭이 AnDi ·72
- 유전자 변형식품을 우리 강아지에게 먹여도 될까? ·75
- 애완동물 복제회사와 TV점쟁이 미스 클리오 ·78
- 조류독감과 테러리스트 ·81
- 새로운 생명 창조, 어떻게 볼 것인가? ·84

4장. 유전자 지도의 윤리

- 자폐아 빌 게이츠를 낳았을까? ·89
- 다윈은 무죄 ·93
- 유전자 지도 탄생의 비밀 ·96
- 유전자 지도의 의미 ·99
- 유전자시대, 준비되었나? ·103
- 위험한 유전정보 ·107
- 치명적 유전자 발견이 초래할 비극 ·111

5장. 죽음 조작의 윤리

- 아내를 죽일 권리 ·117
- 영화 '밀리언 달러 베이비'를 변호 한다 ·122
- 안락사에 대해서 ·127
- 시신 사용문제 ·130

6장. 임신의 윤리

- 군인들의 정자보험, 그럼 여군은? · 135
- 수정란 입양의 문제점 · 138
- 난자 값이 대학의 순위 · 143
- 진짜 성교육 · 146
- 다섯 자녀를 죽이고도 동정 받는 사연 · 150
- 할머니들이 아기 낳는 문제 · 153

7장. 일상생활의 윤리

- KFC의 블랙코미디 · 159
- 약사의 의무와 양심 · 161
- 뇌 영상 진단의 문제 · 165
- 유방암 진단의 문제 · 167
- 지적설계론과 과학의 충돌 · 169
- 기도의 힘? · 175
- 예방백신 부족사태의 교훈 · 178
- 의사들의 오만 · 182
- 정신이상자 처리문제 · 185

8장. 실험조작의 윤리

- 병원에서 받는 동의서 문제 · 191
- 생화학 무기 실험의 문제 · 194
- 병원관련 소송 유일한 승자는 변호사 · 197
- 환자의 알권리 · 200
- 홉킨스 병원의 불법 · 203
- 커피, 핸드폰, 감자튀김, 예방접종의 부작용 · 207

9장. 대중과 사회의 윤리

- 한국 황우석 박사 스캔들의 교훈 · 213
- 스테로이드 정치가, 아놀드 슈왈제네거 · 217
- 헐리웃 스타들 기금운동의 허실 · 220
- 윤리논쟁의 색깔론 · 223
- 아프리카의 AIDS 무료신약의 허실 · 226
- 사기꾼들에 농락당한 국립과학아카데미 · 230

10장. 장기기증과 이식윤리

- 인간의 고환을 쥐에게 이식하는 문제 · 235
- 얼굴이식 문제 · 238
- 생명도 새치기 · 242
- 장기판매 사이트 · 245
- 장기 부족의 해결 묘안 · 248
- 낙태의 훌륭한 일? · 252
- 헌혈부족과 광우병 · 255
- 동성애자의 헌혈을 허하라 · 258

11장. 정치적 생명윤리

- 항상 윤리적일 수는 없다. · 263
- 정치에서 자유로워야 할 과학위원회 · 270
- 생명윤리위원회 신뢰성의 추락 · 274
- 줄기세포 논쟁의 끝 · 280
- 잔인한 고아 츄파? · 284
- 부시, 부끄러운 줄 아시오! · 289

12장. 국가 의료시스템의 윤리

- 9·11이후 건강관리는 전시체제로 · 295
- 죽어가는 의료시스템 · 298
- 건강 관리시스템의 문제 · 301
- 어린이를 죽이는 건강시스템 · 305
- 만성질병, 만성시스템 · 307

부록. 생명윤리란 무엇인가?

- 한국의 생명윤리 논쟁
  / 김원중(정형외과 전문의, 대표역자) · 313
- 게놈시대를 맞는 우리의 생명윤리
  / 김준형(펜실베니아 대학 생물학과 교수) · 316
- 법으로 재단되는 생명윤리
  / 문재완(한국외국어대학교 법학과 부교수) · 323
- 생명과학과 생명윤리
  / 박태식(성공회 신부, 신학박사) · 327
- 생명윤리학이란 무엇인가?
  / 카플란(저자) · 335

1

인간복제의 윤리

시험관 아기와 복제인간의 차이

*

　25년 전에 인간 역사에서 가장 혁명적인 사건이 발생했다. 루이스 브라운이라는 여자아기가 태어난 것이다. 아기가 태어나는 것은 별다른 사건은 아니지만, 이 아기는 달랐다. 여자아기는 여성의 몸 밖에서 생겨난 최초의 인간이었다. 뒤돌아보면, 그녀의 임신과 탄생이 어떤 논란거리였었는지도 잘 기억나지 않을 정도로 지금은 오래된 이야기다.

　세계 최초의 시험관 아기는 데모의 거센 폭풍 속에 도착했다. 이후 떠오른 생명윤리학 분야의 많은 사람들 중에, 부시 정부의 생명윤리자문위원인 레온 카스 같은 사람들은 페트리 접시 위에서 정자와 난자를 섞어서 수정을 시킨 인공수정 기술로 아기를 가지는 것은 문제가 크다고 주장하였다.

　카스는 인공수정 과정의 안전성이 입증되지 않았으며, 성과 생명의 창조를 떼어놓는 기술은 윤리적 문제를 초래하고, 여성 몸 밖에서 수정을 하는 것은 자연의 섭리를 거스를 뿐만 아니라, 사람을 물건이나 사물처럼 취급하게 된다고 주장하였다.

많은 사람들이 그를 지지했으며, 교황, 여러 종교지도자들과 신문 칼럼니스트, 많은 의사들 또한 인공수정기술에 대하여 비판적 태도를 견지했다.

하지만 인공수정에 대한 반대세력은 브라운이 태어나자 완전히 사라져버렸다. 아기는 행복하고 건강했으며, 부모는 기뻐하였다. 그녀의 탄생을 도운 페트릭 스텝토와 로버트 에드워드 같은 의사들도 너무나 기뻐하였다.

그녀는 세상의 다른 아기들과 똑같은 한 아기일 뿐이었다.

브라운이 태어난 날부터, 반대자들과 비관론자들에게 귀 기울이는 사람들은 더 이상 찾을 수 없었다.

인공수정은 시작되었고 수그러들지 않았다. 현재 수 만 명의 아이들이 브라운을 탄생시킨 그 기술과 같은 방법으로 태어나고 있다. 인공수정은 이제 너무나 일반화된 일이라, 당신의 아기가 불임클리닉을 통해서 탄생되었다고 말해도 눈썹을 치켜 뜰 사람은 없다.

인간복제를 옹호하는 사람들 중에서는 브라운의 탄생을 부러워하는 이들도 있다. 이들은 복제아기가 태어나기만 하면 브라운의 경우처럼 비난이 허용으로 순식간에 바뀔 것이라 생각한다. 복제아기가 비판을 잠재우고(대표적 반대론자 카스도 포함해서), 아기를 어떻게 안전하게 만들어내는지에 대한 모든 걱정과 개성의 상실, 자연의 섭리를 깨는 기술 등에 대한 근심은 건강한 복제아기가 텔레비전에 등장하는 순간 사라질 것이라 믿고 있다.

그러나 첫 번째 시험관 아기를 탄생하게 한 결정과 첫 번째 복제인간을 만들려는 바탕에 깔린 윤리 사이에는 두 가지 커다란 차이점이 있다.

브라운이 태어났을 때, 과학자들은 이미 여러가지 동물의 인공수정 실험을 성공시킨 수많은 경험을 가지고 있었으며, 별 문제점 없이 성공을 거두어 왔다. 그러나 복제에 관해서는 얘기가 달라진다.

거의 90% 이상의 복제가 살아있는 동물을 탄생시키지 못하고 실패했다. 겨우 살아서 태어난 동물들도 대부분 치명적인 의학적 문제를 안고 있었다. 브라운은 오늘날 우리가 클로닝(복제)에 대해서 알고 있는 것에 비해 훨씬 많은 과학적 지식이 인공수정 시도에 축적된 이후에 태어났다. 지금까지 알려진 클로닝 지식을 보면, 앞으로 동물 실험에서 드라마틱한 진보가 없이 인간복제를 시도하는 것이 얼마나 무책임한 일인가를 분명히 알 수 있다.

첫 인공수정이 성공했을 때 이에 대한 도덕적 비판이 빨리 증발해 버렸던 또 다른 이유는, 브라운과 부모가 언론이 접근하는 것을 허락하지 않았기 때문이다. 지금까지도 어른이 된 그녀의 사진을 본 사람은 거의 없으며, 그녀와 부모님은 탐욕스러운 대중의 호기심이 그녀의 일생을 지옥으로 바꿀 수도 있다는 사실을 잘 알고 있었다.

그러나 인간복제를 시도하려는 사람들은 대중의 사랑을 받고 싶은 모양이다. 그들은 자신들을 알리고자, 혹은 자기 회사나 자기 집단의 기금을 끌어들이고자 인간복제를 이용하고 있다. 이러한 행동이 인간복제가 금방 이상한 괴물을 탄생시킬 것이라는 우려를 자아내고 있는 것이다.

인공수정의 역사도 아무 문제도 없이 이루어진 것이 아니다. 불임치료는 큰 사업으로 성장했으나, 이를 규제하는 법은 전무한 실정이다. 아기를 낳는데 이 기술을 사용할 사람에 대한, 특히, 부모가 될 사람의 정신 상태나 나이를 규정하는 법은 없다. 그리고 그 기술의 결과, 너무나 많은 수정란이 액체 질소 탱크 안에 냉동된 채로 방치되고 있다.

그러나 전반적으로 브라운의 탄생과 인공수정 시술의 개발은 윤리적으로도 성공했다고 볼 수 있다. 이 일은 많은 이들에게 행복을 가져다주었다. 그리고 인공수정은 지금까지 개발된 어떤 기술보다 생명친화적인 기술이다.

브라운의 자취가 왜 이렇게 긍정적으로 평가되는지 생각할 때, 이에 대한 비난을 잠재웠던 것이 무엇인지를 명심하는 것이 매우 중요하다. 브라운의 탄생은 동물에서의 탄탄한 기초 연구가 수 년 동안 축적된 것이었으며, 부모와 의사들이 브라운의 안녕을 최우선에 두었기 때문이다.

난치병 치료와 복제세포 중
누가 더 중요한가?

*

　낙태반대주의자들, 보수주의자들, 생명과학 혐오론자들은 인간복제는 비록 그것이 난치병치료를 목적으로 할지라도 항상 비윤리적이라고 주장한다. 하지만 그들은 틀렸다. 이 사실을 정확히 이해하는 것은 매우 중요한데, 올해가 가기 전에 유전자 복제(cloning)에 대한 반대가 다시 한 번 거세질 듯하다.

　클로닝(복제)을 둘러싼 몰이해와 혼란은 어느 면에서 낙태 문제와도 깊이 관련되어 있기 때문이기도 하다. 낙태반대 운동가들은 엠브리오[1]를 법적으로 인간으로 인정하게 하기 위한 운동을 지속적으로 해오고 있다. 낙태반대주의자들이 부시 대통령의 유전자 복제 반대법안에 찬성하는 이유는, 유전자 복제한 배아는 사람이므로 이를 파괴하는 것은 살인행위라고 주장함으로써 유전자 복제로 만든 것이든 아니든 간에 모든 배아에 법적 지위를 부여하고자하는데 있다. 이들은 유전자 복제에 대한 전면금지가

---

1) 배아, 임신 8주 이전까지의 태아

모든 인간 배아의 사용금지로 이어져 인공수정이나 다른 많은 방법으로 행해지고 있는 임신에 관한 유전자 연구들과 함께 궁극적으로 낙태를 종식시킬 수 있기를 바란다.

하지만 유전자 복제 기술로 탄생한 인간 배아가 사람이라는 주장은 틀린 것이다. 질병치료를 목적으로 페트리접시[2]에 배양한 배아 세포 덩어리와 아기 사이에는 너무나 커다란 차이가 존재한다.

유전자 복제에 대한 미신

유전자 복제의 미래는 사람이 아니라 대부분 세포수준에서 끝난다. 유전자 복제기술에 대한 무조건적인 반대는 국회, 정부, 대중매체들로 인해 너무 많이 유포된 엉터리 가설들과 심한 미신들 때문이다.

첫 번째 미신 − 과학적 연구와 치료를 위한 유전자 복제와 치료(Therapeutic Cloning)는 궁극적으로 인간복제를 하기 위한 것이다.

그렇지 않다. 이에 대한 최상의 반론은 지금까지 동물복제가 수 천 번 실패했다는 것이다.

유전자 복제를 통해서 동물의 새끼를 탄생시킬 수 있는 성공률은 지금까지 매우 낮다. 소의 복제 배아로 송아지를 태어나게 하는 실험은 실패할 확률이 85%이며, 설사 15%가 태어나는데 성공한다 해도 이들 중 3분의 1이 치명적인 질환을 가지고 태어난다.

그 동안 많은 노력에도 불구하고, 그 누구도 아직 다 자란 원숭이나 유인원에 대한 복제에 성공하지 못하였다. 대부분 영장류복제 전문가들은 사람과 원숭이복제는 불가능한 일이라 믿고 있다. 왜냐하면 영장류가 자손을

---

2) 세균배양접시

만들어 낳는 생물학적 원리는 생쥐나 양, 염소, 고양이의 그것과 완전히 다르기 때문이다. 현재 복제인간은 공상과학 영화나 싸구려 잡지, 엉터리 과학자의 사기극이나 사이비 종교 집단의 광신도들 사이에서나 나오는 얘기일 뿐이다. 복제한 사람세포의 유일한 운명은 과학발전과 난치병 치료에 이바지하는 길로 가는 것이다.

두 번째 미신 – 유전자 치료를 추구하다 보면 여성난자에 대한 착취가 발생할 것이다. 연구에는 수 백 만개의 난자가 필요하다.

이 주장에서 난자 수는 좀 과장된 듯하다. 복제배아를 이용한 줄기세포 연구에 난자가 사용되지만 수천 개 정도이지 수백만 개는 아니다. 여성들은 이미 불임 부부에게 난자를 제공하기도 하며, 많은 여성들이 과학 발전과 난치병 치료에 기여하기 위해 자발적으로 난자를 기증하고 있다.

세 번째 미신 – 만약에 인간을 안전하게 복제할 수 있는 기술이 개발된다면, 아주 사악한 인간이 히틀러 같은 군대를 만들거나, 아기를 주문 제작하기 시작할 것이다.

할리우드 영화에서는 끊임없이 히틀러가 부활하고 있지만, 히틀러는 절대 다시 살아 돌아올 수 없다. 만약 어떤 정신 나간 과학자가 정말로 히틀러 복제에 성공한다고 해도 걱정할 필요가 없는 것이, 유전자는 한 사람의 인간성과 행동에 영향을 주긴 하지만 유전자로만 좌우되는 것은 아니기 때문이다.

오히려 개개인은 그가 나고 자란 그 시간과 장소, 환경, 처했던 상황에 더 크게 영향을 받는다. 히틀러, 사담 후세인, 아니 다른 어떤 독재자라도 똑같은 인간을 만들어 내려면, 단지 복제한 유전자만이 아니라, 그의 어머니, 아버지, 그가 자란 것과 똑같은 환경을 만들어 주어야 할 것이다. 아무리 과학이 발전해도 주문대로 사람을 만들어 내는 일은 절대로 일어나지 않을 것이다.

배아를 복제하는 이유는 그 세포를 제공한 사람과 똑같은 유전자를 가진 세포나 조직을 생산하기 위한 것이다. 그러므로 치료에 조직거부의 위험성 없이 세포이식 혹은 장기이식을 할 수 있다.

성인 줄기세포가 이를 대신할 수 없는 이유는 배아 줄기세포만이 특정한 질병이나, 치명적인 손상과 죽음에 대항할 수 있는 모든 종류의 세포들로 분화하는 능력을 지니고 있기 때문이다. 아직 성인 줄기세포를 여러가지 다른 종류의 세포로 분화시키는 기술은 개발되지 못하고 있다. 만약 당신의 아이가 죽어가고 있다면, 아이를 살리기 위해서 그게 성인 줄기세포든 배아 줄기세포든 가능한 모든 방법을 동원해야하지 않겠는가?

논쟁의 요지

요점은 치료목적의 유전자 복제는 수백만의 생명을 구하고, 수천만의 고통을 덜어 줄 수 있는 방법이다. 고통 받는 환자들과 그 가족들은 추상적인 말이나 연민, 공상과학 따위엔 관심이 없다. 이들은 간절히 도움을 바라고 있으며, 학자들이 자유롭게 연구하여 치료법을 찾아내기를 원한다. 이들에게 인간복제에 대한 전면적 금지는 오히려 아주 비윤리적인 것이다.

정부는 과학자들에게 족쇄를 채우기보다 복제연구를 장려해야만 한다. 휠체어를 타는 어린이, 산소 호흡기로 연명하는 젊은이, 파킨슨병으로 온몸이 마비되어 꼼짝 못하는 노인들……. 이들의 삶은 세균배양접시에서 기르는 복제세포가 도덕적인지 아닌지 논쟁하는 것보다 훨씬 중요하다. 치료가 되느냐 마느냐 하는 시점에 근거 없는 미신이 국가정책의 기초가 되어서는 안 된다.

유전자 복제에 대한 잘못된 영화들

*

할리우드는 유전자 복제를 나쁘고 두려운 것으로 만들어 버렸다. 실베스터 스탤론의 지겨운 영화 '저지 드레드' 에서부터 아놀드 슈왈제네거의 멍청하기 짝이 없는 '6번째 날(The 6th Day)' 까지 할리우드 주민들께서는 영화관을 찾는 주민들을 어떻게 하면 겁줄 수 있는지 잘 아는 듯하다.

복제인간을 만들 가능성이 사실상 전무함에도 불구하고 할리우드는 영화에 복제인간을, 그것도 항상 괴물로 등장시켰다. 동물 복제의 최고 권위자들조차 그 성공률이 1%에도 못 미치고, 사람복제는 동물복제의 상대도 되지 않는데 이러한 사실에 전혀 구애받지 않고, 할리우드는 마음 놓고 인간 복제물 영화를 만들어 낸다.

그것도 부정적인 내용, 돈벌이에 혈안인 부도덕한 기업가와 사악한 천재가 결탁하여 만들어낸 유전자 복제물 때문에 온 세계가 파괴되어 간다는 한결같은 내용의 영화들이다.

이러한 영화 속에 등장하는 복제인간은 첫째로 혐오스럽고, 둘째로 근거 없이 폭력적이다.

아마도 대부분의 사람들은 유전자 복제의 악몽이 영화 속 이야기일 뿐 자신과는 상관없는 일이기 때문에 별 신경 쓰지 않고 살아갈 것이다. 탐욕과 배신에 얼룩진 과학자가 만들어내는 공상과학 이야기는 할리우드가 비디오가게에 선보이는 영화에는 적합할지 모르나 유전자 복제의 결과를 묘사하는 데는 적합하지 않다. 그러나 이런 몇몇 영화들은 박스오피스에서도 성공했을 뿐만 아니라 유전자 복제 공포를 일으키는데 성공하기도 했다.

이 영화들은 대부분 복제동물이나 식물에 뭔가 다른 것들이 가해졌거나, 생물학적 변화가 생겨서 사건이 일어난다는 내용들이다. 이런 바이오테러 흥행 영화들 중에는 '쥬라기 공원', '플라이' 등을 들 수 있는데 이들 영화의 복제물은 만들어지는 과정 중에 인간들이 뭔가를 잘못해서 모든 게 엉망이 된다는 줄거리이다. 물론 이들 영화가 주는 교훈도 있다.

생명과학을 이용할 때 인간 자신을 위하는 일들보다 우선 자연에 해를 끼치는 것은 아닌지 더 걱정하고 두려워해야 한다는 사실이 그 교훈이다.

우리는 우리 자신을 바꾸는 일에는 익숙한 편이다. 약이나 농작물, 엔지니어링 기술들은 우리가 태어나는 순간부터 우리에게 영향을 미친다. 유전자적인 변화는 미래에 그것이 초래할지도 모르는 두려움 때문에 제약이 있지만, 지금까지 일들을 볼 때 인류는 많은 변화를 겪었고 또한 극복해 왔다.

하지만 자연파괴는 다른 문제이다. 인간에게 아무런 해를 입히지 않는 동물과 식물을 괴롭혀서는 안 된다. 자연의 섭리에 개입함으로써, 살인벌이 탄생하고, 슈퍼 박테리아가 생기고, 멸종 동물, 유전자 변형 옥수수, 황제나비의 죽음, 다음 차례가 인간이 될 수가 있다.

아름답게 정리되어 있는 대자연 세상을, 거만한 인간이 한순간에 망쳐

버릴 수 있고, 그러면 그것에 대한 대가를 인간은 반드시 톡톡히 치르게 될 것이다.

비평가, 생물윤리학자와 칼럼니스트들은 인간복제와 유전자 공학이 21세기의 가장 큰 윤리논쟁이 될 것이라 믿고 있다. 하지만 아닐 수도 있다. 아놀드 슈왈제네거의 복제영화는 그냥 즐겁게 보고 웃으면 그만이지만, 공룡을 괴롭히는 이야기와 유전공학은 사실 웃어넘길 이야기는 아니다. 우리는 공룡, 동물, 식물의 복수를 두려워해야 한다. 사람복제를 반대하는 데모에서는 큰 사고가 나지 않겠지만, 유전자 변형 식품에서는 일어날 수 있다.

최초의 복제인간 사기사건

*

화학자 보이셸러의 유전자 복제회사 클론에이드사를 믿어서는 안 된다. 이 회사는 사이비 종교집단 레일리언에게 돈을 받고 유전자 복제를 의뢰 받았었다. 언론의 생리를 잘 아는 보이셸러는 복제인간이 태어났다는 기자회견을 예수가 태어난 크리스마스 날을 이용했다. 그녀의 생각대로 언론은 움직였고 전 세계로 타전되는 큰 효과를 거두었다.

나는 레일리언의 복제인간 주장을 듣는 순간 이건 말도 안 된다는 것을 알았다. 이들은 과거 복제와 관련하여 어떤 논문도 가지고 있지 않으며, 과학적 혹은 의학적 경험도 없다. 그 후에도 자신들의 주장에 대한 아무런 증거도 내놓지 못했다.

세계적인 연구팀에서도 유전자 복제는 몇몇 동물에서 겨우 성공하였고, 백 번 시도하면 겨우 한 번 정도 생명체가 태어나는 정도라 개와 영장류를 포함한 많은 동물의 유전자 복제는 사실상 불가능하다고 알려져 있다. 클론에이드는 열 번 시도 중 다섯 번이 성공하였다고 발표하였는데 이 주장은 전혀 근거도 없는 말이다.

결국 클론에이드사는 복제했다는 아기에 대한 유전자 검사를 하지 못했고, 그들의 주장은 완전히 터무니없는 허구로 밝혀졌다. 언론을 통해 확대 재생산된 그 사기사건의 전말을 정리해 본다.

언론의 태도, 웃어넘길 수만은 없는 일

이 발표가 있은 직후부터 나는 텔레비전과 라디오에 출연하고, 신문 인터뷰를 하면서 그들의 정체를 폭로하는데 노력을 기울였다. 그러면서 이 사건을 다루고 그들을 변명까지 해주는 언론의 태도에 점점 화가 나기 시작했다.

언론 보도가 무슨 잘못인가? 그저 종교단체에서 새로운 신도를 끌어들이기 위해 미끼로 유전자 복제를 이용한 것인데 그럴 수도 있지 않나 말하는 사람도 있다. 맞다. 텔레비전에 등장하는 레얼리언 종교집단 사람들 모습이 마치 스타트랙 주인공 같은 복장들이며, 더욱이 보이셀러의 이국적인 외모는 텔레비전에 볼거리를 제공해 주었다. 이렇듯 UFO 컬트 집단과 그들의 유전자 복제 환상에 대한 그저 재미있는 얘깃거리가 텔레비전에 잠시 나온 게 그토록 잘못된 일일까? 그렇다. 너무 잘못된 일이다. 언론에서 특정 사이비 종교단체에게 시간을 내어 과학에 관한 중요한 문제를 무책임하게 발언할 수 있는 기회를 제공한다는 것은 일반인들에게 무척 유해한 일이다.

먼저, 그 사이비 종교 집단은 판단력이 부족한 일반인들에게 돈을 거둬들이고 새로운 신도를 모으는데 언론을 이용하였다. 게다가 부시 대통령과 낙태 반대주의자들인 주요 친공화당 인사들이 이 사이비 종교집단의 허황된 주장을 기정사실화하여, 다시 무조건 유전자 복제를 반대해야 한다고 소리높이기 시작하였다.

무엇보다도, 별 볼일 없던 과학자들이 복제 연구를 하는 동료 과학자들을 비난함으로써 자신의 입지를 강화하는 일도 벌어졌다. 그리고 무엇보다 문제인 것은, 일반인들도 이 사이비종교 집단의 발표를 듣고 인류의 금세기 가장 큰 문제를 해결해 줄 유전학을 부정적으로, 두렵게까지 느끼게 만들었다는 점이다.

혼란 속에 속수무책으로 남겨진 대중

24시간 내내 언론은 이 이야기를 방송하였지만 국민들은 아직 혼란스럽고, 두려우며, 속수무책이다.

대부분의 국민들은 이제 인간복제가 이미 일어났거나, 적어도 조만간 일어날 것이라 믿게 되었다. 모든 과학자들이 아무리 그럴 수 없다 말해도 믿지 않게 되었다.

이와 같은 호도된 기사의 한 예는 12월 31일자 슬레이트 온라인 판에 실린 윌리엄 샐튼의 기사이다.

그는 대부분 과학자들은 이브가 정말 복제아기인지 의심스러워하고 있지만, 적어도 두 가지 점에는 동의하고 있다. 첫째로 인간복제를 시도하고 있는 여러 집단들이 조만 간에 이에 성공할 것이라는 점이다. 국민들은 클로닝(복제)이 생명의 존엄성을 훼손하고 낙태를 통해 이루어지므로 복제인간을 생산하는 것은 그 만큼 죽음을 만들어낸다고 믿고 있다.

예를 들어, 칼 토마스의 기사를 보면 '유전자 복제를 하면' 이라는 제목 하에 1월 1일 트라이뷴 메디아에 나온 내용들은 완전히 난센스다.

미국 국민들은 이 사이비 종교집단의 지도자이자 과학자인 보이셀러가 화학자이며, 의학이나 생물학에는 아무 지식이 없다는 사실을 모른다. 이 사람은 클로닝에 관련된 학술지에 기고한 적도, 강의를 한 적도 없는 유전자 복제에는 완전 문외한이다.

그런데도 CNN, MSNBC, FOX, 뉴욕타임즈(New York Times) 같은 언론

은 이들 사이비 종교집단과, 과학자라 할 수 없는 파노스 자보스와, 이탈리아의 미친 과학자 세브리노 안티노리 같은 이들의 엉터리 주장에 상당히 후한 점수를 주고 있다는 사실이다.

과학적 기준에 대한 무시

어떤 과학적 기준도 없는 무분별한 방송에 대해 대중들은 의아해 하고 있다. CNN은 12월 27일에 보이셀러 기자회견을 생방송 하였다. 아기도 없었고, 엄마에 대한 설명도 없었으며, 유전자 검사결과도, 클로닝 방법에 대한 설명도, 독자적인 연구도 없었다, 한마디로 아무 것도, 아무 증거도 없었다. 그 어떤 과학자도 이 정도의 설명으로 언론의 주목을 받은 사람은 없었지만, 레일리언은 해내었다. 클론에이드가 제시할 증거는 없다고 말했을 때 언론은 이에 대한 방송을 그만두었어야 했다.

또 국민들은 클론에이드가 사기전과가 있다는 사실은 자세히 듣지 못했다. 2001년에 아들을 심장병으로 잃은 웨스트버지니아의 마크 헌트 하원의원이 이 사기사건의 희생자였다. 헌트 의원은 자신의 10개월 된 아들을 살리기 위해 클론에이드의 연구에 20만 달러를 투자하였지만 FDA(미국식품의약국 Food and Drug Administration)는 그 연구를 중지시켰고, 나중에 알고 보니 유전자 복제와는 아무 상관없는 대학원생이 이 연구의 유일한 전문가였다. 물론 유전자 복제는 시도조차 되지 않았다.

무책임한 대중매체도 한몫

미국 국민들은 이제 유전자 복제에 대하여 정말 정치적인 선택에 직면해 있다. 우리는 유전자 복제기술을 줄기세포 연구에 쓸지, 사람이나 아기를 만드는데 쓸지, 아니면 아무것도 하지 않을지를 결정해야 한다. 언론에 나온 레일리언 유전자 복제 사기극을 통해서는 이 중대한 결정을 내릴 수 없다.

이 문제를 더욱 혼란스럽게 만든 것은 언론이 복제(생식세포를 이용한 유전자)에 반대하는 정치가들을 등장시켜 요점을 계속 흐리게 만든 것이다. 그리고 국회의원들이 나와서 자신들은 유전자 복제에 반대한다고 말했을 때, 아무도 '연구목적으로도 해서는 안됩니까?' 라는 현명한 질문을 던지는 사람은 없었다.

대중매체는 21세기 중요한 사회적 지식인 유전학과 생물학의 혁명적 발전을 다룰 능력이 없는 것을 보여주었다. 이미 이 혁명은 의학을 휩쓸고 있으며, 곧 인간 본성과 행동에 대한 우리의 이해에 혁신을 가지고 올 것이다. 이것은 우리가 동식물을 키우는 방식을 근본부터 바꿀 것이고, 우리 자신의 재생산 방법을 다시 생각하게 할 것이며, 유전적 형질을 강화하거나 개선할 수 있는 가능성을 제시 할 것이다.

이토록 중요한 일임에도 불구하고, 많은 미국인들이 이젠 유전공학이 흰옷에 머리를 한 가닥으로 묶고 자신의 기억을 복제아기한테 이식하면 영원히 죽지 않을 것이라 믿는 사이비 종교인간과 관련된 것으로 생각하게 되어버렸다.

우리는 이 실패에서 배워야한다.

대중매체는 과학과 의학을 제대로 보도해야한다. 유전학의 발전이 가져다주는 유전자 복제나 다른 모든 가능성들에 대한 보도는 과학적인 검증을 통해서 이루어져야하며, 사이비 종교나 미친놈, 사기꾼의 주장을 근거로 하여 만들어져서는 안 된다.

생명연구의 종말은?

*

    윤리적 입장의 하나로 공리주의는 50년 이상 미국 과학 정책을 이끌어왔다. 과학과 기술 분야에 대한 투자가 위험성과 위해라는 가혹한 대가에도, 진정 삶의 질을 향상하고, 인간의 생명을 연장시켜 주었다는 윤리적 주장이 오랫동안 미국 과학 정책을 주도해왔다. 이러한 가치 틀이 오늘날 많은 이들에게 공격받고 있다. 과학 지식이 가져다 줄 수 있는 유익을 의심하기 때문이 아니라, 생명의학 연구가 지금과 같은 방향으로 나아간다면 반드시 상실하게 될 중요한 가치가 있다는 믿음 때문에 그들은 공리주의적 가치관에 반대한다. 이러한 논란을 앞장서서 제기하는 이들 중 일부는 현 정부 고위관계자들의 측근이기도 하다.

    지난 몇 년 간, 생명의학 연구에 반발하는 일련의 주장을 담은 책들이 빈번히 출판되었다. 이러한 저작물들은 생명기술(바이오테크놀러지)을 지금보다 엄격한 도덕적 판단 아래 두어야 하며, 단순히 유익성의 유무가 생명기술혁명의 가치를 판단하는 유일한 근거가 되어서는 안 된다고 주장한다.

생명윤리학자 다니엘 캘러한의 주장에 따르면, 생명기술의 향방을 결정하는 이들은 진보, 치유, 삶의 질 향상을 이야기하는 공리주의적 가치틀을 받아들이지 않는다고 한다. 그들은 생명기술의 발전으로 사람들이 인간성과 생명의 가치, 그리고 삶에서 경험이 가지는 중대한 의미를 중요시 생각하며 그것을 잃어버리게 될까 두려워하고 있다.

생명과학 연구를 지지하는 공리주의적 입장에 반발하는 이들 중 가장 신랄하고 큰 영향력을 행사하는 비평가는 레온 카스일 것이다. 그는 부시 행정부 산하 생명윤리위원회의 전 회장이었다. 카스는 생명기술 발전이 가족, 결혼, 성관계, 노화, 임신과 출산에 대한 인식을 변질하거나 위태롭게 할까 오랫동안 걱정해왔다. 유전자 복제, 줄기세포 연구, 약리학, 노화 방지 연구, 신경과학 분야에서 최근 나타난 발전 양상은 그의 심려를 더욱 가중하고 있다.

그렇지만 미성숙한 공리주의가 생명의학 연구의 도덕적 기초로 충분치 못하다면, 생명의학 연구의 향후 방향을 걱정하는 이들이 제기하는 주장도 설득력이 미흡하기란 마찬가지이다. 카스와 그의 의견을 따르는 사람들의 가장 큰 우려는 다음 세 가지로 나누어 볼 수 있다.

첫째, 생명의학이 지금과 같은 방향으로 나아간다면, 인간 본성을 현저히 바꾸게 될 것이다. 둘째, 더 효과적인 치료법, 생명 연장, 삶의 질 향상을 이유로 내세워 현재의 생명의학 연구가 계속 된다면, 인간 생명은 상품화되거나 사물화 될 것이다. 셋째, 생명의학 연구에서 행해지는 서투른 여러 시도는 인류의 경험이 가지는 신빙성과 그 의미의 손실을 초래할 것이다. 조만간 인간은 강력한 약물의 투약 또는 컴퓨터가 만들어낸 자극에 의해 기분이 나아짐을 경험하게 될 텐데, 그렇게 되면 인간은 건강함과는 더욱 멀어질 것이다. 왜냐하면 그러한 방식으로 느끼는 행복함은 프로그램 된 것에 지나지 않으며, 인위적이며 가상의 감정일 뿐이기 때문이다.

그들의 말처럼 과연 생명의학의 발전이 인간의 본질을 왜곡하게 될까? 정말로 이들의 주장이 생명의학 연구의 원대한 계획을 늦추거나 중단시킬 충분한 이유가 될 수 있을까? 내 생각은 다르다.

오늘날 유전자, 뉴런 또는 인체가 인간 본성을 정의하는 중요한 요소인 것은 사실이다. 생명의학 연구에서 이러한 인간 본성의 기본 요소들을 가지고 여러 조작이나 시도를 하는 것 또한 사실이다. 하지만 인간 특성(인간성)에 대한 정의는 문명화와 함께 기술에 부합하며 급변해왔다. 심지어 우리가 누구인가에 대한 기본적인 생각들 — 인간은 어떻게 보는가, 어떻게 걷고 달리며 움직이는가, 우리는 누구와 관계 맺으며 사랑하고 친구가 되는가, 무엇이 인간을 짜릿하게 하고, 무엇이 위협을 느끼게 하는지 — 은 인간을 둘러싼 세계와 기술, 그리고 육체의 복합적인 상호관계의 결과로 형성된 개념들이다.

진화의 측면에서 인간성의 특정한 면만 신에게 찬미할 이유도, 신성불가침의 인간성이 꼭 정적인 것이 아니라고 단언할 근거가 있는 것도 아니다. 오늘의 인간 본성에 대한 정의는 확인된 본질이 부족하고, 심지어 예전에는 인간 본성에 적용할 수 없다고 증명된 요소들을 포함하고 있기도 하다.

마찬가지로 우리가 인간을, 판매할 수 있는 간편한 상품으로 여기고 또는 최상의 후손을 얻기 위해 인위적인 기술을 동원할 수 있는 존재로 여기는 것이 인간성의 가치를 위태롭게 한다고 해도 그러한 인간을 보는 상품화, 사물화의 시각을 가지게 되는 것이 꼭 생명의학 발전이 초래한 필연적인 결과라 볼 수 없다.

현재 시험관을 통한 출산이나, 유전자 또는 뉴런 조작을 통하여 태아의 지능을 향상시킬 수 있는 전망은 밝다. 이러한 의학 기술 발전의 가능성과 인간의 자주성, 존엄성이라는 가치가 양립할 경우 어떻게 서로 화해할

것인지는 과학이 아니라, 지극히 사회적이고 정치적인 선택이 결정해야
할 문제이다.

인간의 자존감은 진보의 희생양이 될 이유도 필요도 없다.

오늘날 겸자분만[1], 신생아 집중 치료, 시험관 수정 또는 착상 전 수정란
유전자 진단으로 태어난 사람들이 그들의 출생 과정에서 인위적인 의료
적 조작이 행해졌다고 해서, 불필요한 공포심이나 고통을 느끼거나 하진
않으며 그래서도 안 된다.

누군가가 자동차 뒷좌석에서 만들어졌다고 해서 그 사람이 피펫이나
기증받은 정자로 태어난 사람보다 더 존귀한 사람인 것은 아니다.

만약 인간 생명의 상업화와 사물화가 생명의학의 우호적인 여론 방향
을 막아보자 하는 사람들이 우려하는 전부라면, 그들은 더 실질적이고 보
다 중요한 걱정거리를 제시하여야 할 것이다.

생명의학 연구에 부정적인 비평가들이 생명의학 연구의 진전이 그들을
걱정하게 하는 이유에 대하여 가장 자신 있게 하는 설명은, 생명기술이
계속해서 진행된다면 치명적인 결과를 초래한다는 것이다.

그들이 말하는 치명적인 결과란 진정한 행복과 인간의 삶을 의미 있게
하는 끈질긴 생명력, 연약함으로 인한 고통, 생명의 유한성과 죽음 같은
것들, 그것들의 가치가 훼손된다는 것이다.

다시 말하지만, 이미 우리가 경험해온 생명의학의 발전 과정을 보면 그
말은 별로 타당한 것 같지 않다.

우리는 주위에서 안경을 쓰거나, 인슐린 주사를 맞는 당뇨병 환자, 휠
체어를 타는 사람, 흡입기나 보청기를 사용하는 사람 또는 인공 수족을
달고 있는 사람들을 쉽게 찾아볼 수 있다. 그들이 살아가면서 자신들의

---

1) 아기의 머리를 보호하기 위해 만든 특수한 집게(forceps)를 사용하는 분만법

삶이 가짜라고 느끼거나, 삶의 의미를 잃었다며 슬퍼하는가?

나는 수학 문제를 풀기 위해 계산기나 컴퓨터, 인터넷을 사용한다. 그렇다고 해서 똑같은 문제를 풀기 위해 종이와 연필을 사용하고, 도서관을 찾아가고, 구구단표를 암기해야 했던 우리 할아버지가 했던 진정한 경험보다 나의 경험이 테크놀로지에 의해 기만당한 것이라 느껴야 하는가?

우리가 행복을 얻기 위해 직접 노력해야만 행복해질 수 있다는 가혹한 관점을 입증할 어떤 증거도 없다.

시기상조의 죽음, 신체장애, 고질적인 고통이 계속되면서 이 논쟁에 따르는 대가는 커지고 있다. 이러한 심각한 문제들을 해결할 수 있는 유일한 희망인 생명의학 연구를 적극 추진하고자 하는데 이것에 이의를 제기하고 말리는 사람들은 우리에게 과연 더 좋은, 더 만족스러운 그 무엇을 주려고 하는 것일까?

카스와 다른 비평가들은 대답을 바라는 우리를 전혀 만족하게 못하고 있다.

부시정권의 희생자

*

인간 배아세포의 복제는 현재의 불치병 치료를 위한 유일한 희망인 줄기세포의 새로운 공급원이 될 수 있다.

그리고 어쩌면 이 방식이 가장 윤리적일 수도 있다. 이 점에서 부시 정부의 클로닝(복제)과 줄기세포 연구지원의 부적절한 점을 다시한번 지적하지 않을 수 없다. 결국 부시 정책의 궁극적 희생자는 미국인이 될 것이었다.

어드벤스 셀 테크놀로지 사는 두 종류의 인간 배아세포를 만들어 냈다고 공식 발표하였다. 하나는 전통적인 복제양 돌리 방식의 기술을 이용한 것이고, 다른 하나는 사람의 난자가 정자 없이 분화할 수 있게 한 기술을 사용한 것이라고 하였다.

메사추세츠의 워세스터 사는 인간복제 기술의 목표는 아기를 만들어 내는 것이 아니라 줄기세포(인체의 어떤 세포로도 발달 할 수 있는 잠재력을 가진 세포)의 새로운 공급처를 찾아내는 것이라고 하였다.

즉, 어떤 사람의 DNA를 배아를 만드는데 사용하거나, 여성의 경우, 자신의 난자를 배아를 만드는데 사용한다는 아이디어다. 그 다음 단계로 이렇게 생산된 배아에서 줄기세포를 추출해 낸다. 이 줄기세포는 그 사람이 필요로 하는 어떤 세포로도 분화가 가능할 뿐만 아니라 장기이식에 필요한 장기로 생성될 수도 있다.

이러한 전략은 오늘날 장기이식의 가장 큰 고민인 조직 거부를 없앨 수 있을 것이다. 자신의 DNA로 만든 배아에서 생산된 장기는 자신의 몸과 동일하기 때문이다.

인간 배아 줄기세포를 얻기 위한 다른 두 가지 방법은 시험관에서 난자와 정자를 인공 수정시킨 후 여기서 추출하거나, 불임클리닉에서 사용하고 남은 배아를 사용하는 것이다.

줄기세포의 원료로 사람 배아를 사용하겠다는 생각은 큰 논란이 있었으며 이는 대통령이 2001년 9월 이전에 생산된 줄기세포를 사용한 연구에 한해서만 지원을 하겠다고 발표하였을 때 잠시 잠잠해졌다.

부시 정책의 문제점은 왜 2001년 9월 이전에 만든 줄기세포는 윤리적이고 이후에 생산된 줄기세포는 비윤리적인가 하는 점이다.

과학자들은 줄기세포를 사용하여 당뇨병이나 파킨슨씨병, 척추손상을 치료할 수 있는 세포나 조직을 만드는 것이 가능한지 연구하는데 만도 수년이 걸린다는 사실을 지적해 왔지만, 대통령은 사실상 줄기세포 사용을 금지시켰다.

사기업(대통령의 권한 밖에 있으며, 정부가 주는 기금에 의존하지도 않는)은 이 사실을 잘 알고 있다.

어드벤스드 셀 테크놀로지사의 발표에서도 분명히 알 수 있듯이, 현재 사기업들은 줄기세포의 새로운 공급원을 발견하기 위하여 경쟁하고 있으며, 받는 사람의 몸에 전혀 거부 반응을 일으키지 않는 줄기세포를 만드는 방법을 찾는 것이, 클로닝을 통해서든 난자의 자가 분화든 간에, 현재 진행되고 있는 줄기세포 연구의 주요 목표이다. 불행하게도 돈만 문제인 것이 아니라 정부의 과학수준도 문제가 되고 있다.

정부에서 주도하는 줄기세포 연구는 이미 사기업에 뒤처져 있다. 사기업들은 세포와 조직을 생산하는 새로운 전략을 개척할 뿐 아니라 이 기술을 특허하고 선점하기 위해 경쟁하고 있다.

정부가 줄기세포 연구를 주도하지 못한다면 국민들은 질병치료를 위해 더 오래 기다려야 하고 마침내 그 치료수단이 발명되었을 때는 더 많은 돈을 지불해야 할 것이다.

배아세포를 만드는 문제는 어떤가? 유전자 복제한 배아나 여성의 난자에서 만들어낸 배아나 같지 않느냐고? 아니, 이들은 다르다. 이점이 어드밴스드 셀 테크놀로지 사의 발표에 정부와 국회가 대응할 때 매우 주의해야 하는 부분이다.

대부분의 미국인들은 인간복제(클로닝으로 사람을 만들어 내는 것)가 가까운 미래에 일어날 것이라 믿는다. 그러나 현재까지의 연구결과 중 이를 뒷받침해 줄 증거는 어디에도 없다. 복제 양 돌리를 만들었던 기술도 그 후 개나 고양이 혹은 영장류를 복제하는 데는 모두 실패하였다.

비록 레서스 원숭이 태아 세포를 사용하여 레서스 원숭이를 한 번 탄생시킨 적이 있긴 하지만 누가 사람의 태아를 복제에 사용할 세포를 추출하는데 사용할 수 있겠는가?

원료가 되는 세포가 늙으면 늙을수록 기형이나 죽은 배아나 태내 사망하는 태아가 생길 위험성이 높아진다.

그래서 성인세포를 동물복제에 사용하는 일은 그 실현 가능성이 희박하다. 무한한 노력으로 인간배아를 복제하는데 성공한다 해도 이것이 사람으로 성장한다는 것은 불가능하다.

이처럼 복제된 인간 배아나 난자만으로 생산된 유전자 복제배아가 사람이 될 수 없다면, 이것들을 줄기세포 연구에 사용하는 것을 반대할 이유가 있을까? 다른 말로 하자면, 이 배아가 아기로 자랄 수 있는 능력이 결핍된 세포덩어리라면 이들은 치료목적의 세포를 제공하는 가장 훌륭한 수단이 될 것이다.

어드밴스드 셀 테크놀로지사의 어떤 연구도 모든 배아가 사람이 될 잠재력이 있는지 없는지에 대한 답변을 줄 수는 없다. 아주 많은 연구가 더 이루어져야 할 것이다.

지금까지 한 일중 앞으로 국회와 정부가 할 수 있는 최선의 일은 사람 유전자 복제 기술로 사람을 만들 수 있다는 믿음에 모라토리엄을 선언해 주는 것이다. 그리하여 줄기세포 연구와 인간배아세포 기초연구에 대한 지원 방향을 다시 설정해 주어야 한다.

2

인체조작의 윤리

성형수술, 다운증후군도 허영인가?

*

성형수술이 화제로 떠오르면, 미국사람들 반응은 딱 두 가지인데, '웃거나, 창피스럽거나' 둘 중의 하나이다.

웃음거리의 대상이 되는 경우는 마이클 잭슨, 쟈넷 잭슨, 파멜라 앤더슨과 같이 성형수술을 너무 많이 해서 걱정스러울 정도로 그 외모가 많이 달라졌을 때이며, 혹은 몸의 일정 부위를 노골적으로 확대시킨 경우이다.

창피하게 느끼는 경우란, 많은 사람들이 실제로 자신의 몸에 대해 성형수술을 생각해 보았거나, 실제로 성형수술을 한 경험이 있는 경우이다.

그렇다면 성형수술이란 단순히 헛된 것이고, 자신의 욕망을 충족하기 위한 것이므로 비도덕적인 것일까? 아니다.

성형수술에 대한 미국인들의 자세는 미국문화의 산물이라고 할 수 있다. 대통령 후보자였던 존 케리(John Kerry)가 이마에 있는 주름을 없애려고 보톡스를 사용한 후 웃음거리가 되거나 난처하게 될까봐 이 사실을 부정한 반면, 이탈리아의 전 수상이었던 실비오 베를루스코니(Silvio Berlusconi)의 경우 당시 곤혹스러운 일을 많이 겪었지만 적어도 주름을 없애는 성형수술을 한 것 때문에 곤혹스럽지는 않았다. 오히려 수술을 위해 몇 달간 휴가를 내었고, 그 이후로는 공개석상에서조차 성형수술 결과에 대해 자랑스럽게 떠벌리기까지 하였다.

아직도 미국에는 청교도적인 문화가 존재한다는 사실은 이런 성형수술 심리를 브라질과 비교해 보면 잘 알 수 있다. 성형수술을 받은 경우 미국인들은 주로 그 사실을 부인한다. 마치 큰 범죄를 저지른 것처럼 주름 성형, 코 성형 또는 지방 흡입수술을 했다는 것을 마지못해 자백한다. 하지만 브라질에서는 전혀 다르다. 거리거리마다 미국 스타벅스 커피숍처럼 성형외과를 많이 볼 수 있다.

주름이 생기거나, 몸의 특정 부위의 크기에 대해서 불만이 있거나, 아니면 몸의 어떤 부위가 처질 것 같다는 생각이 들면, 브라질 사람들은 '가서 고치면 된다' 는 간편한 철학을 가지고 있다. 미국인들이 대부분 '자기만족을 위한 방종' 이라거나 '허영심' 이라고 표현하는 성형수술을 브라질 사람들은 당연히 필요하고 자연스러운 것으로 여긴다는 것이다.

최근에 다운증후군(Down syndrome)인 아이가 있는 부모와 얘기할 기회가 있었는데, 이때 이런 성형수술에 대한 우리의 자세와 가치관을 환기할 수 있었다. 다운증후군 아이가 어떤 모습을 하고 있는지는 우리 모두 알고 있을 것이다. 이 부모들은 다른 아이들이 자기 아이의 모습에 대해 부정적인 반응을 나타내기 때문에 아이 얼굴에 대한 성형수술에 지대한 관심이 있다.

사실, 아이들, 특히 10대 청소년들이 다운증후군 아이들의 외모를 이상하게 생각하고 놀림감으로 삼는 경우도 있다. 그런데 실제 다운증후군 아이들이 자신의 모습에 대하여 어떻게 생각하고 있는지에 대한 조사 결과는 거의 없는 것으로 보인다.

성형외과 의사들 간에도 이러한 유전적 질병을 가진 아이들의 모습을 수술을 통해 얼마나 변화시킬 수 있는지에 대해 의견은 많지만 정확한 데이터는 아직 없다.

그렇지만 다운증후군 아이의 모습을 거의 정상적인 얼굴로 성형할 수 있는 의사가 있다고 가정해 보자. 이것이 잘못된 것일까? 성형수술에 대해 지금까지 부정적이며 반대했던 사람들도 이런 경우, 다운증후군 아이는 원래 비정상적이거나 아니면 뒤틀어진 형태의 얼굴을 가지고 있기 때문에 성형수술을 해도 괜찮다고 말한다. 하지만 이것이 제대로 파악된 논리일까? 지금까지 그들의 논리대로라면, 인간은 태어나면서 각각 다른 얼굴을 가지고 태어나게 되는데 다운 증후군을 가진 아이의 얼굴도 각기 다른 얼굴 중의 하나라고 주장해야 맞지 않을까?

다운증후군을 가진 사람의 외모를 변화시키려는 노력은 개조라기보다는, 미용적인 것이거나 치료적인 것일 수도 있다. 만약, 다운증후군 아이나 그 부모가 원해서 얼굴을 고치려고 한다면 그것은 우리가 부정적으로 여기는 자기만족이나 허영심일지라도 용서가 될 수 있다고 생각하는 것이 옳다.

이렇게까지 생각할 수 있다면, 어떤 사람에게는 성형수술이 정당한 선택이 될 수 있다. 주름진 눈썹에 보톡스 시술을 했거나, 커다란 코를 축소하는 수술을 했다는 것을 왜 정정당당히, 그리고 당연한 것으로 인정하지 않는 것일까?

친구 중 누가 성형 수술을 하면, 앞에선 좋아 보인다고 말하고 뒤에서 험담을 해도, 한편으로는 부럽지 않은가? 물론 세상 모든 일이 지나치면 좋지 않지만, 아름다워지기를 원하는 것은 누구나의 욕망이다.

키 크는 약, 성장호르몬 문제없는가?

*

FDA(미국식품의약국)가 얼마 전 매우 중요한 결정을 내렸다. 엘리 릴리(Eli Lilly) 회사에서 제조한 성장 호르몬인 후마트로프(Humatrope)를 어린 아이들에게 사용해도 좋다는 허가를 내린 것이다. 이 소식이 큰 뉴스가 된 이유는 너무나 정상적인 상태를 치료하기 위한 약품을 시판하도록 허락한 것이 처음이었기 때문이다. 아마도 이러한 결정은 앞으로도 더 있게 될 것으로 예상된다.

후마트로프는 일주일에 다섯 번 또는 여섯 번을 주사하여야 하며 일 년에 평균 2만 달러 내지는 2만 5천 달러 정도로 많은 비용이 든다. 또한 두통, 근육통, 심지어는 이 약품과 관련되어 희귀한 종류의 암에도 걸릴 수 있다는 부작용이 뒤따른다. 더 문제가 되는 것은, 이 약품을 사용한 아이들이 모두 성장을 잘 하는 것은 아니라는 것이다. 5년 정도 이 주사를 맞고 반응을 나타낸 아이들이 평균 1.5인치에서 2인치 정도 키가 컸다는 결과가 나타났다.

키가 작다는 것 자체는 병이 아니다. 그렇지만 부모들, 특히 남자아이들을 가진 부모 입장에서는 자신의 아이들이 정상적인 성장 곡선에서 평균키에 훨씬 못 미친다고 생각하면 크게 걱정하게 된다. 그래서 비용이 많이 들고 1.5인치 정도로 밖에 키가 많이 자라지 않는다고 할지라도 후마트로프에 대한 수요가 꽤 늘어날 것이라고 예상하고 있다.

키가 작다는 현실에 대처하는 한 가지 방법은 키를 크게 하는 약을 복용하는 것일 것이다. 하지만 또 다른 방법은 자신의 키가 작은 것과 관계없이 부모들이 아이들에게 자신감을 심어주는 것이다. 또한 사람들이 여러가지 면에서 모두 다르듯이, 키가 크거나 작다는 것도 다른 모습 중의 하나이며 그 이상도 이하도 아니라는 것을 가르치는 것이다.

하지만, 부모들이 직접 주사를 맞는 것도 아니고, 부모들은 큰 키를 너무 중요시 여기는 이 사회에서 자신의 아이들을 걱정할 수밖에 없는 것이다. 그래서 일라이 릴리 회사가 후마트로프를 과대 광고하지는 않을 것이라고 했지만, 평균치보다 키가 작은 남자아이들이 많이 사용하리라고 예상된다.

키가 작은 사람들에게 약품을 사용하는 이러한 현상은, 미래에는 현저하게 눈에 띄는 비정상적인 증상을 없애는데 의약품이 많이 사용될 것을 예상하게 해 준다. 키가 크다는 것이 항상 좋은 것은 아니지만, 좀 더 좋은 것을 바라는 현상이 미래에는 훨씬 더 커질 것을 예상한다.

머리를 좋게 하는 문제

*

특정 유전자를 확인하고 조작할 수 있는 혁명적 발달이 많은 윤리논쟁을 이끌어내고 있는 것에 비해, 뇌과학(머리를 좋아지게 조작을 하는 것) 분야의 혁신적인 발달은 놀랍게도 거의 관심을 끌지 못하고 있다.

신경과학 분야는 이미 뇌가 일반적으로 어떻게 기능을 하고 있는지를 밝혀냈을 뿐만 아니라 수많은 환자들이 앓고 있는 정신 질환에 대한 정보도 밝혀내었고, 이제는 사람들의 생각 및 의도, 감정에 대한 정보까지도 어느 정도 알아낼 수 있다고 한다. 현재 학자들은 정교한 이미징 툴(imaging tool)을 이용하여 뇌에 어떤 자극을 가하면 어떤 부분에서 반응하는지, 그리고 약물이나, 공포 또는 여러 자극적인 물질이 뇌에 어떠한 영향을 미치는지 등을 소상히 밝혀내고 있다.

또한 유전자보다 두뇌의 역량이 개개인의 정신과 건강, 행동에 미치는 영향이 훨씬 크다는 것이 밝혀지면서, 어떤 직업에 어떤 능력의 사람이 필요한지, 어떤 병은 뇌를 어떻게 치료해야 하는지, 혹은 이 사람이 진짜 장애자 혜택을 받을 수 있는지 알아낼 수 있는 단계까지 와 있다. 물론 궁극적으로 뇌에 대한 연구는 뇌기능을 총명하게 하는 목적으로 연구하고 있으며 이는 현재 유전자에 대한 연구 그 이상으로 활발한 성과를 보이고 있다.

벌써 변호사들은 이런 연구결과를 이용하여 의뢰인이 무죄라는 것을 증명하기 위해 뇌를 스캔한 결과를 증거로 제출하고 있으며, 정부 기관에서는 공군 조종사, 우주 비행사 그리고 비밀 정보요원들에 대하여 스트레스나 유혹이 생길 때 어떻게 대처하는지를 예견하기 위해 뇌를 스캔하고 있다. 더욱이 의사들은 불치병으로 알려진 파킨슨병 환자들의 뇌에 직접 장치를 이식하여 치료에 사용하고 있다. 그리고 참전용사들에게 전쟁에서 겪은 끔직한 기억을 없애준다거나, 혹은 기억력을 재생하거나 향상시킬 수 있는 총명탕까지 개발하고 있다. 요즘 학습장애(learning disability)가 심하지 않은 학생들조차 시험을 칠 때 뇌에 자극을 주는 리탈린(Ritalin)이나 다른 향정신제를 복용하는 경우가 있다.

이러한 모든 활동과 연구들이 도덕적으로 올바른 것인가를 판단하고, 해를 입을 수 있는 사람들을 가려내어 어떻게 보호할 것인가에 대한 논의를 빨리 해야 한다. 특히 이 활동과 연구에 대한 도덕적 관건이 무엇인지를 결정하는 것이 무엇보다도 중요한 첫 단계라고 생각한다.

물론 뇌와 관련된 질병을 치료하려고 하는 노력이 기본적으로 잘못된 것은 아니다. 하지만 이러한 노력에도 불구하고, 누가 결정하며, 어떠한 기준으로 행하며, 특정 환자에게 어떤 위험한 치료는 정당화될 수 있는 것인지 등등, 유전자 관련 실험이나 치료를 하는 과정에서 파생되는 윤리적 문제점과 같은 문제들이 이 분야에도 심각하게 대두되고 있음을 간과할 수 없다.

그리고 피실험자 혹은 환자가 테스트에 임하기 전 자신의 결과를 다른 사람들에게 알려주고 싶지 않거나, 테스트에 간섭(intervention)할 수 있는 권리는 어디서 찾을 것인가?

명백히 뇌의 결함으로 치료를 받고 있는 사람들조차도 뇌의 기능을 정상으로 만들기보다, 정상인 상태를 더욱 우수하게 만들자는 의견에 이르게 되면 좀 더 고민하게 될 수도 있다.

특히 미국인들은 자신이 가지고 있는 그대로 능력과 노력을 통해 무엇인가를 얻어야 한다고 믿고 있다. 약물이나 칩 또는 이식을 통해 뇌가 더 우수해 진다는 것은 썩 바람직한 것이 아니라고 여기고 있기 때문이다.

그러나 알츠하이머나 집중결핍증(attention-deficit disorder)을 치료하는데 사용되는 방법이 기억력을 놀랍도록 향상시킬 수 있다면 정말 나쁜 것일까? 예를 들어, 하마의 뇌에 칩을 이식하듯이, 뭔가 획기적인 방법으로 사람이 수 십분 만에 프랑스어를 배울 수 있다거나, 무척이나 빠른 속도로 소설을 읽어낼 수 있게 된다는데 우리는 정말 고민해야 할까?

태아에게 뇌의 기능을 향상시킬 수 있는 무엇인가를 할 수 있는 기회가 생기면 부모는 이를 안심하고 받아들여야 하나 아니면 거부해야만 할까? 뇌를 변화시켜 부모의 경우보다 훨씬 우수해지고, 더 많은 능력이 주어지는데 우리는 이것을 비도덕적이라 비난해야 할까?

불공평하다? 인위적이다?

나는 우리 두뇌를 더욱 총명하게 하고, 향상시키려는 노력을 잘못된 것이라고 생각하지 않는다. 나와 다른 입장의 의견을 들어본다.

뉴론(뇌신경세포)을 개조시켜 뇌의 기능을 향상시키는 것이 인간의 평등성을 침해한다는 의견이 있다. 여러 면에서 혜택을 얻게 되어, 결국 수혜자는 못 받은 사람보다 더욱 더 많은 것을 성취하게 되는 불평등을 초래할 것이라는 것이다. 그러나 현재 그들이 치료 받을 수 있는 권리가 제한이 되어 있나? 결코 인종에 따라, 지위에 따라 대상이 일반적으로 결정되는 사항이 아니다. 장애자나 환자라고 해서 치료를 받는데 불이익을 받거나, 행복할 권리가 줄어들거나, 기회가 균등하지 않다거나 하지 않듯이, 뇌기능 향상 치료를 받지 못한다고 해서 다른 권리가 줄어들고 침해를 받을 것이라 건 기우다.

그러나 많은 사람들이 뇌기능 향상 문제를 접할 때, 어떤 사람들은 성공적으로 뇌를 향상시키는 혜택을 받을 수 있지만, 불공평하게 어떤 사람은 그런 혜택을 받지 못한다는 면에서 비도덕적이라고 믿고 있다.

실제로 어떤 특정인이 뇌를 향상시키는 기술에 접근조차 할 수 없다면 불공평성의 문제가 대두될 것이 확실하다. 하지만, 이미 사회내에는 과외 및 개인교사를 둔 시험 준비과정, 음악, 미술캠프, 학교성적 등 지능을 총명하게 하는 기회는 불공평하게 주어져 있다. 이러한 상황에서 새삼 불공평을 논하는 것은 어울리지 않지만 어쨌든 그런 불공평의 해결방법을 강구하고자 한다면 뇌 향상 서비스를 없애버리는 것이 아니라, 교사든 이식 가능한 칩이든 이러한 혜택을 좀 더 공평하게 제공하는 방법을 고려해 보는 것일 것이다.

내 아들의 경우도 학비가 비싼 사립학교에 다니며, 남보다 정신개발을 위한 기회를 많이 제공받고 있는 셈이다. 이러한 아들의 교육에 대해서 나는 가난한 동네에 가서조차 아들에게 이렇게 좋은 기회를 줄 수 있다는 것에 대하여 부끄럽게 생각하지 않는다. 왜냐하면 그들도 '나도 우리 자식들에게 그렇게 해 주었으면' 하고 생각하기 때문이다. 더욱 더 좋은 교육 조건을 제공하고자 하는 마음이 비도덕적이라고는 말할 수 없는 이유이다.

다음으로, 형평성은 차치하고라도, 뇌에 대한 엔지니어링이 너무 인위적인 것이 아닌가? 라고 하는 의견이 있다. 무엇을 걱정하는가? 앞으로도 우리는 자신을 여러 면에서 향상시키고 더욱 많은 것을 성취해 낼 것이다. 미래에 우리가 여전히 원시인간으로, 인간성을 지켜나갈 수 있을까?
어쨌든 지금 이 순간 안경을 쓰고 있거나, 인슐린을 맞고 있거나, 고관절
이나 심장 판막이 인공적인 것이거나, 이식 수술로 인해 혜택을 받았거
나, 비행기를 탄다거나, 머리 염색을 하거나, 전화 통화를 하거나, 전등
아래 앉아 책을 읽거나, 비타민을 복용하는 사람들이 이런 문제점을 제기
할 자격이 될까?

우리가 걷는 대신에 차를 탄다고 해서 덜 인간적으로 되었던가? 건강하
지 않은 생활이 되었다고는 하지만, 교통수단이란 기술을 사용하였지만
그래도 우리가 여전히 인간으로 여겨지고 있지 않은가? 인간이라는 본질
이 어떠한 변화로 인해 사라져 버렸다고 하기는 어려울 것이다. 우리가
살고 있는 세상을 그리고 우리 스스로를 향상시키고자 노력하는 것이 바
로 인간 특성이 아닐까 한다.

마지막으로, 뇌를 향상키는 것이 결국에는 강제성을 띠게 될 것이기 때
문에 나쁘다고 주장하는 사람도 있다.

정부 기관이나 두뇌향상 상품을 시판하는 회사가 광고하는 내용이, 미
묘하게도, 우리도 모르는 사이에 우리가 최고의 두뇌를 가지고 있지 않다
면 가족들이나 우리 사회에서 불이익을 당할 수도 있다는 인식을 갖게 한
다는 것이다. 두뇌를 향상하는 기술에 동참하지 않는다면 직업을 구할 때
나 사회적으로 성공하고자 할 때 뒤처지게 될 것이라는 강박 관념을 만든
다는 것이다.

그러나 그 문제에 대한 해답이 기술발전과 문명의 이기를 향상시킬 수
있는 기회를 억제하는데 있는 것은 아니라고 생각한다. 이러한 향상이 다
른 사람들의 강제성에 의한 것이 아닌, 자신의 선택에 의해서만 행해질
수 있도록 노력하면 된다.

또한 사람들에게 누군가 강제적으로 자신 혹은 아이들의 두뇌 기능을

최고로 만들라고 강요해야 할까? 걱정할 필요 없을 것 같다. 시장성을 요구하는 이 사회 자체가 끊임없는 향상을 요구하기 때문이다. 종교적 문화 그리고 세속적 문화 모두에서 좀 더 자기 발전을 추구하는 사람을 격려하고 보상하고 있으며, 어떤 종류의 종교든지 도덕적인 의무로서 자신과 그 자녀들이 더욱 더 잘되도록 노력하기를 기대하고 있다.

우리 뇌에 관련된 지식을 혁신적으로 변화시키는 방법이 생긴다면 대부분 사람들이 옳다고 생각하는 방법을 통하여, 그리고 공평하게 혜택을 받도록 하는 합법적이고 사회적인 기관이 설립되어야 할 것이다.

월경을 멈추는 약,
편이추구에 대한 시각

*

사람 몸 중에서 의학이 변화시키지 않으려는 부위가 있을까? 여성 신체에 대하여 생각해 보면, '없다' 라고 하는 대답이 명백한 것 같다. 의약품의 발달은 이제 자연현상(Mother Nature)자체를 바꾸는 단계에까지 와 있다.

조사 연구에 따르면 산모가 제왕절개를 선택하는 비율이 20%이상 상승하였다고 보고한다. 이 결과는 자연 분만이 어려운 임산부가 어쩔 수 없이 선택하게 된 제왕절개를 빼고, 그저 단순히 편안하려고, 또 형편에 맞게 미리 날짜를 정하기 위해 제왕절개 수술을 하는 경우만을 통계 낸 것이다.

한 임산부가 조사 연구자에게 하는 말을 들어보자. "휴가가 우리 가족에게는 무척 중요한 일이거든요. 그래서 다른 가족들에게 피해를 주지 않고 아이를 낳고 싶어요."

이런 선택적 제왕절개는 의학이 자연 현상에 순응하지 않는 것을 보여주는 한 예에 불과하다.

FDA(미국식품의약국)은 여성의 월경(생리주기) 횟수를 감소시킬 수 있는 알약을 시판해도 좋다는 허가를 내렸다. 한 달에 한 번씩인 월경, 시즈날을 복용하면 1년에 4번만 하게 된다는 것이다. 봄, 여름, 가을, 겨울, 한 계절에 한 번씩. 이해가 되는가? 그래서 '시즈날(Seasonale)' 이라는 이름을 붙인 것이다.

피임을 하는 여성들이 생리를 하지 않는다는 것은 오래 전부터 알고 있는 사실이다. 처음 피임약을 만든 제조업자들이 21일간 피임약을 복용하고, 나머지 날들은 생리주기를 위해 복용하지 않도록 만든 것은 그만큼 자연 현상에 순응하도록 한 의도가 있었다. 또한 피임을 원하는 여성들이 월경을 경험함으로써 임신이 되지 않았다는 것을 확인할 수 있게끔 한 의도도 엿볼 수 있다.

하지만 오늘날 피임약은 그런 것 신경 쓰지 않아도 더 자연스러운 것처럼 보인다. 더욱이 임신 여부를 확인할 수 있는 사용하기 간편한 테스트 키트도 나와 있다. 그렇다면 누가 생리를 원하겠는가?

또한 대부분의 여성들은 생리의 불편함이 제발 없어졌으면 하고 생각한다. 바쁜 스케줄을 고려하여 적당한 시기에 임신을 하고, 한 달에 한 번씩은 해야 하는 귀찮거나 때로는 고통스럽기까지 한 이러한 경험을 하지 않아도 되게끔 도와주는 것이 의약품이 해야 할 일이 아닐까?

옳건 그르건 간에, 그 대답은 명백해 보인다. 월경이여, 안녕!

대부분 의사들이 제왕절개를 하는 것이 자연분만에 비하여 산모와 태아에게는 좋지 않다는 의견에 동의하고 있다. 하지만, 이러한 염려가 폭발적으로 늘어나는 제왕절개 비율을 감소시키는데 전혀 도움이 되지 못한다.

그리고 생리 주기를 억제하는데 대해 장기적으로 어떠한 부작용을 미치게 되는지에 대한 연구 결과는 나와 있지 않지만, 어쨌든 시즈날은 현재 시판중이다.

제왕절개가 오히려 정상 분만보다 더 정상적이며 일상적인 것이 된 것처럼, 시즈날 출현은 또한 새로운 의약품에 대해 위험 부담을 감수해야 하는 경우에 그것을 사용해도 괜찮은 것인지 아닌지가 점점 전적으로 사용자에게 달려있다는 것을 보여주는 한 예가 되고 있다.

그리고 이는 단지 사용자의 선택만은 아니다. 의사의 경우, 제왕절개 수술을 권하고 그 수술을 행함으로써 큰돈을 벌 수 있다면, 제왕절개를 권하는 비율 또한 계속 상승하게 될 것이다. 이와 유사하게, 시즈날에 대한 수요 역시 증가하리라 예상된다. 시즈날을 판매해서 제조 회사는 큰 수요를 창출할 것이고, 월경이 없어졌다고 이를 그리워하는 여성의 수는 극히 드물 것이기 때문이다.

의약품은 자연적인 것을 변화시켜서 그것을 다시 자연스러운 것으로 만들고 있다. 돈과 편리성이 신약이 제공하는 것과 결합하면, 더 이상 자연 현상(Mother Nature)이 설 수 있는 자리는 없어지는 것이다.

운동선수, 약물이 무조건 나쁜가?

*

진실을 말하지 않는 사람들은 거짓말도 매우 잘한다. 켄 레이[1], 빌 클린턴(Bill Clinton), 버나드 에버스[2], 스쿠터 리비[3], 챠알스 키팅(Charles Keating)과 같은 유명 인사가 진실을 왜곡하여 얘기하는 것을 본 사람이라면 지금 무슨 얘기를 하고 있는지 이해가 갈 것이다. 라파엘 팔메이로[4] 또한 거짓말을 잘 하는 유명 인사의 대열에 끼게 되었다.

스포츠 분야 종사자에게는 라피(Raffy)로 알려진 그는 자신은 주스를 마신 것이라고 국회위원회 앞에서 너무나도 자신 있게 그 사실을 부인하였지만 후에 스테로이드를 사용한 것으로 밝혀졌다. 3천 개의 안타를 치

---

1) Ken Lay, 파산한 미국 대기업 엔론의 최고경영자(CEO)로 회계부정 및 횡령 등 혐의로 기소되었다
2) Bernard Ebbers, 미국 역사상 최대 규모인 110억 달러의 분식회계 부정사건으로 수만 명의 투자자들을 울린 월드컴의 최고경영자
3) Scooter Libby, 전 체니 부통령 비서실장으로 CIA 비밀 공작원의 신상을 언론에 공개하지 않았다고 거짓말을 한 혐의로 기소되었다
4) Rafael Palmeiro, 1999년 미국 콘티넨틀사(ACC) 파산과 관련 부정 사기대출 사건으로 기소된 법률가 겸 은행가

고 5백 개 홈런을 쳐서 영예의 전당(Hall of Fame)에 들어갈 수 있었던 야구의 영웅이었던 그의 명예는 급속히 떨어졌다. 라피는 이전까지 신뢰할 수 있는 사람으로 여겨졌기에 특히 스포츠 기자들을 매우 화나고 실망스럽게 만들었다. 그러나 약물 중독에 관련된 사람이면 누구나 아는 것처럼, 약물을 사용하였는가라는 문제에 닥치게 되면 진실은 사라져 버린다.

현재 방송이나 블로그에서는 팔메이로가 쿠퍼스타운[5]에 들어갈 수 있을지, 거짓말을 했는지 안 했는지에 대한 논의가 활발하다. 하지만, 팔메이로 사건의 파장과 그 동안 메이저리그 야구에서 계속 문제가 되었던 스테로이드 사용 스캔들로 인해, 기본적인 윤리에 대한 문제 제기가 더욱 확산되고 있다.

스테로이드를 사용한 점에 대해 비난하거나 유죄 판결을 내리기는 쉽다. 약물은 효과적이기는 하지만 몸에 무척 해롭기 때문이다. 하지만, 약물이 몸에 유해하지 않다면 어떠할까? 몸에 거의 해롭지 않거나 또는 전혀 해롭지 않으면서도 기능을 향상하는 생체공학적인 약물이 많이 생산된다면 프로나 아마추어 운동선수들은 이를 어떻게 받아들여야 할까?

내가 근무하고 있는 펜실베니아 대학 생리학자 리 스위니 (Lee Sweeney)는 유전자를 변화시켜 근육을 더욱 크고 단단하게 하는 방법을 연구 중이다. 이러한 연구는 근육 장애나 그 밖의 여러가지 근육 쇠약증을 가진 사람들을 치료하고자 하기 위한 것이다.

하지만 스위니가 연구하고 있는 이 유전자 전이 기술은 정상적인 근육을 더욱 크게 그리고 튼튼하게 할 수도 있는 것이다. 선수가 이런 유전자 변이기술을 이용하면 누구도 유전자 도핑(gene doping)을 했는지 안 했

는지를 증명하기는 불가능해진다. 그리고 현재까지 이런 유전자 변형 근육 세포가 관련된 위험성은 거의 없는 것으로 보인다.

이와 유사하게, 세계 전역에서 과학자들이 숙면을 취하게 하거나, 피곤을 이겨 심한 피로감을 빨리 회복하고, 기억력 감소를 둔화시키고, 학습 능력을 향상시키거나, 공포나 불안감을 잘 견디고 진정시키는 등의 약을 만들기에 많은 노력을 기울이고 있다. 이미 암비엔(Ambien), 프로비질(Provigil), 리탈린(Ritalin), 프로잭(Prozac)또는 에펙서(Effexor) 등의 약을 사용하여 효과를 보고 있는 사람들이 많이 있다.

만약, 양궁선수, 체스선수, 사격선수, 레이서, 또는 여성 프로골프 선수가 "이 약을 먹으면, 내가 시합에서 좀 더 우수한 성적을 거둘 수 있을 거야." 라고 한다면 당신은 어떻게 생각할까?

1990년대는 분명히 스테로이드를 복용한 선수가 홈런을 쳐내고, 미식축구 선수들의 근육이 커지고, 육상 기록이 계속 경신되던 시절이었다. 이때는 선수들의 약물 사용에 대해 무관심했고, 당연했고, 팬들의 반발도 없었다. 이때는 오히려 미국인들은 스포츠라는 이름으로, 기록을 경신하고 서로 몸싸움에서 이기기 위해 위험을 감수하는 선수들에게 큰 관심과 사랑을 주고 있었다.

최고의 트레이닝을 받고, 최고의 식이 요법과 최상의 기구를 사용하는 미국 운동선수들이 올림픽에 참가하여 가난한 나라 출신의 운동선수들, 또는 허우대 좋은 타국 선수들을 상대로 무참할 정도로 통쾌한 경기를 하여 승리하는 것을 보고 좋아만했지 욕하는 미국인은 없었다.

특히 스포츠는 좋은 결과를 얻기 위해 과학을 이용하는 것을 당연하게 여기고 있는데, 오늘날, 유전공학이나 기적과도 같은 새로운 약품의 사용에 대해서는 왜 금기시하고 있는 것일까?

라파엘 팔메이로의 인기가 추락하고 있다고 해서 그의 스테로이드 복용으로 인해 제기된 기본적이고 윤리적인 문제, 즉 스포츠 분야에서는 약물의 사용 없이 기능을 향상시킬 여지는 없는가에 대해 우리가 어떻게 대비했고 준비하였다고 말할 수 있는가? 인간이 아무 도움도 없이 정당하게 경쟁하는 것이 스포츠 분야에서 바라는 것인가? 그렇다면, 트레이닝 시설도 문을 닫고, 현재의 영양사도 필요 없고, 트레이너의 여러가지 프로그램도 축소시켜야 하지 않겠는가? 만약 그렇지 않고 스포츠가 중요시 여기는 것이 인간의 한계를 측정하는 것이라면, 오히려 초등학교 선수부터 현재 프로선수들의 트레이너에다 유전 공학자와 약리학자까지 추가하는 것이 좋지 않을까. 스포츠가 추구하는 것이 무엇인지에 대한 확실한 해답은 없다. 하지만 이번 라파엘 팔메이로 사건을 계기로라도 스포츠를 아끼고 있는 사람들이라면 한 번 쯤은 생각해 봐야 할 문제인 것 같다.

3

유전자 조작의 윤리

똑똑한 쥐, 멍청한 인간

*

생쥐에게는 좋은 소식, 그리고 사람에게는 좋지 않은 소식이 최근에 발표되었다. 어떤 생물학자 팀이 발표하기를, 궁극적으로는 사람들의 지능을 향상시키는데 이용할 목적이지만, 유전공학을 사용하여 좀 더 지능이 높은 생쥐를 만들어 냈다는 것이다. 그러나 한편, 켄사스 주에서는 학교 관리들이 주정부에서 규정하는 과학 커리큘럼에서 진화론을 없애기로 결정하였다는 것이다. 이 얼마나 멍청한 결정인가.

프린스턴 대학의 조 치엔(Joe Z. Tsien)과 그의 연구팀들이 유전공학에 의해 만들어낸 지능이 더욱 높아진 생쥐들은 표준화된 과정, 예를 들면 새로운 물체를 인식한다거나, 물이 담겨있는 그릇을 피해 가는 등의 과정을 수행하는데 있어 보통 생쥐들보다 훨씬 똑똑하다는 것을 보여주고 있다.

불행하게도, 생쥐에게서는 성공적인 것으로 입증된 이러한 유전공학기술이 아직은 사람에게 적용할 단계는 아니다. 기억력과 관련하여 사람 유전자를 변형시킨다는 것이 치엔이 생쥐에서 나타난 것처럼 반드시 사람의 지능을 향상시키는 결과를 나타낼 것이라고 보장할 수 없기 때문이다. 왜냐하면 우리 인간들 대부분은 어떻게 물통을 피해갈 수 있을 것인가 하는 이상의 좀 더 복잡한 형태의 두뇌를 갖고 있으며, 또 이런 유전공학적 새로운 기술이 예기치 못한 변화를 일으켜 조금이라도 생쥐의 건강을 해칠 것 같으면 절대 이를 인간에게 적용할 수 없기 때문이다.

어쨌든 생물학자들이 진화론과 유전학에 관련된 지식을 이용하여 더욱 지능이 높은 생쥐를 창조해내고 있는 반면, 켄사스 주의 학교 당국은 진화론과 관련된 교육은 해도 안 되고, 시험도 보지 못하도록 하는 어리석은 결정을 고수하고 있다.

우리가 살고 있는 이 세계는 무한하다고 할 정도의 상당히 오랜 시간에 걸친 자연도태(natural selection)의 결과라는 챨스 다윈(Charles Darwin)의 진화론은, 성경의 창조론을 믿는 사람들에게는 큰 위협이 되고 있다. 일부에서는 다윈의 이론이 발표된 이래 지난 150년간 대두되어 온 진화론에 맞서, 창조론의 일종의 과학적 대안이라 여기는 지적설계론이라는 괴상한 이론까지 나타나고 있는 실정이다.

창조론이 결국 무엇이든 간에, 창조론은 과학이 아니다. 실제로, 성경에 있는 창조론에 대하여, 얄팍한 인간의 논리에 맞추어 실험을 해 보거나 이의를 제기한다는 것은 종교 그 자체에 대한 모독이다.

지능이 높은 생쥐를 창조하려고 했던 연구는 당연히 진화론에 그 배경을 두고 있다. 진화론에 대한 정당성을 인정하지 않는다면, 게놈의 위치를 알아낸다거나, 동물을 클론 한다거나, 새로운 종자의 포도나 콩을 만들어 낸다거나, 아기에 대하여 유전자 치료법을 행할 수는 없을 것이다. 하지만 이러한 사실들, 우리 인간과 생쥐 그리고 우리를 둘러싸고 있는 현재의 모든 환경을 단지 진화론적으로 해석해야 하며 그렇게 믿고 있는 것은 정말 아니다. 성경에서 나타나 있는 창조론을 있는 그대로 아무런 의심 없이 믿을 수도 있고, 그와는 별개로 과학자들이 그리는 것처럼 또 다른 견해의 세상 창조도 있다고 이해할 수도 있지 않을까?

캔사스주의 주민들은 좀 더 현명해질 필요가 있다. 유전자를 재배열함으로써 생쥐들이 더 똑똑해질 수 있다면, 고등학교 그리고 대학교에 다니는 우리 학생들은 과학자들이 어떻게 그리고 왜 이런 연구를 행하고 있는지에 대해 배우고 알아야 할 필요가 있다.

우리 앞에 서서히 다가오고 있는 유전공학에 의한 변혁에 대처하려면, 우리 모두가 진화론과 유전학에 대하여 더 많이 배워야 할 것이다. 물론 이러한 교육이 우리 주위 창조된 세계에 대한 신비함을 다 밝혀내기에는 턱없이 모자랄 것이다. 그러나 이것조차 우리가 잘 소화하지 못한다면, 자신들의 창조 뒤에 숨겨진 과학적 지식을 이해할 만큼 현명해진 생쥐들이 우리를 대신하게 될지도 모를 일이다.

유전자 조작 식품에 대한 진실

*

2002년 오리건 주의 주민들은 국가적으로 중요한 의미를 담은 안건에 대하여 선거를 한 적이 있다. 법안 27은 모든 유전자 공학을 통해 생산된 식품이나 유제품에는 표기를 해야 한다는 것이었다. 이에 대해 식품 제조업자나 농업 바이오텍 회사들은 이 법안이 통과하지 못하도록 상당한 돈을 들여 로비를 하였다. 결국 이 법안은 통과하지 못했다. 하지만 유전 공학적인 방법으로 제조된 식품에 대해 표기를 해야 되는가에 대한 문제점에 관한 논란까지 없애지는 못했다. 식품 제조 관련업자들이 아무리 막대한 돈을 써서 이러한 종류의 법률이 제정되지 못하도록 하더라도 소비자들이 자신들이 무엇을 먹고 있는지에 대해 알고 싶은 권리까지 막기는 어렵기 때문이다.

오리건의 법안 27에 대해 반대하는 사람들(관련업자 등)이 가지고 있는 논리는 나름대로 상당한 타당성을 가지고 있다. 표기 문제는 단순히 유전자 변형농산물(GMO)로 만든 식품들이 안전하기 때문에 표기할 필요가 없다는 것이 아니다. 표기를 하려면 그에 드는 비용이 상당히 많이 들어

오리건에서 생산된 식품에 대한 가격이 올라간다는 것이다. 식품 제조업자들이 제기한 이러한 문제점은 표기를 법으로 정한 유럽과 아시아에서도 제기된 적이 있다.

실제로 GMO 식품의 안전성에 대하여는 크게 논의할 여지가 없다.

FDA(미국식품의약국)에서는 바이오텍 성분을 함유한 식품이 건강상의 문제를 일으킨다는 과학적인 증거가 없다는 면에 중점을 두어 오리건의 법안에 반대하였다. 유전적 조합 식품은 미국 뿐 아니라 여러 국가에서 수십 년 동안 사용되어 왔다. 유전자 변형 대두나 옥수수는 안 먹어본 사람이 없을 정도이다.

현재 미국 식품점에 있는 가공 음식의 70%가 GMO 성분을 함유하고 있다는 것을 아는가? 그리고 아직 유전자 가공 성분이 들어 있는 식품이 건강상의 문제를 일으킨다는 문제가 보고 된 바는 없다. 결국 안전성은 문제가 되지 않는다는 말이다. GMO 성분이 들어있는 음식을 표기해야 한다고 주장하는 것은 안전성 때문이 아니다.

그러나 반대자들의 이런 비용에 대한 주장은 설득력이 약하다. 일본, 오스트레일리아, 뉴질랜드와 타이완에서는 모두 GMO 식품을 표기하는 것이 법률화되어 있고, 이들 국가에서는 식품의 가격 면에서 크게 영향을 미치지 않았다. 식품 산업에서 걱정하는 것이 비용이라면, 실제 표기에는 큰 비용이 들지 않는다는 예가 바로 여기에 있는 것이다.

그렇다면, 비용이 많이 들지 않는다면, GMO 식품이 아무 문제가 없다면, 왜 표기를 하지 않는 것일까?

그 이유는 GMO 식품이 비록 지금 당장은 나쁜 것이 밝혀지지 않았지만, 적어도 좋게 향상된 제품이라거나 자연친화적 제품은 아니기 때문이다. 다시 말해 유전자 공학기술이 우리가 소비하는 식품 자체를 향상하거나, 적어도 그런 기술이 자연환경을 좋게 한다거나 오염을 줄인다고 결코 말할 수는 없기 때문이다.

　현재까지는, 더욱 영양가 있는 식품을 만들거나, 더욱 안전하게 만들거나, 혹은 자연 친화적인 환경을 만드는 데는 거의 노력하지 않고 있다. 그 대신, 몬산토(Monsanto)와 같은 회사에서는 아이러니컬하게도 자신의 회사에서 이미 판매 중인 농약이나 제초제에 더 잘 견딜 수 있는 농작물을 개발하는데 유전자 공학기술을 사용하고 있다. 이러한 요인들은 전혀 소비자의 신뢰를 높일 수 없다. 그리고 소비자로 하여금 GMO 식품을 구입하고 싶지 않도록 할 것이다.

　회사는 농약이나 제초제를 사용해서 생산된 식품이 아니며, 소비자들이 원하는 식품은 우리의 환경을 파괴하지 않으면서도 더욱 안전하고 영양가 있는 식품이라는 것을 확실히 알려 주어야 한다. 이렇게 하기 위해서는 식품업체가 소비자들이 원하는 정보를 제공해 주어야 한다. 그러면 소비자들이 GMO 식품이 건강에 좋은 식품인지, 환경에도 유익한 것인지를 알 수 있다. 그런 의미에서 오리곤의 경우는, 바이오텍 산업이 오리곤 주민, 법률안에 맞서 승리한 것이 아니라, 나중에 후회할 일을 만드는 것뿐이다.

　유전자 공업기술을 이용하여 생산된 식품에 대하여, 바이오텍 산업은 적극적이고, 개방적이며 철저한 자발적인 프로그램을 통해서 소비자를 위한 정보를 제공해야 한다. 어떤 식품이 유전자 공업기술을 이용한 식품인지를 알기를 원하는 소비자들은 누구나 웹사이트나 수신자 부담전화를 통해서 알 수 있도록 해야 한다. 유전자 공학기술로 생산된 식품이 안전한지를 알고 싶어 하는 사람은 누구나 그 정보를 얻을 수 있어야 한다. 식당이나 카페에서 음식을 먹는 사람들도 자신들이 어떤 재료로 만든 어떤 음식을 먹고 있는지 알아야 한다.

　그리고 현재까지 왜 유전자 공학기술이 자연 친화적인 식품을 만드는

데 이용된 것이 아닌, 농약 친화적인 식품을 만드는 데만 이용되어 왔는지 그 개선책을 찾아야 한다.

우리가 소비하는 식품의 질을 향상시킬 수 있는 유일한 방법은 이러한 기술을 가진 사람들이나 업체가 우리에게 숨기는 비밀이 없도록 막는 데 있다.

형광 원숭이 AnDi

*

형광 원숭이 앤디(AnDi) 를 연구해온 오리건영장류센터(Oregon Regional Primate Center) 과학자들은 이 원숭이가 어두운 곳에서 빛을 내지 않아 좀 실망을 했을 것이다. 그랬다면 이 원숭이는 미디어에서 주요 화제로 떠오르며 스타가 되었을 텐데. 앤디가 실제로 유전공학으로 만든 최초 영장류라는 것은 현미경을 통해 세포가 빛을 내고 있음을 보는 것으로써 증명은 할 수 있었다.

그렇다면 우리 인간은 왜 이런 쓸데없는 일을 하는 것일까? 과학자들이 약간의 빛을 발하는 원숭이를 만들 수 있다는 것이 실제로 대단한 일일까? 고양이, 개 또는 밤에 자전거를 타고 돌아다니는 불량한 아이들을 위해 어둠 속에서 빛을 발할 수 있도록 하는 것이 필요하다는 것인가?

그것만은 아닐 것이다. 앤디는 이보다 훨씬 중요한 점을 시사해 주고 있다. 빛을 발하는 어린 원숭이가 우리에게 암시하는 것은 우리 인간들도 유전공학적으로 만들어질 수 있음을 보여주고 있다는 것이다.

오리건에 있는 과학자들은 과학계에서 금기시되어 연구하지 못하고 있는 유전학을 이용하여 우리 자녀들이 변화하거나 향상하는 데에 한 발짝 다가선 것이다. 유전자를 난자에 접합시켜 건강한 원숭이를 자라게 했다는 것은 언젠가는 유전자를 인간의 난자에 삽입시켜 자녀들을 부모들보다 훨씬 똑똑하고, 튼튼하며, 빠르고, 건강하고 행복하게 만들 수 있다는 것을 의미한다.

그렇다면, 캐서린 제타 존스[1]와 같은 모습에 스테판 호킹(Stephen Hawking)의 지능을 가진 인간이 거리마다 넘쳐날 미래에 대해 축하해야 할까 말아야 할까?

일부에서는 틀림없이 어떤 제정신이 아닌 인간이 무인도에 DNA 상점을 차려 슈퍼베이비를 양육해내는, 유혹의 섬(genetic Temptation Island)이 생길 것이므로 이 경우를 방지하기 위해 강력한 법을 마련해야 한다고 주장할 것이다. 일부는 국제 법률 조항을 만들어 우리보다도 우수하게 만든 사담 후세인과 그가 만들어낸 군대가 내리는 명령에 복종해야 하는 일이 없도록 해야 한다고 주장할 것이다.

그러나 그러한 법률은 필요하지 않다고 생각한다. 반역 과학자들이나 전체주의에 빠진 미치광이들이 유전공학을 남용할 사람들이 아니기 때문이다. 유전공학을 남용할 사람은 다름 아닌 이 책의 독자인 여러분이나 필자와 같은 평범한 사람들, 바로 그러한 사람들이다. 우리자신이 현재 뭔가 불편한 나쁜 조건을 가진 것은 아니지만 우리는 항상 더 좋은 것을 바라기 때문이다.

경쟁적인 이 사회에서, 부모들은 당연히 자녀들에게 줄 수 있는 혜택이면 무엇이든지 주고 싶어 할 것이다.

그리고 어떤 종교에서든지 신도들에게 자녀들을 잘 키우기 위해 최선

---

1) Catherine Zeta-Jones, 영화 '마스크 오브 조로' 등에 나왔던 도발적이고 뇌쇄적인 영국 여배우

을 다하라고 얘기하고 있다. 넘쳐나는 광고와, 마케팅, 과대광고 홍수 속에 예민해진 부모들이 자신의 소중한 아이들이 유전자 경쟁에서 뒤처지지 않도록 노력함에 따라 우생학 이론은 자연스럽게 우리 삶 속으로 찾아들고 있다.

많은 부모들이 자녀들을 대학에 보내고, 피아노나 테니스 레슨 또는 외국어 학원에 보내고, 건강한 식습관을 갖고 안전한 환경에서 자랄 수 있도록 기꺼이 많은 돈을 투자하고 있다. 자녀들을 최선의 방법으로 자랄 수 있도록 인도하는 것과 유전학적으로 향상될 수 있는 기회를 제공하는 것이 그리 크게 다르다고 생각하지 않는다. 우리 자녀에게 누구보다 우선적으로 우수한 유전자를 가지려면 서로 치열하게 경쟁해야 한다는 식으로 우리를 속이거나 강제적으로 요구하는 사람은 없다.

유전공학을 맹목적으로 사용하는 것을 방지하는 해결책을 찾고 있다면 우선 어떤 것은 해도 되며 어떠한 것은 허가하면 안 되는가, 누가 그 비용을 지불할 것인가, 이상적인 자녀를 만들 수 있다고 광고하며 판매하기를 원하는 자에게는 어떠한 기준을 적용시켜야 할까 등등에 대하여 논의하는 것에서 시작해야 하지 않을까 한다. 앤디에 대한 우리의 올바른 대응은 이를 법률적으로 금지하는 것이 아니라 우리 자신을 컨트롤하는데 어떠한 방법이 최선일까라는 대화를 먼저 시작하는 것이다.

유전자 변형식품을
우리 강아지에게 먹여도 될까?

*

프랑스의 농업 회사인 카나-카발 (Cana-Caval)은 자신들이 제조하는 애완동물 사료에 유전자 변형 성분을 사용하지 않기로 결정하였다. 이후로 대형 프랑스 슈퍼마켓 체인인 까르푸(Carrefour)에서도 자사 브랜드인 애완동물 사료에 유전자 변형 성분의 사용을 금지하는 결정을 잇달아 내놓았다. 앞으로 프랑스는 콩, 옥수수 및 다른 곡류들은 모두 하이테크 유전자 검사를 거치게 하고, 애완동물 식품에도 절대 유전자적 부적합 물질을 포함하지 못하게 할 것 같다.

프랑스인들은 알다시피 여러가지 면에서, 특히 식품 문제에 있어서 항상 자신들만의 고유한 방법, 유별난 방법을 택해왔다. 같은 선상에서 프랑스인들이 개나 고양이의 음식에 무엇이 들어있는지를 알아내기 위해 유전자 스크린에 돈을 쓴다는 것이 그들의 유전자 변형(Genetically modified: GM) 식품에 대한 논쟁이 얼마나 그 방향을 잃고 오버하는지를 말해주고 있다.

GM식품에 대한 우려의 의견은 주로 유전자 변형 식품을 먹는 것이 안전하지 않다거나, 유전자 변형 식품을 재배하는 것 자체가 다른 동물이나 식물에 해로울 것이라는 것이다. 유전자 변형 식품 재배가 다른 동물이나 식물에 미치는 영향은 심각하게 고려하여야 할 문제이나, 프랑스의 개 사료 제조업자와 소비자의 경우처럼 그렇게 호들갑 떨 정도로 전자의 경우(변형식품을 먹이는 것)는 우려할 정도는 아닌 것 같다.

아프리카 꿀벌에서부터 일본 딱정벌레, 세계 전역에 걸쳐 서식하는 여러가지 해충에 이르기까지, 외지 동물이나 식물이 토속 동물이나 식물을 멸종시켜온 사례를 볼 때, 새로운 생물의 출현이 기존의 환경에 엄청난 문제를 일으킬 수 있음을 경험으로 알 수 있다. 그래서 새로운 식물을 재배하는 것은, 그것이 유전공학에 의한 것인가 아닌가에 관계없이, 어떤 새로운 종자가 자연스럽게 기존의 것을 대체하는 것이 아니라면 대단한 주의를 필요로 한다. 결국 유전자 공학에 의해 생겨난 새로운 종(種)을 도입하는 데에 현재 존재하는 것보다 훨씬 엄격한 규칙과 관리법이 필요하다는 것은 말할 필요가 없다.

오늘날에는 자발적인 가이드라인이나 엄격하지 않은 시행령이 너무 많이 존재하고 있다. 새로운 종(種)을 도입하였던 과거의 경험을 통해 좋은 의도로 행하는 것일지라도 나쁜 결과가 나올 수 있다는 것을 알게 되었으므로 새로운 형태의 GM종자나 식물을 도입하는데 좀 더 많은 규제가 있어야 할 것이다.

먹는 것은 또 다른 문제이다. GM식품은 이미 식품 공급원으로서 수 년 동안 존재해왔다. 미국인 그리고 여러 나라의 국민들뿐만 아니라 이들 나라의 애완동물들도 여러가지 음식을 통해서 GM 콩이나 그 밖의 곡류 등을 엄청난 양으로 섭취해 온 셈이다. 그러나 아직까지는 꼬리가 네 개 달린 고양이나 머리가 두개인 사람이 태어나거나 하지는 않았다.

자신의 개에게 유전자 변형 식품을 먹이는 것을 반대하는 사람은 'GM

식품 공장 밖에 동물이나 사람의 시체가 쌓여있지 않다고 해서 괜찮다고 할 수는 없다' 고 주장한다. GM식품이 실제 사람을 죽게 할 수 있다는 것은 수 십 년 후에나 나타나는 결과일 수도 있기 때문이라는 것이다.

하지만 주위에 나쁜 것이 너무나 많이 있는 나라에서는 이 조차 그냥 무시하고 소비할 수 있기 때문에, 몸에 당장 해로울 가능성이 많지 않다면 미래 위험성에 대해서는 그리 큰 걱정을 하지 않게 된다.

여러 개발도상국가에서는 나쁜 음식을 너무 많이 먹게 되어 그 나라 국민이나 애완동물이 비만증으로 일찍 죽는 경우가 생기고 있다. 그러나 세계적으로 볼 때 사망 원인 대부분은 단순히 음식을 충분히 섭취하지 못했기 때문인 사망한 경우가 대부분이다.

유전자 변형 식품을 개발할 때에는 다음 두 가지 문제를 더 고려하면 어떨까?

유전공학을 통해 우리가 섭취하는 음식에 콩을 더 도입하는 반면 나쁜 지방을 없애고, 섭취 가능한 식품의 양을 늘려서 가난한 사람들이 굶지 않도록 하고자 하는 것이다.

프랑스인들은 GM식품이 심지어는 동물에게도 적합하지 않다고 생각할 지도 모른다. 이들의 생각은 잘못된 것이다. 안전하게 재배되는 GM식품이야말로, 정말 나쁜 식품 때문에 너무 많은 사람이 사망하게 되거나, 혹은 먹을 것이 없어 많은 사람이 사망하게 되는 현재 식품 위기상태를 대처해 갈 수 있는 유일한 해결 방법이라고 나는 생각한다.

애완동물 복제회사와
TV 점쟁이 미스 클리오

*

최근 얼룩 고양이 CC를 똑같이 클로닝(복제)했다고 발표한 제네틱스 세이빙스 앤드 클론(Genetics Savings and Clone)이라는 회사와, 심한 자메이카 사투리를 구사하는 한밤의 TV 심령술사 미스 클리오와의 공통점은 무엇일까? 둘 다 인간의 약한 마음을 상대로 사업을 하고 있다는 것이다.

미스 클리오는 현재 어려운 상황에 있다. 미주리 주의 주민들이 누가 남편을 유혹하고 있는지 알기 위해 미스 클리오에게 전화하고 받은 것이 심령술 상담뿐만 아니라 엄청난 전화 통화비를 물게 되었다는 것에 흥분했기 때문이다. 당국은 현재 주민들의 이런 많은 불평 건 때문에 미스 클리오를 불러 조사 중이다.

그러는 한편, 국립무역협회(Federal Trade Commission)는 한밤중에 활동하는 심령술사에 대하여 그리 반갑지 않은 소식을 전하고 있는데, 즉 미스 클리오와 그녀가 속해 있는 회사, 액세스 리소시스(Access Resources Services, Inc.) 및 사이킥 리더스 네트워크(Psychic Readers Network)가 운영한 사업은 사기라는 것이다.

플로리다 정부는 실제 이름 유리 델 해리스(Youree Dell Harris)인 미스 클리오에 대하여 그녀가 실제로 자메이카에서 유명한 무당임을 증명해 보이라는 별도의 소송을 제기하였다.

미스 클리오가 얘기하듯이, 시청자 참여 전화 상담 프로가 어려움을 겪는 상황도 많이 있다. 그러나 제네틱스 세이빙스 앤드 클론사의 경우는 그렇게 힘들지는 않는 것으로 보인다. 이 회사는 죽은 애완동물을 클론하기 위해 5만 불에서 10만 불까지 기꺼이 지불하려는 사람들이 줄을 서 있을 정도라고 발표하였다.

그러나 제네틱스 세이빙스 앤드 클론사의 경우는 미스 클리오가 잠시 다른 사람들의 미래를 엿보는 반면, 이 회사는 더 이상 전달할 수 없는 '영원성' 을 제품으로서 시판하고 있는 셈이다.

처음으로 복제한 CC의 탄생이 발표되었을 때, 뭔가 예기치 못한 황당한 일이 생긴 것이 즉시 명확하게 드러났다. 복제된 고양이는 그 오리지널과는 다르게 생겼던 것이다. 제네틱스 세이빙스 앤드 클론사의 고객은 이 사실에 대해 기뻐할 수가 없었다. CC는 바로, 클로닝이 단순한 복제가 아님을 증명해주는 살아있는 증거인 셈이다. 동물은 복제한다고 해도 똑같은 것을 얻을 수는 없다. 똑같은 유전자를 사용하기는 하나, 우리 자신들을 포함하여, 어떠한 동물이든 간에 유전자 자체 그 이상을 의미하는 것이라는 것이 이번 기회에 명확하게 밝혀졌다.

환경, 즉 자궁 환경을 포함하여 주변 환경이 점박이 고양이 색깔 형태를 나타내는데 큰 영향을 미치고 있으며 이런 환경이라는 것은 클로닝에 의해 결코 복제될 수 있는 것이 아니었다. 복제된 동물의 성격, 행동 및 특성 등은 유전자 그 이상의 것에 따라 나타나게 된 것이다. 새로이 복제된 고양이는 전 고양이가 행했던 교태나 눈속임을 모르고 있을 것이다.

애완동물 주인들은 자신들이 사랑하는 애완동물을 건강한 같은 동물로 다시 재생시킬 수 있을 것이라 믿고 있었을 것이다. 그러나 이는 단지 꿈에 불과할 뿐이다. 클로닝을 통하여 죽었다는 사실을 감출 수는 없기 때문이다. 이는 단지 현재 소유하고 있는 동물과 전에 소유했던 동물은 일상생활에서 볼 땐 전혀 다른 동물이며 그러나 예전 동물과 많이 닮았다는 정도의 새로운 애완동물을 제공할 수 있을 뿐이다.

제네틱스 세이빙스 앤드 클론사는 죽은 자신의 애완동물을 되살리기 위해서 상당한 금액의 돈을 기꺼이 쓰겠다는 사람들을 속이고 있다는 데에는 동의하지 않고 있다. 이 회사는 자신의 고객들이 복제를 죽은 애완동물의 부활로 여기지 않도록 이해하는데 열심히 노력해왔노라고 주장하고 있다.

그러나 동의서를 받았다는 것과 고객을 교육했다는 점을 들어 무죄라고 주장하는 것은 미스 클리오의 핫라인의 경우와 큰 차이가 없다.

미래를 점쳐 주거나 애완동물을 복제해서 사람들에게 많은 돈을 받아낼 수 있는 유일한 방법은 사람들에게 진실이 아닌 어떤 것을 믿게끔 하는 것이다. 미스 클리오나 그녀의 스폰서 회사가 속이기 쉬운 사람들의 희망이나 꿈을 담보로 해서 돈을 벌었다는 것은 옳은 일이 아니다.

기업이 과학을 이용하여, 슬퍼하고 있는 사람들의 희망이나 꿈을 이용하여, 치사한 사업을 하고 있는 것이라고 말해도 과장이 아니다.

조류독감과 테러리스트

*

조류독감은 최근에 자주 뉴스를 장식하고 있다. 사실 그럴 필요가 있었다. 그러나 이것은 상당히 다루기 곤란한 문젯거리로 조심스럽게 다루어져야 한다. 그런데 이 위험한 조류독감 관련 글이, 그 만드는 방법까지, 어느 누구라도 볼 수 있는, 아니 우리가 적(테러리스트)으로 생각하는 사람들도 볼 수 있는 유력한 과학 잡지에 기재되고 있는 것은 과연 괜찮을까?

아시아와 유럽에서 시작하여 현재 미국을 향하고 있는 유행성 형태의 조류독감은 얼마나 심각한 것일까?

매년 이때쯤 나타나는 일반적인 형태의 독감과 조류독감이 우리의 폐에 미치는 영향을 비교해 보자. 그 결과는 너무 놀라워서 숨이 멎을 정도이다. 실제로 말 그대로이다.

조류독감은 일반 독감 바이러스보다도 50배나 많은 감염성 인자를 우리 폐에 배출해 낸다. 조류독감에 감염된후 4일된 생쥐의 폐를 보면, 매우 심한 독감에 걸린 경우보다 3만 5천배가 많은 수의 바이러스가 생성되어 있다. 생쥐의 경우에는, 일반 독감으로 사망하는 경우가 그리 흔치 않으나, 조류독감의 경우에는 감염된 후 1주일 내에 사망하게 된다.

1918년 전 세계적으로 인플루엔자가 퍼졌을 때, 세계적으로 5천만 명 정도가 사망했다. 세계적으로 유행하고 있는 이 조류독감은 사망자가 이보다 훨씬 많을 것이라 예상하고 있다.

더 나쁜 소식은, 현재 존재하는 독감 백신이 조류독감에 효과가 없다는 것이다. 타미플루(Tamiflu)와 같은 처방약은 이미 독감에 걸렸다면 큰 효과를 나타내지 못할 것이며, 자연적으로 형성된 조류독감은 타미플루에 내성을 가지고 있음이 이미 밝혀졌다. 가장 최선의 방법은 감염되지 않는 것이나, 현대의 항공 여행에 의해 루마니아, 태국, 또는 인도네시아에서 월요일에 감염된 어떤 여행자가 화요일이면 거리에서 바로 우리 앞에 서 있을 수도 있음을 생각하면, 절대 쉬운 일은 아니다.

끔찍한 것은, 과학자들이 온갖 방법으로 실험실에서 이러한 조류독감 바이러스 혹은 치명적인 세균을 만들어 낸다는 것이다. 이는 틀린 상상이 아니다. 최근에 한 과학팀은 원래의 유행성 독감 바이러스와 같은 바이러스를 인공적으로 재생산하였다고 사이언스(Science)지에 발표하였다.

대통령을 비롯하여 관련기관에서 조류독감 퇴치를 최우선으로 하고 있는 이 시기에, 과학자들은 왜 이와 비슷한 치명적인 바이러스를 실험실 내에서 만들어낸 것일까? 그들의 설명에 의하면, 이렇게 바이러스를 만듦으로써, 바이러스의 유전자 구조를 완전히 이해할 수 있고, 그래야 조류독감에 대한 백신도 개발할 수 있다는 주장이다. 그러나 이렇게 재창조된 치명적 바이러스가 테러리스트의 손안에 들어가지 않는다는 보장이 없다. 비밀장소에 보관된다는 말도 없다. 더 좋지 않은 소식은, 생명에 치명적인 바이러스를 만드는 방법이 공개되어 있어 테러리스트 단체나 비정상적인 사람들이 같은 종류의 바이러스를 만들 수 있는 기회를 제공받을 수도 있다는 것이다.

현대의 최첨단 과학과 관련된 논문은 전문 과학자들에 의해 재연되고 검증된 경우에만 그 결과가 인정이 된다. 바이러스를 과학자인 심사위원들이 검증하도록 하는 것은, 상업적 가능성이 있는 기계류 발명을 형식승인하고 특허로 인정하기 위해 논리적으로 밟게 되는 절차와 같은 것이다.

생명과학 분야 과학자들은 정부가 자신들의 연구에 대하여 간섭하는 것을 싫어한다. 과학자들은 조류독감과 같이 다루기 힘든 병원균에 대하여, 비행기를 통해 운반되건, 테러리스트의 폭탄에 장착되건 간에 상관없이, 자유롭게 정보를 교환하는 것이 최대의 방법이라고 생각하고 있다. 하지만, 현재 존재하는 독감 샘플을 안전하게 보관하기 위해 최선을 다하고 있는 것일까? 어느 누구든지 원한다면 찾아낼 수 있도록 완성된 유전자 청사진을 공개하는 것이 정말 옳은 일일까? 어쩌면 옳은 일이 아닐 수도 있다.

십년 전에는 치명적인 바이러스를 증식하는 일은 특별 보호감시 장치가 있는 안전 지역에서만 행하는 것으로 한정되어 있었다. 어느 누구도 과학자가 만들어낸 바이러스에 대하여 기록한 것에 두려움을 느끼지 않았었다.

하지만, 오늘날에는 치명적인 바이러스를 판매하는 비밀 상점을 통해 제조 방법이 일종의 설명서 형태로 축소되고, 후에는 언젠가 테러리스트나 반체제 활동가 또는 아마추어들이 사용하는 안내서가 될 수도 있을 것이다.

현재처럼 조류독감의 번식을 효과적으로 막을 수 있는 방법도 없고, 조류독감에 걸린 사람을 치료할 수도 없는 이때, 특히 누가 어떤 자격으로, 이러한 바이러스나 유사한 생물을 만들 것인가에 대한 규범과 책임감이 더 필요한 시기라 하겠다. 그리고 우리는 누가 제조방법에 대한 책임을 지고 있는가에 특히 경계를 해야 한다.

새로운 생명 창조, 어떻게 볼 것인가?

*

과학자들이 새로운 생명을 창조하기 위해 노력해도 되는 것일까? 이러한 심오한 문제는, 세계의 저명한 유전학자 크레그 벤터(Craig Venter)와 해밀턴 스미스(Hamilton Smith) 두 사람이 새 생명을 창조하는 프로젝트를 위해 정부에서 수백 만 달러의 기금을 받았다는 발표를 했을 때, 국가 안건으로 제기되었다.

표면적으로, 벤터와 스미스가 제안한 것은 매우 단순한 미생물을 만드는 것이었다. 어떠한 바이러스는 불과 400개나 500개 정도 유전자가 있다. 벤터와 스미스는 이러한 미소한 생물에서 유전자를 빼내어, 새로운 세트의 유전자를 합성하고, 이들을 다시 생물체에 집어넣어 새로운 유전자가 이 미생물에게 어떠한 삶을 가져오는가를 살펴보고자 하는 것이었다. 이 과학자들이 원하는 대로 행한다면, 그리고 이 유전자들이 이전에 존재하지 않았던 청사진을 나타내게 된다면, 이 과학자들은 세계 최초로 인공 미생물을 창조해 내었다고 할 수 있게 되는 것이다.

이러한 영광은 차치하고라도, 인공적으로 바이러스 및 박테리아를 만들어야 할 이유는 여러가지다. 어떤 DNA가 어떤 순서로 배열되어 있을 때 어떠한 작용을 하는지를 알아낼 수 있다면 그것은 중요한 발견을 해낸 것이 될 것이다. 이러한 지식은 언젠가는 오염을 방지하거나, 임질, 말라리아, 결핵 및 AIDS와 같이 우리를 불행하게 만드는 생물들을 없애버리거나, 어떤 질병에 대하여 면역성을 지니게 해 주는 새로운 미생물을 만들 수 있게 되기 때문이다.

하지만, 새로운 생물을 창조하려는 노력에 대하여 심각하게 고려할 사항이 있다. 일부는 우주상에서 생물을 창조하는 것은 우리 인간이 아니라고 걱정하고 있을 것이다. 오직 하느님만이 해야 한다고 주장하는 것이다.

일부는 새로운 미생물을 창조하면 실생활 파괴를 가져올 수 있는 생물이 실험실에서 탈출할 가능성이 있을 수도 있다고 걱정하고 있을 것이다. 여전히 어떤 사람들은 이러한 합성 게놈이 테러리스트나 적대 관계의 국가가 우리를 상대로 하여 쓸 수 있는 나쁜 생물체를 만드는데 악용될 수도 있다고 주장하고 있다. 혹은 이 미생물을 만든 사람들이 소유권을 주장하는 문제점을 예상할 수 있는데 실제로 누군가 그런 특허권을 갖고 있다고 주장할 가능성이 있다.

나는 새로운 형태의 생물 출현에 대하여는 그리 걱정할 바가 없다고 생각한다. 결국, 수백 년간 인간이 동물이나 식물을 체계적으로 재배하고 연구한 것도 같은 이치이며, 지금의 결과를 얻은 것이라 생각할 수 있기 때문이다.

내가 생각하기로는, 종교들은 인간의 생명체 창조가 하느님의 의지에 반한 것으로 보거나, 인간의 역할에 적당하지 않다고 말하지는 않는다. 과학자들이 하느님의 역할을 하려 한다고 주장하는 것은 일반적인 반대 의견을 표현하는 것이지만, 질병을 치료한다거나 인류를 먹여 살릴 수 있는 생물체를 창조해 낸다면 종교 지도자들도 이러한 사실에 반대할 이유를 찾을 수 없게 될 것이다.

물론 나쁜 영향을 미치는 미생물을 유출하거나, 좋지 않은 의도를 가진 사람들이 나쁜 생명체를 합성해 낼 수도 있을 것이다. 그러나 여기서 우리가 해야 할 것은 적당한 안전 체제와 통제이다.

아마도 미생물을 제조하는 방법 모두가 인터넷이나 잡지에 기재되어 있는 것은 아닐 것이다. 그리고 우리 어느 누구도 새로운 생물체를 원하지 않는다면, 과학자들이 이러한 실험을 할 수 없도록 하는 법안을 만들어 통과하게 하는 힘을 우리가 가지고 있다.

그러니까, 아무것도 아닌 것에서 새 생명을 만든다는 생각이 놀라운 만큼, 이 방법을 시도해 보도록 밀어 붙여보는 것도 좋을 것 같다. 그러나 이 배가 순조롭게 순항하려면, 유전자뿐만 아니라 그에 관련된 규칙이나 보호 규약을 만드는 데에도 서둘러야 할 것이다.

4

유전자 지도의 윤리

자폐아 빌 게이츠를 낳았을까?

*

누가 빌 게이츠를 필요하다고 했을까? 내가 말하는 것은 아무도 빌 게이츠를 필요하다고 생각하지 않았다고 하는 말이 아니다. 지구상에 거의 모든 컴퓨터에서 운용되고 있는 대부분의 소프트웨어를 장악하여, 작년에 340억 이상을 벌어들인 회사의 사장한테 관심이 있냐고 묻는 것도 아니다. 내 말은, 글자 그대로, 누가 그를 원하는지에 관한 것이다.

만약 당신이 과거로 되돌아가서 그가 태어나기 전 시점에서 세상에서 가장 유명한 바보의 탄생을 막을 수 있다면 그렇게 하겠는가? 묻는 것이다.

당신은 아마 내 질문에 아니라고 대답할지도 모르겠다. 빌 게이츠가 바보든 간에, 그는 컴퓨터 혁명의 아버지로서, 세상에 이익을 가져다 준 사람이다. 여기다 그의 최근 자선 사업과, 백신 연구 지원과 시애틀에 있는 자폐증 연구소 설립 등의 업적까지 더하면, 빌 게이츠는 반드시 태어나야 할 사람이라는 주장은 더욱 설득력을 얻는다.

그러나 내가 만약 빌 게이츠가 태어날 시점에서, 의학적으로 볼 때, 이 아이는 특별한 재능들과 함께 바보 같은 사회 부적응자가 될 가능성도 있다고 말하면 어떻게 하겠는가? 만약에 당신이 50년 전의 그의 어머니나 아버지라면, 천재가 될 가능성과 바보가 될 가능성을 반반씩 가진 아이를 낳기 원하겠는가?

빌 게이츠의 능력과 문제점을 낳기 전에 이미 알 수 있다면 어떻게 할까? 그와 같은 훌륭한 재능과 함께 다른 심각한 장애를 가진 아이를 낳을지 말지 결정할 수 있는 상황이라면 어떻게 할 것인가?

빌 게이츠를 낳을지 말지에 대한 질문을 던지는 이유는 그가 유전적인 '어스퍼거스 신드롬' 이라 알려진 사람들에서 발견되는 성격의 특징을 보여준다는 것이 널리 알려져 있기 때문이다. 어스퍼거스 신드롬은 아주 미약한 증세의 자폐증이라고 보면 된다. 자폐증은 많은 어린이들에게 말을 못하며, 신체접촉을 꺼리고, 의사소통과 사회화를 불가능하게 하는 증세이다.

새로운 환자 권리 옹호그룹인 '자유를 위한 어스퍼거스' 는 6월 18일에 자폐아를 위한 가두 행진을 계획하고 있다. 이들은 자폐증을 질환으로 보기보다 그냥 키가 다른 사람들보다 작거나 단지 피부색이 다른 정도의 차이일 뿐이라는 관점으로 본다. 이들은 자폐증을 질병이 아니라 단지 개인적 차이로 대해 주길 바란다. 아이가 어느 정도 자폐 가능성을 가지고 있다고 해서 그 아이를 낳지 않으려 한다는 생각에 경악하고 있다. 자폐증 환자의 권리를 위한 시민운동과 함께, 배아나 태아 상태에서 자폐증 위험도를 알려줄 수 있는 유전자검사가 곧 나올 전망이다.

지난 몇 년간 자폐증으로 진단받은 어린이 숫자는 미국에서 급증하고 있으며, 영국과 아일랜드 같은 다른 나라에서도 비슷한 양상을 보이고 있다. 자폐증 증가원인이 무엇이건 간에 자폐증이 유전과 관련이 있다는 것은 분명하다. 과학자들과 의사들이 아직 정확히 어느 유전자가 자폐증을 유발하는지 집어내지는 못했지만, 자폐증이 여성보다 남성에서 더 많이 나타나며, 특정 종족에서 더 많이 발생한다는 사실은 유전과 이 질병이 관련이 있다는 것을 강력히 뒷받침해 준다.

다른 많은 유전 질환과 마찬가지로, 자폐증도 상황에 따라 증세의 범위가 다양하다. 겸상적혈구빈혈증[1] 같은 유전 질환처럼, 이 또한 적당한 환경에서는 약간의 유전자 결함이 생존에 더 유리하게 작용할 수 도 있다.

어스퍼거스는 가장 장애가 덜한 자폐증이라 볼 수 있다. 이 질환이 특정 분야, 즉, 수학이나 과학, 컴퓨터 같은 분야에 특별한 재능이 있을 수도 있다는 것을 증명하기 위한 연구도 시작되었다. 그러나 바로 그 유전자가 사회생활에 적응을 못하고, 집중을 못하며, 아주 내성적이고 여러가지로 위축되고 고립되는 사람을 만들어 낼 수도 있다. 빌 게이츠가 어스퍼거스인지 아닌지 개인적으로 확인한 바는 없지만, 그의 사회생활의 문제점들은 이미 그의 천재성만큼이나 유명해졌기 때문에 어쩌면, 어스퍼거스가 맞는지도 모르겠다.

빌 게이츠는 1955년 10월 28일에 태어났다. 그가 태어날 즈음 인간 유전학은 공상과학에나 나오는 수준이었다. 신생아들에게는 아주 드문 유전자 질환을 검사하는 몇 가지 테스트만이 시행되었다. 그로부터 50년이 지난 지금, 인간 유전학 분야는 번성하였다. 타이섹 질환검사법[2]은 이미 확립하였고, 헌팅턴씨 병, 여러가지 유방암, 특정 형태의 알츠하이머병과 수 천 가지의 치명적이거나 장애를 유발할 수 있는 유전자들을 검사 할 수 있게 되었다. 그리고 계속해서 더 많은 검사법이 개발되고 있다. 의심

---

1) 아프리카인들에게 많은 이 빈혈증은 말라리아에 걸리지 않는 이점이 있다. ('뭐야, 왜 그래' 늘봄刊 과학책 중에서)
2) 타이섹 병을 일으키는 특정 유전자를 검사를 통해 찾아내는 것.

의 여지없이, 자폐증 유전자와 어스퍼거스 유전자도 밝혀질 것이다. 그렇게 되었을 때, 빌 게이츠를 세상에 존재하게 할 건지 말건지 물어본 내 질문은 현실적인 의미를 가지게 될 것이다.

자폐증이나 어스퍼거스인 사람들 모임 중에는, 최근 결성된 '자유를 위한 어스퍼거스' 처럼, 어떤 유전자 검사법이 나왔을 때, 그것이 미래의 빌 게이츠들이 태어나지도 못하게 할 수도 있다고 우려 한다. 물론 미래의 토마스 제퍼슨, 혹은 루이스 캐롤스 같은 어스퍼거스의 특징에 들어맞는 사람들도 줄어들 것이다.

자폐증의 위험도를 검사하는 시험으로 의사들과 과학자들이 증세가 심각하지 않고, 여러 상황에서 다양한 장점으로 작용할 수 있는 어스퍼거스도 제거해 버릴 수도 있다.

유전자 검사가 정신건강 영역으로 들어가면 우리는 더 어려운 질문에 봉착하게 된다. 의학은 완전한 정상에서 조금이라도 벗어나거나 변이된 것이라면 모두 병적인 것으로 간주할 것인가? 심각한 자폐증 같은 장애질환과 사회에 커다란 업적을 남길 수도 있는 어스퍼거스를 구별 짓는 경계선을 어떻게 그을 것인가? 부모가 어떤 종류의 아이를 낳을 것인지 결정 할 수 있을까? 과학자와 유전 정보에 대한 조언을 해줄 의사들은 위험 가능성, 생사에 대한 선택, 개성과 사회성, 천재와 바보에 대해서 부모가 물어보면 뭐라고 대답해 줄 것인가?

내가 말해 줄 수 있는 것은, 의학계도, 일반 대중도 자폐증이나 어스퍼거스 혹은 다른 정신 질환에 대해 점점 드러나고 있는 유전 지식을 어떻게 다루어야 할지 전혀 준비되지 않았다는 것이다. 그러나 우리의 미래는 이 질문에 어떻게 대답하는가에 달려있다.

다윈은 무죄

*

기자들에게 지난 50년 동안 과학계에서 일어난 일 중, 근래에 발생한 가장 큰 사건을 하나 꼽으라면 그들은 주저 없이 지난해 인간 유전자 지도를 만든 것을 꼽을 것이다. 하지만 진짜 헤드라인은 놓치고 있다. 이 머리기사의 제목은 '다윈, 무죄임이 입증되다.' 가 되어야 한다.

인간 게놈의 발견에 대한 언론 보도들을 되짚어 보면, 대부분의 보도가 국가연구기관과 메릴랜드의 사기업 셀레라 제노믹스 소속의 과학자들이 게놈지도 완성을 선점하기 위해 얼마나 경쟁하였는지에 대한 것임을 알게 된다. 다른 기사는 인간 유전자가 특허를 얻게 되면 금전적 가치가 얼마나 될 것인가를 논하고 있다.

또 다른 소수의 기사들은 우리의 건강을 결정하는 유전자를 밝히는 것이 결국 좋은 일인지 나쁜 일인지에 대해 다루고 있다. 나쁜 일이란, 사람 유전자에 대한 지식이 쌓일수록 의학적 프라이버시를 보장받을 수 없는 시대에 살게 될 것이고, 결국 나쁜 유전자를 가진 사람들에 대한 보험사나 고용주의 차별이 생겨날 것을 우려하기도 한다.

인간이 다른 동식물에 비해서 생각했던 것 보다 그다지 많은 유전자를 가지지도 않았으니 다른 생물들 앞에 겸손해져야 한다고 말하는 기사도 있다. 사실 사람은 초파리 유전자의 2배, 옥수수 유전자 개수와 비슷한 대략 3만개의 유전자를 가지고 있음이 밝혀졌다.

하지만 인간유전자 지도의 완성에 대해서 가장 중요하고 의미 있는 점을 파악해서 보도한 기사는 하나도 발견할 수 없었다. 인간유전자 지도는 두 말 할 것 없이 분명하게 다윈이 옳았음을 드러냈다. 인류는 오랜 시간에 걸쳐 원시 동물에서 진화했다는 것을 보여주고 있기 때문이다.

우리의 유전자는 창조론이나, 그 사촌격인 지적설계론이 진실이 아님을 보여준다. 창조론자들이 성서를 증거로 하는데 반해 진화론을 뒷받침해주는 증거는 도대체 어디 있는가를 그동안 공격받아 왔었는데 바로 그 증거가 이것이다. 우리의 유전자 속에 그것이 있었다.

메사추세츠 캠브리지 화이트헤드 연구소의 에릭 랜더는 분명히 말하기를 우리 유전자를 조사해 보면, 진화한 새로운 유전자는 오래된 유전자의 일부를 통해 만들어진다는 사실이 이번 결과를 통해 밝혀졌다고 했다.

다른 말로 하자면, 우리가 가지고 있는 유전자는 분명히 우리 조상인 동물이 가지고 있던 비슷한 유전자에서 유래되었다는 것이다. 인간성을 결정해주는 가장 중요한 설명서는 유전자 집단이며, 이 한 덩어리의 유전자는 우리가 세균의 후예임을 보여준다는 것이다. 인간의 가장 중요한 발단 단계를 결정하는 유전자의 그 엉성하고 부정확한 특성을 설명해줄 다른 방법은 없다. 그 누구도 이 생명의 책이 어떻게 쓰여 졌는지 알 수 없으며, 우리의 유전자가 어떻게 먼 옛날의 동물을 생겨나게 한 것과 같은 프로그램에서 진화하였는지 완전히 이해할 수는 없었다. 단지 우리의 유전 명령어는 천천히 오랜 시간에 걸쳐 해파리, 파충류, 공룡, 맘모스를 거쳐 우리의 유인원 조상을 탄생시킨 유전 명령어들을 조합 조합하여 생겨났을 것이라고 유추해 볼 수 있는 것이다.

인간 유전자를 밝혀낸 과학자들이 모두 동의하는 바는, 다른 설명은 존재하지 않는다는 것이다. 하등 동물의 생리와 움직임을 만들어 내는 것과 똑같은 메커니즘이 우리 인간의 유전자에도 존재한다.

인간 유전자 지도의 완성에 대한 가장 커다란 뉴스는 '인류가 진화했다'는 것이다. 진화론은 3만개 유전자의 배열을 설명할 수 있는 유일한 길이며, 우리의 유전암호를 구성하고 있는 30억 글자 배열을 설명할 수 있는 유일한 방법이다.

인류의 역사는 DNA에 기록되어 있으며, 이는 우리 유전자 각 부분마다 나타난다. 진화론을 미신이라 치부하는 사람들은 그래서 진화론을 교과서나 교실에서 다루어져서는 안 된다고 주장하지만 그들은 분명히 틀렸다. 우리 유전자는 너무나 명백하게 우리 조상이 가졌던 유전자에서 조합된 것이다.

사람의 유전자와 유인원 혹은 다른 네 발 달린 짐승의 그것을 비교해 본 사람이라면 누구나, 지적 계획에 의한 창조론 따위는 창밖으로 던져버릴 것이다. 우리 유전자에서 메시지는 바로 이것이다. 찰스 다윈이 옳았다.

유전자 지도 탄생의 비밀

*

내가 오래 전부터 혼자만 알던 사실을 이젠 전 세계가 다 알게 되었다. 우리가 인간 유전자 지도를 만드는데 사용한 한 줌의 유전자[1]는 크래그 밴터 박사의 것이라는 사실이다. 즉 박사는 셀레라 제노믹스사에서 자신의 유전자를 이용하여 유전자 지도를 완성한 인물이다.

몇 년 전 인간유전자 지도의 가능성이 처음 대두되기 시작할 즈음, 밴터 박사는 이 연구를 시작하면서 내게 윤리적 자문을 구해 왔다. 나는 그때, 어려운 문제는 누구의 유전자를 사용하여 지도를 만들 것인가 라고 말해 주었다.

과학적인 관점에서 본다면, 누구의 유전자건 상관이 없다. 인간 유전자 지도는 처음에는 그렇게 상세하지 못하고 대략적인 모양이 될 것이고, 사람과 사람간의 아주 작은 유전자 차이는 지도 작성에 영향을 미치지 않는다. 그러나 최근의 의학 도구로서 인간 복제 줄기세포를 사용하는데 파생

---

1) Gene: 유전자

되는 문제점은 유전학이 문제가 될 때로서, 이처럼 항상 과학 그 이상을 고려해야 하기 때문이다.

나는 최선의 방법은 주요 민족과 종족을 대표할 수 있는 개인표본을 선택하여 각각의 사람들에서 일부분씩 취하여 유전자 지도를 만들어야 된다고 주장하였다. 이것은 인종 차별이나 성별에 대한 차별이 있어서는 안된다는 정치적 평등문제 때문만은 아니다. 다양한 인종 표본으로 시작한다는 것은 매우 중요한 교훈을 줄 수 있다. 유전적으로 볼 때 인간은 다른 어떤 생물보다 서로 아주 많이 유사하다.

그래서 하나의 인간 유전자 지도가 인류전체의 유전자 지도를 대표할 수 있는 것이다. 유전자 지도를 만드는데 유전자를 제공한 사람의 주체성과 유전적 특징을 그 사람의 행동과 관련지으려는 잘못된 유전적 환원주의를 경계해야 한다.

이제 밴터 박사는 인간 게놈지도[2]의 연구지도자로서뿐 아니라 스스로 게놈지도의 중요한 일부가 됨으로써 이 교훈은 위험에 처했다. 비평가들은 밴터 박사가 보트항해를 좋아하는 것과, 지적 투쟁에 대한 열정이 그 유전자 지도 어디쯤에 나타나지 않을까 기대하고 있다. 하지만 그런 일은 없을 것이다. 유전자에 관한 진실은, 첫째 인간 유전자 지도가 보여줄 수 있는 것은 유전자가 총명한 과학자나 호기심 많은 윤리학자를 어떻게 만들어내는지가 아니라는 점이다. 우리의 유전자는 사람의 행동, 개성, 성격 등을 광범위하게 결정할 수는 있지만 누구인지 핵심을 결정할 수는 없다. 두려워할 필요가 없는 것이다.

유전자는 특정한 환경에 특별하게 발현되는 광범위한 가능성 집단을 배열하는 명령어일 뿐이다.

---

2) Genome: 유전형질을 발현할 수 있는 유전자들의 최소 단위

사람의 천성은 단순히 우리 유전자에 적혀있는 대로 정해지는 것이 아
니다. 이것은 유전자 복제나 유전공학을 통한 유전자 복제 조작을 금지해
야 된다는 말이 윤리적인 차원이지, 그것이 악인유전자를 복제하면 악인
이 된다는 식의, 나아가 유전자를 변형시킴으로써 재앙이 올 것이라는 공
포심 때문이 아니라는 말이다. 어떤 특정한 유전자도, 밴터 박사의 유전
자 이건 아니건 간에 환경에 따라 여러가지 다양하게 발현될 가능성을 가
지고 있다.

내 친구 밴터 박사는 자신의 유전자를 인간 유전자 지도를 만드는데 사
용했다고 밝히지 말았어야 했다.

하지만, 이제 그는 자신의 유전자를 인간 유전자 지도를 만드는 일에
일부 사용하였다고 해서 그의 아이디어와 꿈과 희망이 유전자 지도에 나
타나는 것이 아니라는 사실을 알게 되었다. 밴터 박사나 다른 어떤 사람
이 어떤 사람인지 아는데 유전적 특징을 아는 것이 도움을 줄 수 있다.
하지만 그의 부모, 배우자, 아이들, 친구들, 학교생활, 종교적 배경, 선생
님, 그의 영웅, 선생님과 그 이상을 알고 있지 않으면, 단지 유전자 지도
만을 가지고 그 사람에 대하여 알아 낼 수 있는 것은 많지 않다. 우리의
개성은 유전자의 산물이 아니다.

유전자 지도의 의미

*

지난 몇 년 사이에 두 개의 중요한 인간 유전자 지도가 발표되었다. 대략적인 1차 유전자 지도는 2002년에 발표했고, 이보다 좀 더 자세하고 정확한 'HapMap'이라 불리는 인간 유전자 지도가 2005년에 발표했다.

이 두 가지 모두 언론의 헤드라인을 장식하였다. 같은 기간에 다른 상세한 유전자 지도도 완성되었는데 이것은 거의 관심을 끌지 못하였다. 관심을 끌지 못했다는 점에서 씁쓸하지만 유전자에 관한 우리 인간의 허영심을 엿볼 수 있는 부분이기도 하다.

상세한 유전자 지도가 완성된 그 생물체는 옥수수의 흑수병을 일으키는 콘 스머트(corn smurt)이다. 콘 스머트는 농작물에 커다란 피해를 끼쳐서 농부들을 괴롭혀온 곰팡이의 한 종류이다. 전형적인 인간중심의 사고로는 세상의 다른 그 어떤 것들 보다 인간의 생물학적 패턴에 대한 궁금증이나 비밀을 푸는 것이 흥미로울 것이다.

하지만 요점만 말하자면 당신이 돈을 걸고 어느 쪽 유전자를 먼저 풀어야 하는지 내기를 한다면, 당연히 흑수병 곰팡이의 유전자 지도가 정답이다.

하지만 최근 인간 유전자 지도 발표가 받아온 언론의 조명 이외에 언론이 관심을 표명한 다른 생물체의 유전자 지도가 있었는지 아무리 생각해봐도 얼른 떠오르는 것이 없다. 클린턴 대통령은 인간 유전자 지도의 주요 연구자인 크래그 밴터와 프랜시스 콜린스를 수석 과학자로 임명했고, 영국의 토니 블레어 수상을 초대해서 영국의 유수 과학자들과 합동으로 로즈 가든에서 기자회견을 열었다. 두 과학자의 고향인 국립보건원과 셀레라 제노믹스에 대한 언론 보도는 점점 뜨거워져갔다. 그 보도는 상당히 위풍당당했다.

클린턴은 세기의 발견이라고 추켜세웠으며, 다른 이들은 인간의 달 착륙에 비유하였다. 어떤 사람은 의학역사상 가장 중대한 발견이라고 평가하였다. 뒤이어 공개된 'HapMap'은 처음과 같은 대단한 주목을 끌지는 않았지만 2005년 10월에 발표되자마자 상당한 관심을 유도하였다. 이 모든 찬사와 팡파르는 정당한 것인가? 글쎄 좀 의심스럽다.

사람이 털이 별로 없고 두 발로 걷는 비교적 큰 뇌가 있는 동물이라는 것을 보여줄 수 있는 1차적인 생물학적 청사진 스케치를 할 수 있게 되었다는 건 분명 크게 칭찬 할만하다. 하지만 운 좋게 한자리 한 정치가들과 발표에 참여한 과학자 중 한 명이 '이 성과는 우리는 인간이며, 인간은 우주의 극히 일부분으로서 지구상 다른 생물의 유전자와 크게 다를 것이 없다는 것을 밝혀낸 것이 중요하다.'고 말했다면 더 존경받고 의미 있는 행사였을 것이라 나는 생각한다.

정치가들과 관료들은 캘리포니아에 있는 엑셀리시스 사가 밝혀낸 옥수수 흑수병 곰팡이의 유전자 지도가 인간 유전자 지도보다 조금 더 유용한 것이라고 정확하게 발표했어야 한다.

우리는 이제 유전자 배열인 지도를 그렸을 뿐, 그 속에 무엇이 있는지, 이 유전자가 어떻게 발현되는지는 아직껏 알 수없는 상태이다. 우리가 가진 이 인간 지도로 실험실에서 슈퍼 베이비를 만들어 낼 거란 걱정은 전혀 할 필요가 없다.

옥수수 흑수병 곰팡이는 사람을 구성하는 30억 유전자보다 훨씬 적은 수의 유전자를 가지고 있지만, 과학자들은 인간 유전자를 먼저 밝혀냈고, 우리자신을 위한 지침서를 보는데 너무 매달린 게 아닌가 하는 반성을 불러왔다. 아무도 흑수병 곰팡이 유전자를 훔쳐보는 데는 관심을 가지지 않았으며 그저 우리는 스스로에 대하여 얘기하고 알기를 너무 좋아하는 것 같다. 그러나 이 곰팡이 유전자 지도를 완성함으로써 과학자들이 농작물에 커다란 피해를 입히는 이 고민덩어리들을 죽이는 방법을 조만간 발견할 가능성은 매우 높아졌다. 이건 암 치료처럼 어려운 건 아니지만, 매년 썩어가는 작물의 10%를 구제할 수 있다는 것은 사소한 일이 아니다. 콘스머트의 유전자 지도완성은 현재 어떤 면에서 실제 적용 가능성은 더 앞서있다고 할 수 있다. 이 지도에 몇 가지 상세한 정보만 채워지면 인간은 이 강력한 곰팡이를 퇴치할 수 있을 것이다. 다른 많은 질병들에 대한 중요한 유전적 정보도 밝혀낼 것이다.

과학자들이 인간 DNA의 해부도를 손에 쥐어준다고 해서 인간에 대한 신비함을 잃어버리는 사람이 늘어날 것이라고는 생각되지 않는다. 신념과 영성은 항상 과학발전과 긴장 관계에 있다. 우주 한가운데로 뛰어든 장화 신은 코페르니쿠스이건, 인간을 진화의 정점에 있는 위풍당당함에서 덤불숲 옆의 원시인 조상이라는 끄트머리로 끌어내린 다윈이건, 인간의 DNA가 초파리와, 옥수수 흑수병 곰팡이의 유전자와 대단히 유사함을 보여준 크래그 밴터와 프랜시스 콜린스건 간에 지금까지 그래왔다.

오해말기를 바란다. 물론 인간 유전자 지도가 왜 현대과학의 커다란 성과인지 잘 이해한다. 그러나 유전학의 진보에 중요한 것은 앞날에 대한

어떤 전망이다. 인간에게 정말 유용할 수 있는 많은 것들은 옥수수 흑수
병 곰팡이 같은 미생물이나 다른 하등 생물들을 이해하는 데서 나올 것이
다. 인간 유전학에 문제가 될만한 다른 많은 것들이 발견되고 유용하게
이용되기까지는 실로 오랜 시간이 걸릴 것이다.

유전학의 진보가 베풀 수 있는 이점을 최대한 얻으면서, 또 그 문제점
을 최소화하려면 인간은 겸손을 유지해야 한다. 옥수수 흑수병 곰팡이 같
은 그런 하찮은 것들이 우리가 그토록 열심히 준비한 아침상을 하루아침
에 엉망으로 만들어 버릴 수 있음을 상기하면서, 우리의 힘과 허영과 그
리고 우주 삼라만상의 위대한 질서 중에 인간이 가장 중요하며 모든 것에
앞선다는 오만을 버려야 한다.

유전자시대, 준비되었나?

*

　메릴랜드에 위치한 셀레라 제노믹스사의 전 CEO이자 연구책임자인 크레그 밴터박사와 그의 동료들이 인간 유전자를 구성하는 모든 요소를 분석한 유전자 지도를 발표한 지도 벌써 몇 년이 지났다.

　모든 인간 세포는 완전한 세트의 DNA를 가지고 있으며 이것은 각 개인의 생애, 성장에서 노화의 과정이 일어나게 하는 소프트웨어 프로그램이라 할 수 있다.

　대략 8만 개의 유전자를 구성하는 30억 개의 유전암호가 일종의 인간을 만드는 지침서의 문자 역할을 한다.

　셀레라 사는 이 30억 유전암호의 대부분을 밝혀내고 위치를 찾았다고 발표하였다. 이 유전적 단어가 의미하는 바가 무엇이며 각 글자의 의미를 알려주는 사전이 완성되기까지는 아직 더 많은 세월이 흘러야 하고, 이 언어들을 바꾸거나 조작하여 사람의 프로그램을 새로 쓸 수 있게 되기까지는 더 까마득한 세월이 흘러야겠지만, 유전자 지도 완성은 이 세기의 가장 큰 업적중의 하나이다.

하지만 슬프게도, 이 기념비적인 성과인 잠재적 가치의 발현이 지연되거나 아예 그 가치를 잃어버릴 가능성이 엿보이는데, 현재 이 연구 성과를 뒷받침해줄 법과 정책의 정비가 뒤따르지 못하고 있기 때문이다.

인간 유전암호를 해독한데 열광한 것 말고는 앞으로 우리 자신에 대한 새로운 유전적 정보 홍수 시대가 도래 하는 것에 대한 준비는 아무것도 없다. 유전자에 대한 이 새로운 지식이 곧바로 적용된 분야는 특정 유전자 패턴과 질병과의 관계이다. 이미 섬유 육아종, 유방암, 고환암과 헌팅턴씨병이 유전되는 유전자가 결정되었다. 위의 모든 질병들은 우리 유전자 상의 특정 부분의 오타로 인해 발병된다고 밝혀졌다.

지난 수 년 동안, 윤리학자들이 유전정보를 어떻게 이용하는지를 통제할 수 있는 견고한 법이나 정책 없이 유전정보가 유출되는 것이 얼마나 위험한지에 대해 경고해 왔으나, 아직 이렇다 할 법률이 정해지지 않았다.

특허와 지적 재산권 분야에서는 과거 몇 년 전에 비해 유전자에 대한 특허를 얻으려면 보다 높아진 조건이 갖추어지는 진전이 있었고, 앞으로 이보다 더 많은 것들이 필요하게 될 것이다.

유전질환이 있는지 여부를 검사 받기 원하는 사람들이 그 검사에 대해 보험 혜택을 받을 수 있는지도 아직 정해진 바가 없다. 일반적으로, 미국 의료 보호시스템 하에서는 치료가 아니면 보험적용이 되지 않는다. 유전자 검사는 질병예방의 중요한 수단이며 결과적으로 의료비 지출을 절감시켜주겠지만 의료보험사에서 돈을 지불하지 않는다면 누가 검사를 받으려 할까?

보험회사나 고용주가 유전자 검사를 이용하여 중대한 질병이나 비용이 많이 드는 장애를 가질 가능성이 높은 사람을 고용이나 보험지급에서 차별을 두려고 한다면 이들을 보호해 줄 방법은 아직 없다.

몇몇 주에서 이와 관련된 보호법을 제정하기는 했으나 국가수준의, 모든 국민에게 차별 없이 적용할 수 있는 법의 제정이 필요하다. IBM사는 나쁜 유전자를 가진 직원을 차별하지 않는다고 공식적으로 발표하였으나 다른 대부분 회사들은 이에 대한 방침을 따로 정하지 못하고 있다.

유전적 프라이버시에 대한 보장도 크게 사정이 다르지 않다. 특정 개인의 유전자 정보의 비밀을 보장해주는 어떤 국제적 개인정보 보호기준도 도입돼 있지 않다. 개인 정보를 들춰내기 위해 조직 표본과 생물학적 재료를 얻고 사용하려는 사람을 제재할 수 있는 어떤 금지법도 없다. 유전정보를 알아내기 위해 사체부검을 하는 것을 금지하는 법조차도 아직 제정하지 않았다. 유전정보를 만들고 저장할 수 있는 기업들은 자사기준을 따를 수밖에 없는 상황이다.

실험실에서 일어난 이 과학 혁명이 실제 병원에서 적용할 때 우리를 도와 줄 전문가들을 미리 알아두어야 한다. 당신의 유전자 검사결과를 설명해줄 사람은 누구인가?

유전자 검사 결과를 설명해 줄 수 있는 훈련과 교육을 받은 전문가는 턱없이 부족한 실정이다. 유전정보를 이용하여 당신과 당신의 아이들을 진단하고 치료하려면 인정받고 표준화된 훈련을 받은 법률가와 윤리전문가의 조언이 반드시 필요하지만 교육받고 준비된 이들은 아무도 없다.

유전자 분야에서 광고와 마케팅을 어떻게 규제하여야 하는지에 대한 기준도 설정 되어있지 않다. 의사나 최종 소비자에게 판매가능하려면 그 유전자 정보가 어느 정도의 정확성을 갖추고 있어야 하는지에 대한 합의도 이루어지지 않고 있다. 우리가 느끼는 공포와 걱정이 사실이 될 수도 있다. 그 결과가 단지 상상 속 두려움으로 끝나지 않을 수도 있다는 말이다.

우리 자신을 만들어 내는 프로그램인 유전자 암호를 해독해 낸 것을 인류의 승리로 축하할 만은 하다. 하지만, 이 승리가 가져다주는 의학적, 공중위생의 이익을 누리려면, 이의 윤리적, 법적 보호를 제정하는데 재빨리 움직여서 이 지식이 인류 전체에 이익을 가져다 줄 수 있도록 해야 할 것이다.

위험한 유전정보

*

하루는 의사인 내 친구가 윤리학자 한 편은 어디 있냐고 물었다. 그 친구 말은 윤리학자들은 항상 한 편으로는 이러이러하고, 또 다른 한 편으로는 이러이러하다는 윤리학자들의 양비론을 놀리느라 한 말이었다. 그럴 수 있다. 하지만 나는 유전학 관련만큼은 그 논란이 되고 있는 부분에 대하여 어떻게 하는 것이 윤리적으로 올바른지에 대해 항상 일관된 의견을 제시할 수 있다.

유전학은 몇 가지 까다로운 문제를 있지만 이것은 충분히 해결할 수 있다. 몇 년 전에, 내가 재직하고 있는 의과대학의 헌팅턴씨병 클리닉의 신경과의사에게 전화를 받은 적이 있었다. 헌팅턴씨병은 신경을 점진적으로 파괴하여 결국은 죽음에 이르게 하는 무서운 질병이다. 이 병은 유전 질환으로, 그 유전자를 물려받은 경우에만 발병하게 되어있다. 현재는 이 질병 유전자를 찾아내는 유전자 검사법이 개발되어 있다. 그 신경과의사는 내게 "이보게, 윤리적인 문제가 좀 있는데, 이 검사를 받으러 온 남자가 한 명 있는데 자기 아버지가 헌팅턴씨병 환자라 자신도 검사를 받았는데 우리 테스트 결과는 음성이었어. 그는 그 병을 일으키는 유전자를 가지고 있지 않았네.”라고 하였다. 나는 그런데 뭐가 윤리적 문제라는 건가? 하고 물었다. 그는 이렇게 대답했다. “문제는 말이야, 그 테스트 결과가 그 남자 아버지가 친부가 아니라는 사실도 보여줬거든.”

유전학은 당사자에게 다른 정보들과 함께 다른 사람들에 대한 정보를 가르쳐 줄 수 있다는 것이 문제이다. 유전학은 당신의 생물학적 상관관계를 알려줄 수 있으며, 간혹 당신의 가족이 당신과 유전적으로 관련이 되어 있는지 아닌지도 말해 줄 수 있다. 윤리적으로 볼 때, 이 경우, 어떤 사람의 독자적인 권리를 구속하거나 박탈할 수 있는 정보를 제공해서는 안 된다. 이 문제에 대한 내 생각은 환자에게 그 질병에 걸릴 가능성이 있다 없다 이외의 다른 정보를 주어서는 안 된다는 것이다. 그러나 사람들에게 유전학적 테스트가 그들이 원하지 않거나 다른 사람들에게 알려지길 원하지 않는 정보를 드러낼 수도 있다는 점을 환자에게 알려주는 항목을 첨가하도록 동의서 양식을 좀 바꿀 필요는 있다.

의학에서 생명과학을 도구로 이용할 때, 두 가지 윤리적 원칙이 매우 중요하다. 유전적 정보는 사람들에게 불리하게 사용되어서는 안 된다는 것과, 유전적 정보에 대한 선택권이 반드시 주어져야 한다는 것이다.

이 두 가지 원칙은, 유전 정보에 대한 프라이버시를 보호하고, 유전 정보가 보험, 학교, 취업에 악용되지 않도록 잘 관리해야 한다는 함축적 의미로 이해할 수 있을 것이다. 최근에 유전공학을 이용할 때 이 과정에서 얻어진 정보를 사용해도 좋은지 아닌지에 대한 결정권을 명백하게 하려는 법제정이 진행되고 있다.

또 다른 경우를 하나 들어보자. 몇 해 전에 버지니아에 있는 의사에게 전화를 받았다. 그는 청각장애자인 부부가 병원에 왔는데, 그들은 자신들의 가계에 청각장애가 유전된다며 첨단 유전자 기술을 이용하여 뱃속에 있는 아기가 청각장애인지 아닌지를 알려 달라는 것이다. 그런데 문제는 다음 요구인데, 만약 그 아이가 청각장애를 가진 것이 아니라면 낳지 않겠다는 것이다. 이 요구를 의사인 자신들은 어떻게 응해야 하는지를 물어오는 것이었다.

이에 대한 내 조언은 유전학이나 의학은 질병과 장애에 맞서 싸우기 위한 도구가 되어야 한다는 것이다. 들을 수 있는 능력을 가지는 것은 질병이나 장애가 아니다. 부모는 반대로 이를 두려운 질병으로 여기더라도 말이다. 부모들이 태아의 성별을 알기 위해 테스트를 하러 오는 경우도 여기에 해당한다고 덧붙이고 싶다. 성별은 질병이 아니기 때문이다.

또 다른 중요한 윤리적 원칙은 유전자 검사가 질병이나 장애 자체, 혹은 질병이나 장애가 가져다주는 나쁜 것들에 초점을 맞추어야 하며, 그 검사를 원하는 사람의 환상이나 욕망을 충족시키는 도구가 되어서는 안 된다는 것이다. 생명공학은 질병퇴치에 최우선의 가치를 두어야 한다는 사실을 분명히 하고, 사람들의 기호나 편견을 받아주는데 사용되어서는 안 된다.

우리가 모두 윤리적 합의에 도달할 수는 없어도, 우리는 만장일치로 생명공학의 발전을 계속하기 위해서는, 질병퇴치를 최우선으로 삼고, 항상 윤리적 조언에 따라, 사람들이 유전자 검사를 받을지, 그 결과 주어지는 정보를 비밀로 유지할지에 대한 선택권을 가질 수 있어야 한다는데 동의하였다.

퍼밍햄 유전공학 회사를 예로 들어보자. 이 회사는 퍼밍햄 심장연구 계획을 발표하였다. 1949년에 메사추세츠 주민의 1/3은 생활방식이 심장질환에 미치는 영향을 여러 세대에 걸쳐서 연구한다는 이 계획에 동참하였다. 그 연구에 참여한 주민들은 심장병 정복이라는 선물을 인류에게 줄 수 있는 연구에 참여한다는 사실을 자랑스러워하였다. 퍼밍햄사는 심장병 퇴치에 유전공학을 사용할 수 있는 기회를 갖게 되었다. 이 회사는 연구에 참여한 모든 사람의 유전자에 대하여 테스트를 진행하였으며 축적된 데이터베이스를 제약회사와 생명공학 회사에 팔아 신약 개발에 이용하게 했다.

여기서 문제는 퍼밍햄사가 주민들에게 파생 사업의 이점을 물어보지 않고 진행했다는 것이다. 퍼밍햄 주민들은 자신의 희생으로 회사가 얼마를 벌어들이는지 모르는 채 50여 년간 인간에게 도움을 준다는 순수한 마음으로 회사의 테스트에 참여하였다.

오늘날은 퍼밍햄 사 같은 회사는 존재할 수가 없다. 생명과학 산업에 주는 교훈은 분명하다. 무엇보다 윤리가 먼저다. 유전자 정보를 다루는 회사는 개인의 유전자 정보를 운용함에 세심한 주의를 기울여야 한다.

그러면 프라이버시를 어떻게 보호할 것인가? 승인을 어떻게 얻어야 하는가? 그들이 행하는 일의 신뢰성은 어떻게 확보할 것인가? 확실한 것은 퍼밍햄 사 같은 회사가 존재해서는 안 된다. 윤리적으로 실패했기 때문이다.

치명적 유전자 발견이 초래할 비극

*

과학자들은 가장 치명적인 유방암을 일으키는 유전자를 이미 발견하였다. 염증성 유방암(inflammatory breast cancer: IBC), IBC라고도 하는 이 유방암은 매년 발생하는 미국 유방암 환자의 6%에 해당되며, 다른 종류의 유방암보다 더 위험한 종류이다. IBC에 걸린 여성 중 45%만이 5년 이상 생존이 가능하다.

이 예후가 나쁜 암을 일으키는 약간의 유전자, RhoC GTPase 유전자가 바로 그것이다. 모든 여성은 이 유전자를 가지고 있지만, 유방암 환자들은 이 유전자의 개수가 월등히 많다. 너무 많은 유전자에 대항하여 우리 몸은 과량의 생화학 물질을 생산하게 되고 이 물질이 유방암 세포의 성장을 촉진하여 더 빨리 퍼질 수 있게 하는 것이다.

이 유전자의 발견으로 인하여, 조만간 IBC 고위험군 여성을 대상으로 이 유전자의 개수를 검사할 수 있게 되면, 질병의 조기 발견과 효과적인 치료가 가능할 것이다.

지금까지는 좋았다. 하지만 유방암 발생에 유전자가 원인이라는 새로운 지식으로 인해 유방암을 치료할 수 있게 된 이 경우처럼 모든 경우가 긍정적으로 작용하지는 않는다.

영국에서는 보험회사가 유전자검사에 대한 보험료지불을 거절하거나 고 위험군, 즉 조기 사망이나 치료비가 많이 드는 병과 관련된 나쁜 유전자를 가진 사람들에게 보험료를 올려 받는데 사용할 수 있도록 허가하는 법을 통과했다. 이것은 유전자 검사가 특정집단의 이익에 사용될 수 있도록 하는 것으로, 잘못 제정된 법이라 할 수 있다. 또한 다른 위원회와 단체들의 반대에도 불구하고 헌팅턴씨병 유전자를 보험요율을 적용하는데 한 요소로 고려할 수 있도록 허가해 주었다.

보험회사가 유전자검사 결과를 사용할 수 있도록 허가한 것이 영국에서는 크게 문제가 되지 않을지도 모른다. 영국에서 국민의료는 전적으로 국가가 책임지는 국가보험제도를 채택하고 있기 때문이다.

하지만 미국에서 영국의 경우처럼 사립 보험회사들과 국가관리 의료기관, 고용주들이 유전자 시험 결과를 마음대로 사용할 수 있도록 했다가는 큰 혼란이 올 것이다.

첫째, 유전자 검사를 통하여 염증성 유방암과 같은 위험한 질환에 걸릴 가능성이 있는지 알아보려는 사람은 한 번 더 생각해야할 것이다. 자신의 검사결과가 유출되어 사생활 침해는 물론 보험가입을 거절당할 수도 있다는 걱정 때문에 결국 자신의 목숨을 구해 줄지도 모르는 검사를 받지 않을 수 있다.

둘째, 이러한 법률은 유전자 검사로 인해 보험지급 거부나 실직을 당할 수 있는 사람들을 검사의 혜택에서 쫓아낼 뿐만 아니라, 생물학적 직계 친척들, 딸이나 형제자매들 또한 달아나게 만들 수 있다. 유전자 검사는 다른 형태의 의학적 검사들과 달리, 피험자의 정보뿐만 아니라 검사 받지 않은 그의 친척들의 정보도 적나라하게 보여주기 때문이다.

검사비가 비싸거나 치명적인 질병에 걸릴 확률이 높은 사람이 있다면 당연히 보험사도 알 권리가 있다고 주장하는 사람들도 있을 것이다. 하지만, 생명보험료나 건강보험료 부당 인상을 효과적으로 방지할 방법은 있는가?

그러나 새로운 유전정보를 어떻게 사용하는가에 대한 대답이 보험급여를 받지 못하는 사람이 증가하거나, 보험에서 제외될까 두려워 직장을 옮기지 못하는 사람들을 양산하는 것이 되어서는 안 된다. 우리는 아마 생물학적 당첨 가능성에 의존하여 보험금을 지급해 오던 오랜 역사를 이제는 다시 써야 할 것이다. 유전학 혁명의 결실은 모든 사람에게 돌아가야 하며, 모든 사람이 최소한의 보험 적용을 받을 수 있는 시스템이 도입돼야 할 것이다.

영국의 예는 우리가 해서는 안 될 것이 무엇인지 정확히 보여주었다. 과학자들이 아직 유방암을 일으키는 유전자의 복잡한 퍼즐의 조각을 찾아내고 있는 동안, 우리는 유전학 정보와 사회 정책이 상반될 때 무엇을 하는 것이 옳은 것인지에 대한 합의를 시급히 이루어야 한다. 누구도 보험을 잃어버릴까 두려워서 유전자 시험을 멀리하도록 방치되어서는 안 된다.

5

죽음 조작의 윤리

아내를 죽일 권리

*

미국의 테리시아보[1] 스캔들은 식물인간 아내를 오랫동안 간호해온 남편이 과연 아내의 죽음을 결정할 수 있는가에 대한 사건으로 세계적으로도 관심을 가지고 지켜보는 유명한 사건이 되었다.

그 스캔들이 이제 종착역에 다다른 것 같다. 그녀의 남편인 마이클은 여전히 아내가 죽고 싶어 한다고 생각한다. 마이클은 믿을 수 없을 만큼 어마어마한 악담과 중상모략, 욕설에 시달리면서도 한 치의 흔들림이 없다.

백만 달러를 주겠다는 한심한 뇌물 공작에도 그는 미동조차 하지 않았다. 그는 아내를 사랑하며 그녀가 참을 수 없는 현실을 끝내기 위해서라면 무슨 짓이라도 할 것이라고 한다. 마이클은 테리가 여생을 식물인간 상태로 요양원의 침대에 묶여 지내느니 음식 공급 튜브를 끊고 차라리 죽고 싶어 한다고 믿고 있는 것이다.

---

1) 시아보 (Terry Schiavo, 1963.12.3~2005.3.31) 소송사건: 본명은 테레사 마리 신들러(Theresa Marie Schindler). 거식증으로 인한 심장마비로 뇌손상을 입고 1990년부터 식물인간이 되었다. 이 때부터 남편

테리의 부모와 형제들은 마이클이 틀렸다고 확신한다. 그들은 테리는 살고 싶어 하고, 마이클 주장처럼 그렇게 뇌손상이 크지도 않으며, 16년 동안 중세가 향상된 바는 없지만 그래도 여전히 회복 가능성이 있다고 말한다. 또한, 그들은 현재 여러 치료들을 시도하고 있으며 테리는 가톨릭 신자이므로 영구 식물인간 상태인 사람이더라도 음식 공급 튜브를 제거해서는 안 된다는 교황의 말씀을 새겨들을 것을 주장한다.

의회, 아니 적어도 하원과 상원의 낙태반대 의원들은 테리 시아보의 죽음을 막기 위해 최선을 다하고 있다.

이들은 본래 역사적으로 연방 법원 구금자들에 한해 이용되어 온 인신보호영장을 발동하는 법안을 막판에 통과시킨다든지, 테리 시아보를 워싱턴으로 데려오게 하는 소환장을 의사에게 발부한다든지 하는 부적절하고 우스꽝스러운 촌극을 벌였다. 이는 메이저리그 선수가 스테로이드를 사용한 사건이 터졌을 때나 볼 수 있는 수준의 구경거리를 제공했다.

이 비참한 소송도 끝이 보이는 시점이니 이제 누가 옳고 누가 그른지 판단할 수 있을까? 또한 테리 시아보의 운명을 두고 벌인 이 결전에서 얻을 수 있는 교훈은 무엇일까?

뉴저지 주 대법원이 카렌 앤 퀸랜의 인공호흡기 제거를 허락하고, 연방 대법원이 음식 공급 튜브도, 인공호흡기나 인공심폐기, 투석기나 항생제

마이클은 8년 동안 식물인간인 아내를 돌보면서 미국인들의 동정심을 한 몸에 받았지만, 다른 애인과 동거하며 2명의 자녀까지 낳았다는 사실이 밝혀지면서 마이클에게는 언제나 '천사'와 '비정한 남편, 바람둥이'라는 정반대의 엇갈린 평가가 뒤따랐다. 1998년 마이클은 테리가 사고 전에 인공적인 방법으로 살고 싶지 않다는 말을 했다며 법원에 테리의 영양 공급관 제거를 요청하였다. 그 뒤 공급관 제거를 반대하는 테리의 부모 측과 7년 동안 법정 소송이 이어지며 사회적으로 많은 논쟁이 이어졌고, 결국 2004년 9월, 플로리다주 대법원은 주지사의 개입을 위법으로 판결하고 공급관 제거를 명령하였다. 다음해 3월, 공급관이 제거되며 시아보는 숨을 거두었다. 이 7년동안 계속된 소송은 미국은 물론 세계적으로 안락사 논쟁을 불러일으켰으며, 특히 미국에서는 상하 양원과 부시대통령까지 개입해 테리의 생명연장을 위한 특별법까지 제정하였으나 테리의 죽음을 막지는 못하였다.

처럼 의학적 치료에 속한다고 천명한 이래로, 미국 법과 의학 윤리에서는 자기의사를 표현할 수 없는 사람들의 음식 공급 튜브를 제거할 수 있도록 허용하고 있다. 그러한 결정을 내리는 권한은 의사표현을 할 수 없는 당사자와 가장 가까운 사람에게 부여된다. 가장 우선권을 가진 사람은 남편이나 아내이고 그 다음이 성인 자녀, 또 그 다음 차례가 부모와 기타 친척들이다.

따라서 그 많은 비난에도 마이클 시아보가 아내의 운명을 결정할 권리를 가지는 것이다. 테리의 생사를 결정하는 권한은 미국 의회나 대통령, 톰 딜레이, 플로리다 주지사, 플로리다 주의회, 로마의 성직자, 자칭 장애인권운동가, 랜들 테리, 보수 우파 논설위원들, 생명윤리학자, 테리의 부모님에게 있는 것이 아니라 바로 남편 마이클에게 있다. 그 결정은 마이클 혼자 내리는 것이다.

최근 동성 간 결혼과 배우자 사이의 신성함에 대해 벌어진 논쟁을 기억하는가? 지금 테리 시아보 소송 건에 대해 자신들의 의견을 밀어붙이는 사람들 중 거의 모두가 결혼은 남녀 간의 신성한 믿음이라고 말했다. 그것이 진정 결혼의 의미라면 테리에 대한 의학적 결정은 누가 내려야 할지 분명해진다. 바로 그녀의 남편이다.

그녀의 남편이 마음 속 깊이 진정으로 테리를 생각해서 내린 결정인지에 대한 의문이 제기되어 온 것도 사실이다. 그렇다. 하지만 이 같은 의심은 법정에서 귀에 못이 박히도록 들은 내용이다. 결과는 어떤 법정에서도 설득력 있는 근거가 제시되지 못했다는 것이다.

이 건에 대한 정말 주의 깊은 검토가 행해진 적이 있는가? 테리는 정말 생각하지도 못하고 감정을 느끼지도 못하는 것인가? 그녀는 절대 깨어나지 못하는가? 워싱턴과 탤러해시에서 벌어진 엄청난 소동으로 인해 그렇지 않다고 생각할지 모르나 사실은 다르다.

이 사건에 관해서 최소한 11개의 소송신청서가 플로리다 항소법원에 제출되었고 그 중에 4건이 판결이 내려진 상태다. 또한 플로리다 대법원에도 4개의 소송신청서가 제출되었고, 이 중 판결이 난 것은 1건이다(부시 대 시아보). 연방 지방 법원에 3건의 소송과 연방 대법원에 3건의 소송신청서가 제출되었고, 거의 알려지지 않은 공판 신청이 1건 있다. 이 정도면 '죽을 권리' 에 대한 소송 중에서 미국 역사상 가장 광범위하게 법정 논쟁을 벌인 사건이 되고도 남는다. 이 사건의 공방이 어떻게 진행되었는지를 쭉 지켜본 사람이라면 모든 관계자들이 사실관계와 법원 명령들에 대해서 진지하고 신중한 판사들에게서 객관적이고 독립적인 검토를 받을 기회를 충분히 가졌다는 사실을 부인할 수 없을 것이다.

이제 테리를 그냥 보내 줄 시간이 된 것은 분명하다. 이는 뇌손상을 당한 모든 이들이 죽도록 허락해야 한다는 말은 아니다. 그녀의 삶의 질이 너무 열악해서 누구도 그녀가 계속 살아야할 의미를 찾지 못하기 때문도 아니다. 그녀를 돌보는 데 많은 돈이 들기 때문은 더더욱 아니다. 그저 그녀를 사랑하고 15년 이상 그녀에게 매달렸던 남편이 자신의 아내는 더 이상 살기를 원치 않는다고 말하기 때문이다.

테리가 음식 공급 튜브를 끊은 채 영양실조로 죽게 되면 그 다음은 무슨 일이 일어날까? 분명히 앞으로는 테리와 같은 상태의 사람들에게서 음식 공급 튜브를 끊지 못하도록 하는 법을 통과하게 하려고 들 것이다. 더 나아가 어쩌면 죽을 권리에 대한 소송은 이제 주 법원이 아니라 연방 법원에서만 다루도록 하는 법안을 추진할지도 모르겠다. 이것 모두 좋지 않은 생각들이다.

우리는 이미 누구라도 원치 않는 의학적 치료를 거부할 수 있는 권리가 있다는데 합의를 했다. 크리스천 사이언스 신자들은 의학적 치료를 받지 않을 권리가 있으며, 여호와의 증인을 믿는 사람들도 수혈을 받지 않을 권리가 있다. 화학요법 치료를 받느니 차라리 기도하겠다는 개신교 근본주의자들도 있을 것이다. 장애를 가지고 의사표현을 할 수 없는 사람들도 이와 똑같은 권리를 가진다. 그들의 가장 가까운 가족들에게는 그들을 대변할 권리가 있다. 미국 주 법원들은 치료 중지 소송 건을 재검토할 권한이 있으며 오랫동안 연민과 기술, 지혜를 가지고 이 문제를 다뤄왔다.

어쨌든 지금까지 잘 작동해 왔던 이 시스템(어려운 의학적 결정을 내려야 할 수백만 명의 미국인들에게 잘 적용되어왔던)을 다르게 고쳐보려 하는 사람에게 반문해 보고 싶다. 앞으로 생명 연장 치료를 중지할 시기를 결정하려면 먼저 조지 부시 대통령, 힐러리, 클린턴, 존 케리, 주지사, 빌 프리스트, 톰 딜레이와 먼저 상의해야한다는 것인지를 말이다.

영화 '밀리언 달러 베이비'를 변호하다

*

이 글을 읽기 전에 먼저 두 가지 경고를 하겠다. 첫째는 이 글은 정치적으로 민감한 사안이라는 것이다.

이런 게 싫다면 더 이상 읽지 말기를 바란다. 이 글은 중증 장애인들을 어떻게 볼 것인가 하는 내용이 있는데, 이런 내용은 가끔 사람들을, 혹은 당신을 정말 화나게 할 수도 있기 때문이다.

두 번째는 영화가 어떻게 끝나는지 김새는 스포일러 내용이 있다는 점이다. 영화 '밀리언 달러 베이비'를 아직 보지 않았거나 그 결말을 미리 알고 싶지 않다면 이 글을 더 이상 읽지 말아야 한다.

클린트 이스트우드와 힐러리 스웽크, 모건 프리먼이 출연한 영화 '밀리언 달러 베이비'는 이미 다양한 영예를 얻었다. 최고 작품상을 비롯해서 아카데미 시상식 7개 부문에 후보로 지명되었다. 이는 당연한 결과이다. 이 영화는 우악스럽게 생긴 잔소리꾼 복싱 트레이너를 완벽히 연기한 클린트 이스트우드 분의 프랭키 던과 끈질긴 백인 여성 복서로 복싱에 자아

실현의 모든 것을 걸고 있는 매기 피츠제럴드 사이의 관계 변화를 감동스럽게 표현하고 있는 좋은 작품이다. 매기 역은 힐러리 스웽크가 아주 신랄하게 연기했다.

이 영화가 논란의 중심에 서게 된 이유는 결말 부분 반전 때문이다. 매기는 타이틀을 따기 위해 거칠고 노련한 복서를 상대하게 된다. 그런데 상대 복서는 이기기 위해서라면 무슨 짓이든 하는 사람이었고, 끝나는 종이 울린 후에 상대 복서가 날린 비열한 펀치에 맞아 쓰러진 매기는 목이 부러지는 사고를 당한다.

목 아래 전신이 마비되고 침대에 묶여 영구적으로 인공호흡기 튜브를 목에 꽂고 살아야 하는 상황에 처한 매기는 더 살 가치가 없다는 결론을 내리고 가장 친한 친구이자 양부가 된 프랭키에게 자신을 죽여 달라는 부탁을 한다. 프랭키는 이를 거절한다. 자신의 양심과 가톨릭 신앙에 비춰볼 때 안락사는 윤리적 제한선 밖의 일이었기 때문이다.

하지만 결국 프랭키는 매기가 죽을 수 있게 도와주기로 결심한다. 매기의 병실로 치사량의 아드레날린을 가지고 와서 호흡기를 떼고 경고음을 끈 다음 주사를 놓는다. 얼마 후 매기는 죽고 프랭키는 법망을 피해 사라진다.

심각한 장애를 입은 사람이 자신은 살 가치가 없다고 결정 내린다는 바로 그 내용으로 인해 장애인 권익보호운동에 앞장서는 사람들과 보수적 토크쇼의 우파 유명 인사들, 낙태 반대론자들까지 들고일어났다.

미국 척수장애협회의 이사인 마시 로스는 너무 많은 사람들이 아직도 '척수손상 장애를 죽음보다 더 나쁜 운명' 이라고 생각하고 있기 때문에 이 영화의 결말이 싫다고 말했다. 그녀는 AP와의 인터뷰에서 "유감스럽게도 이 영화는 죽음이 장애보다 더 낫다고 말하고 있어요." 라고 밝혔다.

과격 보수주의인 러시 림보[1]는 이 영화가 얼마나 나쁜 영화인지에 대해 절규하며 끓어오르는 화를 참지 못했다. 러시 림보는 자신도 과거 약 중독이 발각되었을 때 반성은커녕, 병원에서 받은 합법적인 것이었다고 변명하며 잘못을 인정하지 않았으면서, 그런 그가 이 영화에 대해서는 좌익의 세속적 가치관을 담은 영화라고 맹렬히 비난했다.

마찬가지로 우파인 마이클 메드베드도 '밀리언 달러 베이비'에 대해 분노했다. 그는 할리우드가 미국대중의 도덕성을 무너뜨리는 방법만을 연구하는 존재라고 떠들었지만 그 비도덕적인 인사들이 내놓는 영화는 다 보는 사람이다. 낙태 반대그룹의 웹사이트와 블로그는 할리우드가 감히 안락사를 찬성하는 영화를 내놓았다는 악평과 불만으로 가득하다.

나는 할리우드가 안락사를 권장한다는 음모론을 믿지 않는다. 물론 벤 에플릭과 제니퍼 가너, 제니퍼 로페즈가 등장하는 최근 영화들이 안락사를 좋은 것으로 그리고는 있지만 그런 영화는 할리우드에서 양산되는 그 많은 영화에서 극히 일부분일 뿐이다.

하지만 정말 러시 림보는 우리들 모두가 자신의 그런 극단적인 생각을 믿을 것이라고 생각하겠는가? 클린트 이스트우드가 거대 좌파 음모의 한 일원이며, 그 영화로 미국인 모두가 장애를 경멸하고 안락사로 뛰어들게 만든다는 생각을?

장애인권운동에 대해서 솔직하게 탁 까놓고 말해보자. 모든 형태의 장애를 뭉뚱그려 말하는 것은 공정하지 못하다. 모든 장애가 같을 수는 없다. 소리를 듣지 못하거나, 사지가 절단되거나, 휠체어를 타야 하는 사람, 온몸

---

1) 러시 림보: 미국 인기 라디오쇼 사회자로 과격한 보수주의자. 여러 병원을 전전하며 입수한 마약복용 전력을 병원처방을 통한 합법이었다고 변명을 하여 구설수에 올랐다.

이 마비상태에서 생명유지장치를 달고 살아야 하는 사람, 생사의 기로에 놓이거나, 대소변을 가릴 수 없거나, 인공호흡기로 숨을 쉬고, 위에 삽입된 튜브를 통해 먹는 사람 등, 모두가 똑같은 어려움을 겪지는 않는다.

영화 관객들은 장애 정도의 차이를 구별할 수 있다. 그러니 장애인권운동 관계자들은 사람들이 장애자라 하면 침대에 영원히 묶여 눈알만 굴릴 수 있는 상태를 상상만 하여 모든 장애자들의 삶을 똑같이 폄하할 것이라는 생각을 하면 안 된다.

또한 중증 장애에 대한 한 가지 해답만 있는 것은 아니다. 크리스토퍼 리브(영화 '슈퍼맨'의 주인공으로 95년 승마 도중 낙마로 전신장애인이 되었음)는 내가 알기에도 몇 번씩이나 자살을 생각했지만 마비 장애를 딛고 계속 살아가기로 결심한 반면, ALS(루게릭병)에 걸리고 심각한 척수 손상에다 말기의 낭포성 섬유증, 그리고 뇌졸중으로 전신을 못 쓰게 된 어떤 사람들은 크리스토퍼와는 반대되는 결정을 내리기도 한다.

영화나 책, 연극에서 이 같은 중증 장애에 대한 삶의 질 문제를 다루는 일은 장애에 대해 어떤 메시지를 강요하거나 특정 이데올로기를 선전하기 위해서가 아니다. 그러한 작품을 통해 매우 어려운 윤리적 질문을 탐구해보기 위함이다. 이는 영화라는 매체를 아주 잘 활용한 사례이며 이런 영화는 상을 받아야 마땅하지 비난받아서는 안 될 것이다.

그렇다면 이제, 중증 장애를 가지고 계속 살 것인지 말 것인지, 그리고 그런 사람의 부탁을 받은 사람이 자신의 신앙과 양심에 위배되는 상황에 부딪혀 어떻게 할 것인지에 관한 질문을 던지는 일은 윤리적 한계선 밖의 문제가 아니라고 치자. 그럼 실제로 영화가 이러한 문제를 얼마나 잘 묘사하고 있는가? 물론 이 부분에서는 명백한 문제점이 있다. 그렇다고 해서 정치적 올바름을 감시하는 사람이나 단순한 머리의 우파 토크쇼 진행자가 생각하는 그런 문제점은 아니다.

매기는 자신의 트레이너에게 죽을 수 있도록 도와달라고 부탁한다. 그리고 그는 그렇게 해준다. 하지만 현실이라면 그녀가 그런 부탁을 친구에게 하지는 않을 것이다. 의사나 간호사에게 인공호흡기를 떼어 달라고 요구할 것이다. 또한, 그녀는 죽게 내버려두라는 부탁을 하지 직접 죽여 달라고는 하지 않을 것이다. 그리고 모든 결정은 의사에게 맡겨야 한다. 죽게 내버려두는 것도 충분히 윤리적 논란거리가 되지만 안락사만큼은 아니다.

생명유지 치료중지에 대한 요구와 실행은 미국의 병원과 요양원에서는 매일같이 일어나는 일이다. 여호와의 증인은 수혈을 거부한다. 암환자는 자신의 신장 투석기를 꺼달라고 요구한다. 정신이상 상태가 아닌 한 모든 미국인들은 자신이 원하지 않는 치료를 중지할 권리를 가진다. '밀리언 달러 베이비'는 우리가 실제보다 더 무력하다고 생각하게 만드는 단점이 있다. 중증 장애를 가진 사람은 죽게 내버려달라는 요구를 할 수 있다. 가끔씩은 정말 그렇게 요구하는 중증 장애인이 있으며 그런 때에는 생명유지 장치를 제거한다.

'밀리언 달러 베이비'가 그 가치만큼 상을 받게 될 지는 나도 모른다. 하지만 이 영화를 비난하는 사람들의 어떤 말도 이 영화가 상을 받는 데 걸림돌이 되지 못한다는 점은 확신한다. 이 영화가 안락사를 너무 미화한 면도 있지만, 미국인들에게 생사 문제를 고심하게 만드는 영화라면 그 어떤 것이라도 나는 지지한다.

안락사에 대해서

*

연방 대법원 판사 임명과 관련해서 대통령과 공화당 의원들이 분명히 밝힌 자격 요건은 '사법부에 의한 법률제정' 은 절대 안 된다는 점이다. 존 로버츠에서 지금의 사무엘 알리토 판사 지명에 이르기까지 대통령은 대다수 미국 국민의 의지를 무시하지 않을 사람을 판사로 임명했다고 주장했다. 그렇다면 오리건 주에서는 합법화된 의사조력자살을 미국정부는 왜 반대하고 있는지 묻지 않을 수 없다. 좀 더 확실히 말하자면 왜 행정부와 대통령은 자신들이 연방 대법원을 바라보는 속내의 진실을 밝히지 않는 것인가?

오리건은 말기 환자들이 생을 마감하길 원할 때 의사들이 치사량의 약을 처방할 수 있도록 한 법안을 가진 유일한 주이다. 오리건 주 주민들은 1994년 주민 투표를 실시하여 '오리건주 존엄사법' 을 통과시켰다.

1997년 이 법을 폐지하려는 움직임이 있었을 때 다시 오리건 주민들은 의사조력자살을 허락했다. 이번에는 3년 전보다 찬성표가 더 많았다.

법무부는 이 법의 합헌성에 대한 이의를 여러 번 제기했다. 2002년 미국 지방법원 판사 로버트 존스는 "오리건 주의 유권자들이 한 번이 아니라 두 번이나 이 법을 지지했고 의사조력자살에 대한 도덕적, 법적, 윤리적 논쟁을 이미 마무리 짓기로 합의를 본 상태"라고 말하며 행정부가 제기한 소송에 패소판결을 내렸다.

하지만 행정부와 대통령은 포기하지 않았다. 당시 법무장관인 존 애쉬크로프트가 항소했으며 이제 이 건은 연방 대법원 앞에 서게 되었다. 대통령 진영의 보수파들은 어떤 형태의 안락사에도 강력히 반대하는 입장이므로 오리건 주의 법을 무효화하기 위해서라면 어떤 방법이라도 다 동원할 태세였다.

법무부는 로버트 판사 앞에서 규제약물연방법에 의거하여 법무장관은 주법에 상관없이 안락사에 쓰이는 약물을 금지할 권리를 가진다고 항변했다. 이는 정말 오리건 주민들의 의지를 무력화하기 위해 지푸라기라도 잡는 행위이다.

만약 이 오리건 주법의 시행 이후로 말기 장애 환자들이 이 법을 남용한 사례라도 있었다면 오리건 주법 폐지를 위해 행정부가 벌이는 6년 동안의 이 같은 성전이 이해될 만도 할 것이다. 사실 나는 의사조력자살을 허용하는 사안의 법제화를 상당히 염려하는 편이다. 그러한 법으로 인해 사람들이 자신의 삶을 너무 조급하게 끝내버리거나 정신이나 신체에 장애를 가진 사람들이 다른 사람의 편의를 위해서나 돈을 아끼기 위해서 죽음을 강요당할까 걱정스럽기 때문이다. 하지만 그런 남용사례는 없었다.

오리건 주민들 중 암이나 에이즈, 파킨슨씨병에 걸려 죽어가는 일부 환자들이 극약을 요구하기는 하지만 그들 중 진짜로 실행에 옮기는 사람은 극히 드물다. 법 시행 후 수년 동안 300건도 채 안 된다.

그리고 이 법이 초래한 남용이나 오용 사례를 적발하려는 반대자들의 많은 노력에도 불구하고 환자와 가족, 안락사 요구에 따른 의사에 대해 심각한 윤리적 문제가 제기될 만한 사건은 지난 5년 간 단 한 건만이 유일한 것으로 알고 있다.

그러면 대통령은 무슨 생각인가? 왜 법무부는 궁색한 연방 법조문을 들고 나와 아무런 문제도 일으키지 않은, 그것도 오리건 주민들이 두 번이나 통과시킨 법을 막지 못해 안달인가?

그 답은 하나밖에 없다. 대통령이 우리들에게 진실을 말하고 있지 않다는 점이다. 대통령은 자신이 동의하는 내에서 미국인의 결정을 존중할 뿐이다. 자신이 찬성하는 사회적 의제를 지지하는 법원의 결정이라야 인정할 마음이 드는 것이다. 자신이 인정하지 않는 정책을 따르는 주를 용인하지 못하는 것이다. 그러면서 그는 자신의 도덕적 의제에 들어맞는 정책에 대해서는 연방 대법원이 '사법부의 법률제정'을 하기를 기대한다.

연방 정부는 오리건 주법에 대한 소송을 제기하지 말았어야 했다. 또한 연방 대법원은 불법마약을 규제하는 연방 조문에 의해서 연방 정부가 오리건 주의 말기 환자들이 어떻게 죽어야 하는지를 규정할 수 있다는 터무니없는 주장을 듣지 말아야 한다. 연방 정부는 지금도 계속 '로우 대 웨이드[1]' 판결 때문에 법제화된 적도 없는 낙태 사안이 미국인들에게 정책으로 굳어진 사실에 한탄하고 있다.

하물며 오리건 주는 안락사를 두 번이나 법제화했다. 행정부와 대통령은 연방 대법원을 이용하여 자신들이 그렇게 반대한다고 했던 사법부의 법률제정을 강요한 사실을 부끄러워해야 한다. 이들의 윤리적 위선 수준은 형용할 수 없을 정도이다.

---

1) 로우 대 웨이드 판결(Roe v. Wade) : 낙태를 국민의 기본권으로 인정한 판결. 임신기를 3분하여 처음 3개월 동안은 산모의 자기 결정권이 절대적이며, 마지막 3개월은 산모의 자기결정권보다 태아의 건강을 보호하기 위한 국가의 권리가 더 중요하다는 것. 따라서 임신 초 3개월 동안 낙태를 못하게 하는 법률은 위헌이라는 것

시신 사용 문제

*

　피츠버그 대학 병원이 시행하겠다고 제안한 연구는 분명히 몇몇 사람의 인상을 찌푸리게 할 만한 것이다. 이 대학의 의사들과 연구자들은 새로운 시신에 대한 실험을 할 수 있도록 하는 정책을 제정했다. 특히, 생명 유지 장치로 연명하다 사망한 사람은 유전자 조작 돼지의 심장이나 새롭게 개발된 인공 간을 실험할 때 이용될지도 모른다.

　왜 죽은 사람을 연구하는가? 단순히 말하자면 그들은 우리에게 가르쳐 줄 것이 많기 때문이다.

　돼지의 장기를 시신에 이식함으로써 그 장기에 대한 거부반응을 실험해볼 수 있다. 살아있는 사람의 건강을 위협하지 않고도 말이다. 시신에 대한 실험으로 우리는 약이나 바이러스의 한계 허용치를 알아볼 수도 있는데 이는 인간 피실험자에게는 결코 윤리적으로 가능하지 않은 실험이다. 시신은 기생충이나 생물 무기의 효과를 알아보는 실험장이 될 수도 있다. 시신에 대해 지금까지 소수의 실험만이 행해졌다. 오래 전에 템플 대학 병원에서 초기 버전의 인공 심장을 뇌사자에게 실험한 적도 있었지

만 연구자와 병원은 의학 연구에 시신을 이용했다는 사실로 인한 악평이
돌까봐 무척 조심스러워 했다.

이러한 연구는 중요하다. 반드시 시행해야 한다. 시신 공여자가 사망
후 시신 기증에 자발적으로 동의했다는 점만 보장된다면 이 연구는 윤리
적으로 아무런 문제가 없다. 요즘 사람들은 장기 기증과 시신 기증에 찬
성한다. 죽을 때 기꺼이 자신의 시신을 연구에 사용하도록 허락하는 사람
도 많다.

여기에 또 하나의 윤리적 보호책이 필요한데, 그것은 얼마 동안 시신을
실험 대상으로 사용할 수 있느냐에 대한 분명한 제한이 있어야 한다는 점
이다. 가족과 친구들은 고인의 죽음을 슬퍼하고 그 죽음에 익숙해질 시간
이 필요하다. 따라서 시신은 아무리 연구 목적이 윤리적이라 할지라도 너
무 오랫동안 실험에 이용될 수는 없다.

이러한 세부 규칙들은 세우기 나름이다. 피츠버그 대학 병원이 시신에
대한 연구 정책의 규칙들을 강구하려는 노력은 옳은 일이다. 시신에 대한
실험이 늦어지는 것은 살아있는 자들에게 고스란히 위험으로 남겨지기
때문이다.

6

임신의 윤리

군인들의 정자보험, 그럼 여군은?

*

군인들이 전장으로 떠나기 전에 보통 그의 상관은 법적 경제적인 문제들을 잘 정리해두라고 조언해준다. 누구라도 다시 집에 돌아가지 못할 수도 있다는 사실을 생각하기조차 싫겠지만, 이것이 전쟁의 엄연한 현실이다.

하지만 최근 군인들이 이 생각하고 싶지도 않은 잔혹한 현실에 대처하는 방법에 한 가지 더 고려해야 하는 약간의 변화가 생기고 있다. 이라크전으로 떠나기 전에 군인들이 정자은행에 정자를 보관해 두는 것이다.

군인들이 이렇게 하는 데는 두 가지 큰 이유가 있다. 한 가지는 당연히, 만약에 전장에서 죽게 되어도 아내나 여자친구가 아직 그의 아기를 가질 수 있게 되기 때문이다.

다른 하나는 부상이나 질병의 위험이다. 걸프전에 참전했던 군인들 중 일부는 살충제, 신경가스, 혹은 다른 독성물질에 노출되어서 불임이 되었다고 믿고 있다. 이 말을 입증해주는 어떤 확실한 의학적 증거도 아직 없지만, 중동의 전장으로 떠나는 많은 군인들이 보다 안전한 방법으로써,

그들의 정자를 남겨두려 하고 있다.

여군들은?

여군들의 경우는 전쟁에서 불임이 되거나 죽는 경우를 생각해 보더라도 남자 동료들과 같은 방법으로 생식능력을 보존해 둘 수 있는 길은 없다. 정자의 경우는 비교적 냉동 보존이 용이하지만, 난자의 경우는 냉동 과정에서 쉽게 손상을 받을 수 있다.

여군에게 실현 가능한 유일한 방법은 호르몬을 투여 받은 후, 많은 난자를 한꺼번에 배란한 다음, 수술로 난자를 꺼낸 후, 재빨리 수정시켜서 여러 개의 수정란을 냉동 보관하는 것이다. 일단 수정이 되면 난자보다는 냉동에서 훨씬 안전하게 보관할 수 있다.

물론 이 과정에 드는 상식적으로 이해하기 힘든 고 비용은 수만 달러에 이르며, 정자를 보관하는데 수백 달러면 충분한 것과 비교하자면, 아직 생물학적 보험을 드는 것은 남자에게만 가능한 선택 사항인 듯하다.

답 없는 윤리적 문제

비록 전쟁에 나가기 전에 정자를 냉동 보관하는 것이 요즘 인기를 얻고 있지만, 이에 관한 중요한 윤리적 문제는 적절히 논의된 바가 없다.

- 모든 남자 군인들에게 이에 관한 선택권을 주어야 하는가? 국방부는 전투에 떠나기에 앞서 유언을 작성하는 것이 얼마나 중요한가에 대해서 정기적으로 교육을 하고 있지만, 정자은행에 대해선 아직 그러지 못하고 있다.
- 국가가 군인의 정자보관비용을 지불해야 하는가?
- 정자가 저장된 후, 만약에 그 군인이 돌아오지 못하게 되었을 때, 정자의 사용을 관리할 법은 있는가? 법적인 아내만 사용할 수 있게 할

것인가? 여자친구나 약혼자에게도 허용할 것인가? 더 나아가 가족의 구성원이 대리모를 고용하여 그 정자로 아기를 얻고자 한다면?

- 정자를 보관한 사람의 전사 통지서를 받았다면, 그 정자로 아기를 갖고자 하는 사람은 숙려기간을 얼마나 가져야 하는가? 며칠, 몇 주, 몇 달로 할 것인가?

- 한 전사자의 정자에서 생산할 수 있는 아기의 숫자는 법적으로 어떻게 정해야 하는가?

- 정자의 보관 기한은 얼마 동안으로 해야 하는가? 일 년, 십 년, 아님 오십 년?

이것들은 모두 선뜻 대답할 수 없는 어려운 질문들이다. 그러나 반드시 정답을 찾아야만 하는 문제이기도 하다.

현대 테크놀로지는 지난 세기의 군인들은 상상조차 할 수도 없는 방법으로 죽음으로 끝나지 않는 새 생명을 잉태할 수 있는 길을 열어 주었다. 우리의 군대에게 정자은행을 사용할지 말지 선택권이 주어져야 할 것이다. 그리고 군인들은 불상사가 일어나 결국 자신의 사랑하는 사람들이 정자은행에 맡긴 자신의 분신을 인출할 때 어떤 일이 생길 수 있는지 정확하게 알 수 있어야만 한다.

수정란 입양의 문제점

*

배아 줄기세포 연구에 대한 논쟁이 진행되는 동안에 나온 것 중 가장 이상한 일은 정부가 국민이 낸 세금으로 '눈송이'라 불리는 거의 알려지지 않은 사설 기관을 지원한 것이다. 불임 부부들에게 수정란 입양을 알선 해주는 이 회사는 부시 정부와 의회에서 100만 불 지원을 받았다.

사람들이 아이를 가질 수 있도록 돕는 것은 윤리적으로 바람직한 일이지만, 입양이라는 말을 수정란에까지 확대하여 사용하는 것은 왠지 이상하다. 아기를 입양한다. 수정란을 입양한다?

그리고 연방 정부가 이 생각을 받아들였다는 것은 더욱 이상한 일이다. 그러면 입양을 기다리는 이 모든 수정란은 애초에 어디서 온 걸까?

불임치료를 받는 사람들은 인공수정을 하기도 하는데, 이 과정에서 몸 밖의 실험실 페트리 접시 안에서 수정란이 만들어지고 다시 여성의 몸 안에 이식된 다음, 아기로 자라나는 것이다.

과정은 이렇다. 배란촉진제를 투여 받은 여성은 정상적인 월경에 하나씩 배란하는 것보다 월등히 많은 숫자의 난자를 배란한다. 이 난자들을 수술적인 방법으로 난소에서 채취한 후 실험접시에서 남편이나 다른 공여자의 정자와 수정을 시킨다. 종종 이 과정을 통해서 많은 배아세포가 생겨난다. 그러나 많은 아기를 한 번에 임신하면, 즉 네 쌍둥이, 다섯, 여섯 쌍둥이가 되면, 미숙아나 건강하지 못한 아기들이 탄생할 가능성이 높기 때문에 의사들은 이 수정란들 중 두 세 개만 선택하여 다시 여성의 몸 속에 이식시켜 임신이 되도록 한다.

병원에서는 가장 건강해 보이는 수정란을 이식에 선택하고 나서 나머지를 냉동 보관할 것인지 물어본다. 이 부부는 물론 남은 수정란을 폐기하거나 다른 불임 부부에게 증여하거나 혹은 배아 줄기세포 연구에 기증할 수도 있다.

태어날 아기가 기다리고 있다

이것이 눈송이 사가 본 수요이자 줄기세포 연구에 관한 논쟁에서 윤리적인 점수를 딴 부분이기도 하다.

눈송이 사는 캘리포니아 플러톤에 있는 나이트라이트 크리스천 입양 협회가 운영하고 있다. 이들은 의학적 지식이 없는 사람들이다. 이들은 단순히 모든 수정란 혹은 배아가 실험실 접시 위에 있는 그 순간부터 아기가 된다고 믿는다.

눈송이 사의 프로그램은 이를 분명히 하려고 입양이라는 용어를 열심히 쓰고 있다. 이들은 자신들이 사용하고 남은 수정란을 기증하려는 부부와 불임치료를 받으려는 부부를 연결해 주는 사업을 하고 있다. 이 회사의 웹사이트를 인용하자면. 추산에 따르면. 10만 개가 넘는 수정란이 냉동 보관되어 있으며, 아직 태어나지 못한 아기들이 기다리고 또 기다리고 있다고 한다.

사실 눈송이 사의 수십 만 수정란이라는 추산은 아주 낮게 잡은 것이다. 대부분 전문가들은 40만 여 개의 수정란이 미국 내에 보관되고 있다고 추산한다. 1년이 넘는 기간 동안 눈송이 사의 프로그램을 통해 750 개의 수정란을 사용하여 70쌍의 수정란 제공자 부부와 48쌍의 아이를 가지기 원하는 부부가 연결되었으며, 아기가 16명 태어났다.

무엇이 문제인가?

한 종교단체가 수정란을 생명체로 간주하며, 인공수정 기술을 이용하여 불임커플에게 이들을 입양시켜준다고 해서 크게 문제될 것이 무엇일까 생각하는 사람도 있을 것이다. 물론 문제가 된다.

눈송이 사의 프로그램을 통해 작년 한 해 동안 아기가 16명 탄생한 것은 잘 된 일이다. 하지만 이 프로그램이 아니었다고 해도 16쌍이 아기를 가질 수 있는 방법은 얼마든지 있다. 거의 모든 불임클리닉은 불임 시술을 통해 아기를 가진 부부들에게 남은 배아를 어떻게 할 것인지 다른 불임부부에게 증여 할 것인지 물어본다. 눈송이 사가 한 일은 단지 이 과정에 입양이라는 말을 사용한 것뿐이다.

어떤 사람은 눈송이 사가 불임부부들에게 10만에서 40만 개에 이르는 냉동 수정란을 사용할 수 있는 길을 열어줬다고 생각할 것이다. 하지만 현실은 좀 다르다. 당신이 만약 아기를 갖기 원하는 불임부부라면, 다른 불임부부가 최상의 수정란을 골라서 사용하고 남은, 최상의 상태가 아니라서 사용되지 않은 수정란을 쓰고 싶지 않을 것이다.

눈송이 사의 주장과 달리, 대부분의 냉동 보관된 배아들은 아기가 될 수 있는 상태가 아닌 것들이 많다. 5년 미만 보관된 배아가 잘 자라서 아기가 될 확률은 10% 정도이고 이 보다 오래 보관되면 될수록 확률은 더 떨어진다. 그래서 많은 불임 부부들은 눈송이사의 냉동배아를 입양하지 않는다.

게다가 입양 같은 말을 사용하여 냉동배아와 아기를 같은 생명체로 인식하도록 사람들을 유도하고 있다. 아기와 수정란 혹은 배아는 엄연히 다르다. 사실, 아기를 갖기 원하는 불임부부는 수정은 성공하지만 임신해서 건강한 아기를 낳는데 실패하는 경우가 많다.

여성의 나이가 많을수록 배아가 완전한 아기로 성장할 가능성은 떨어진다. 45세를 넘은 여성의 경우 수정란이 잘 자라 아기가 될 확률은 거의 제로에 가깝다. 수정란을 아기로 키워낼 수 없는 불임 부부들은 결국 정자나 난자를 다른 사람에게서 공여 받아야만 한다. 한 번 시술하는데 1만 달러 이상이 드는 인공수정을 통해 아기를 가지기 원하는 사람이라면 아무도 다른 불임부부가 냉동 보관해둔, 성공률이 떨어지는 수정란을 사용하려 하지 않을 것이다.

부시정부의 음모

부시정부와 의회는 이 모든 사실을 알고 있으면서도 100만 불 이상의 국민 세금을 눈송이 사의 프로그램과, 수정란 입양 기관을 만들려는 사람들에게 주었다. 다른 정치적 목적 때문이라 의심하고 있다.

그것은 수정란을 진짜 아기와 동일한 생명체로 보고 배아 줄기세포 연구를 반대하는 사람들의 편을 들어주려는 것이라고 밖에 생각할 수 없다. 정말 아기를 원하는 불임부부를 돕는 방법은 따로 있다.

100만 달러의 돈은 건강하지 못한 냉동 수정란을 불임부부에 주는 사업보다는 수정란을 기증하려는 건강한 부부를 불임부부와 연결시켜 주는 사업에 쓰여야 한다.

100만 달러의 돈은 인공수정의 엄청난 비용을 보조하는데 사용되어야 한다. 현재는 비싼 비용으로 인해 인공수정은 중산층 이상의 부부들에게만 실현 가능한 이야기이기 때문이다.

눈송이 사 같은 회사의 프로그램에 돈을 지원하는 것은 의학을 지원하는 것이 아니라, 이데올로기를 지원하는 것일 뿐이다.

난자 값이 대학의 순위

*

패션 사진작가인 론 헤리스라는 사람이 모델 8명의 난자를 팔려고 내놓았다. 미인들의 난자 경매가 인터넷에서 시작했다. 최초 가격은 1만5천 달러부터 시작하였다. 이 쓰레기 같은 아이디어에 대한 충격파가 자판기 주변에, 네티즌 사이에, 심지어 심야 토크쇼에서까지 논의되면서 논란이 되었다. 대부분 사람들은 이 생각을 역겨워했다. 미국산과학회처럼, 상업화를 경험해 보지 못한 의학계에서는 그 경매를 비윤리적이고 불쾌한 것이라 발표하였다.

론 헤리스와 그의 모델들이 한 일을 욕하는 것은 결국 누워서 침 뱉기다. 난자, 정자, 생식기관으로 무엇을 하는지를 관리해 주는 적절한 규제가 없다면 론 헤리스 사건 같은 일의 발생은 앞으로도 얼마든지 나올 수 있다. 헤리스의 생각은 세 가지 이유에서 나쁘다고 할 수 있다.

첫째, 아름다움은 유전될 수 있는 것이 아니다. 만일 이것이 가능하다면, 예쁜 아이들은 반드시 예쁘게 생긴 부모한테서만 나와야 한다. 아름다운 사람들은 형제들도 모두 예뻐야 한다. 왜냐하면 형제간은 많은 유전자를 공유할 것이기 때문이다. 하지만 아닌 경우가 더 많다. 왜냐하면 외모는 많은 유전자들이 작용해서 형성되며, 정자와 난자가 만나서 생겨나는 새로운 조합의 유전자는 정자와 난자를 제공한 사람과 유사한 외모를 만들 수도 아닐 수도 있다. 아름다움이란 아주 미세한 차이로, 유전자를 많이 뒤섞지 않아도 미인의 얼굴은 쉽게 평범하게 변한다.

둘째, 아름다움은 때때로 흔하지 않은 것, 색다른 것의 반영이기 때문이다. 하지만 어떤 때는 특이한 것, 아름다운 것이 유전적 약점이나 문제의 결과일 수도 있다. 지나치게 마른 몸매는 거식증 유전자 때문일 수 도 있다. 특이한 얼굴은 골격의 이상발육에 기인할 수도 있다. 결국, 미모보다는 건강이 우선되어야 하며, 미모를 위해 자녀의 건강을 위험에 빠뜨릴 부모는 상금이 아니라 벌금을 내야 할 것이다.

셋째, 인터넷에 8명의 모델사진을 올려서, 이들은 자신들의 익명성을 창밖에 던져 버렸다. 20년에서 25년 이내에 자신의 난자로 태어난 아이들이 찾아올지도 모른다. 신경도 안 쓸지 모르지만, 내 생각으로는 그들 중 몇 명은 인터넷이 자신들의 생식기관에 관련된 것들을 팔기에는 사생활 노출이 너무 위험한 곳이라는 사실을 잘 모르고 한 짓 같다.

그러므로 유전자 선택으로 얻은 미모를 팔아보겠다는 생각은 별로 현명하지 못하다. 사실 이 사건은 천재의 정자를 팔겠다거나, 불임부부에게 명문여대생의 난자를 제공한다는 일련의 아이디어들과 같은 맥락에 있다.

후자의 경우는 이미 흔한 일이라서, 나중에는 U.S. News and World Report 같은 데서 제공하는 명문 대학 순위를 보는 대신, 역으로 이들 대학 여학생들의 난자 가격으로 순위를 매긴 보고서를 보게 될 지도 모를 일이다. 보다 높은 순위의 난자 가격을 가진 여학생이 다니는 대학일수록 명문이며 불임부부가 지불해야 되는 금액이 높아질 게다. 이것을 기준으로 한다면, 프린스턴 대학처럼 여학생의 난자가 5만 달러에 팔린 대학이 미국 최고 대학 순위의 상위권에 들것이다.

내가 말했듯이, 아기 낳기를 상업화한다는 비난은 결국 스스로에게 욕하는 셈이 되었다. 난자나 정자의 판매나, 자궁을 빌려주는 대리모 등을 규제하는데 실패함으로써 우리는 아기를 사고파는 일이 현실이 되도록 방치한 셈이 되었다. 아직 이것을 바꾸기에 너무 늦어버린 건 아니지만, 시간이 촉박하다.

사람의 생식이 상업화되는 것을 적절히 관리하지 못하면, 론 헤리스 보다 훨씬 구체적인 사업계획과 판매력을 가진 기업가가 조만간 인터넷에 등장하게 될 것이다.

진짜 성교육

*

청소년을 위한 성교육에서 결혼 전에는 순결을 지켜야 한다고 강조하는 방법보다 더 뒤진 방법이 있는지 모르겠다. 내 생각에는 아마 없는 듯하다. 혼전 순결을 강조하는 것이, 이미 청소년들이 알고 있는 생물학적 의학적 사실들과 맞지 않을 뿐만 아니라, 전 국민이 알고 있는 청소년의 성에 관한 진실과도 상반된다.

최근 조사결과는 미국 청소년의 70%가 19세 이전에 오럴 섹스를 경험한다고 밝혔다. 청소년 여자의 70% 이상과 청소년 남자의 80%이상이 혼전 성관계를 긍정적으로 받아들이고 있다고 일반 정신과 학회지 최근호는 보고하고 있다. 청소년들이 결혼 전까지 순결을 지키리라는 생각은 혼전순결을 성교육으로 생각하는 사람들의 환상일 뿐, 실제 청소년들의 현실과는 동떨어져 있는 듯하다.

그러면 우리 아이들에게 성에 관해 무엇을 가르쳐야 하는가? 대부분의 미국인들은 중등과정과 고등학교 교육과정에서 이를 가르쳐야 한다고 생각한다. 그러나 성교육의 내용이 무엇을 담고 있어야 할지는 아직 의견일치를 보지 못하고 있다. 실제 성교육은 '무조건 안 돼!'에서부터 여성의 '지 스팟'을 찾는 법에 이르기까지 천차만별로 이루어지고 있다. 그리고 섹스는 다른 주제들과 달리 개인의 도덕성을 보여주는 것이기 때문에, 성에 대한 진실은 비난과 서로에 대한 질책과 분노 속에 그 방향을 잃고 만다.

만약에 당신이 노스다코타에 살고 있다면, 성교육이 장려는 되지만, 정작 무엇을 가르쳐야 할지는 거의 모를 테고, 사우스캐롤라이나에 산다면 무엇을 가르쳐야 하는지는 법으로 엄격히 통제된다.

결혼을 배제한 피임을 교육해서는 안 되며, 낙태도 성교육의 주제가 될 수 없으며, 성병을 교육할 때 말고는 동성연애가 교육의 주제가 될 수 없다. 텍사스는 조지 부시가 주지사로 있던 시절부터, 혼전 순결교육이 성교육의 전부이다. 오리곤, 캘리포니아, 뉴저지 주에서는 학교에서 성교육을 할 때는 의학적으로 정확하고, 학생의 연령에 적합하게 교육해야 하며 반면에 다양한 인간관계를 존중하는 관점에서 장애우와 관련된 주제까지 다루도록 의무화하고 있다.

부시 이래로 연방정부 성교육 주제는 결혼 전까지 성관계는 안 된다는 한 가지에 매달리고 있다. 10억 달러가 넘는 예산이 순결만 강조하는 성교육에 지원되었다. 정부와 국회는 당신이 낸 세금으로 선심을 썼고, 혼전에는 무조건 순결하라고 강조하는 교육에, 돈은 아리조나, 플로리다, 조지아, 텍사스에 아무렇게나 뿌려졌다.

버몬트가 가장 적게 받았다. 버몬트의 아이들은 눈 내리는 소리 때문에 동정을 지키라는 훈계를 못 들었나 보다. 나는 혼전에는 절대 순결을 지켜야 한다는 교육에 완전히 반대한다. 세 가지 이유가 있다.

첫째, 이 교육이 효과가 있다는 증거가 없다. 일반적 상식으로 볼 때,

당연히 효과가 없을 것이다. 또한 이 교육으로 젊은이들에게 보내는 메시지가 정말 윤리적으로 정당한지도 조차 분명치 않다.

11개 주에서 이 교육에 대한 평가를 실시하였다. 그 결과는 우울했다. 캔사스에서는 청소년들에게 순결교육 후 조사해본 결과, 교육하기 전과 생각도, 관련 행동도 전혀 변화가 없었다. 텍사스에서도 캔사스와 동일한 결과가 나타났다. 혼전 순결을 지키겠다고 맹세하는 청소년의 숫자는 증가하지 않았다. 하물며 혼전 순결교육을 받기 전보다 받고 나서 섹스를 더 많이 했다고 조사되었다. 돌아다니면서 나쁜 짓 하면 안 된다는 설교를 집에서 하지 않고 학교에서 한다고 해서 더 효과적이라는 증거는 전혀 없다.

둘째, 섹스와 상식의 세계로 들어가 보면 알 수 있다. 중학교나 고등학교 때 성경험을 하지 않는 아이들이 있다. 그리고 청소년에 대하여 사회학자들이 아는 바에 따르면, 그 숫자가 아주 많지는 않지만, 어쨌든 그런 아이들이 좀 있다. 또 어떤 아이들은 동성애나 다른 일반적이지 않은 성경험을 하기도 한다. 소수이기는 하지만, 청소년 사회학자들은 분명 그런 청소년들이 있다고 보고한다. 극소수의 청소년들은 슬프게도, 부모, 친척, 강간범에 의해 성경험을 강요당하는 경우도 있다. 청소년들이 고등학교를 졸업하기 전에 성경험을 할 확률은 상당히 높으며, 정상적인 남녀 관계가 아닌 성관계에 노출될 확률도 낮지만 그것도 분명 존재한다.

결론은 혼전 순결교육의 효과가 없는 것은 물론, 난센스라는 것이다. 왜냐하면 성은 나이와 이성을 초월하고, 다양한 세상, 독특한 행태인데, 이런 순결 교육은 극히 특정인만 해당되며 대부분 학생들을 대상으로 하기에는 보편적이지 않다는 것이다.

이제 나의 마지막 이유이자 가장 논란의 여지가 되는 것이다. 성교육에서 결혼 전에는 무조건 순결을 지켜야 한다고 가르칠 때 아이들에게는 어떤 메시지가 전달되는가? 내가 고등학생인 아들의 학부모 미팅에 참석했을 때, 여자 아이들의 부모는 성행위를 하는 것은 나쁜 선택이라는 논점에 적극적 지지를 보냈으며, 남자 아이들의 부모들은 지지하기는 했지만 열광적이지는 않았다.

하지만 모든 것은 바로 그 아이들이 대학을 가거나 취직을 하는 순간 바뀌었다. 고등학교 때 혼전 순결을 그렇게 강조하던 바로 그 부모들이 설교를 그친다. 그들 부모 중 상당수는 오히려 결혼 전에 섹스를 해보는 것은 괜찮은 생각이라고 속삭여 줄 것이다. 특히 아들딸이 결혼을 약속한 미래의 배우자에 대하여서는 더욱 관대해진다. 결혼을 하기 전에 실제 동거를 하는 사람도 많고 이들은 물론 결혼 전에 성생활을 시작했을 것이다.

나는 결혼 전에 성관계를 하는 것은 올바르지 않다고 젊은이를 가르치는 것은 잘못되었다고 생각한다.

첫째, 이를 가르치는 사람들 중 이를 자신의 삶에 실천한 사람이 얼마나 되는지 의심스럽고, 그러면 아이들에게 위선을 보여줄 뿐이다.

둘째, 아이들은 이것을 믿지도 않는다.

마지막으로, 나이에 상관없이 무조건 결혼 전에는 섹스를 하면 안 된다는 것은 윤리적으로 논할 가치도 없다.

이보다는 '정신적 성숙, 사랑, 자발성, 상호 존중을 통해서' 라는 말이 고등학교만 졸업하면 온데간데없이 사라지는 무조건 혼전 순결을 지키라는 말보다 훨씬 가치 있다. 과학과 상식을 통해, 그냥 막연한 바람이나 위선이 아니라, 진짜 성교육을 해야 한다.

다섯 자녀를 죽이고도 동정 받는 사연

*

안드레아 예이츠는 자신의 다섯 자녀를 익사시켜 살해한 죄를 산후우울증이라는 이유로 면제받을 지도 모른다. 하지만 그녀와 남편이 아이를 여러 명 낳았다는 것은 분명히 무책임한 일이다. 그녀가 첫 아이 출산 후 자살 시도와 같은 우울증 증세를 보이기 시작했을 때, 그들이 아이를 더 갖기로 결정한 것은 무책임한 것이다. 게다가 이 부부와 관련된 다른 사람들, 즉 가족, 친구들, 의사 혹은 목사 같은 사람들은 그 상태에서 또 다른 아이를 갖는 것이 옳지 않다고 말한 사람은 아무도 없었다.

이 비극이 일어났을 때, 필라델피아 지역의 한 라디오방송국은 예이츠에 대한 애깃거리로 떠들썩했다. 한 청취자는 산후우울증이라는 진단을 확신했다. 다른 정신질환과는 달리, 산후우울증이 범죄의 원인이라고 말하자 비판이나 조소가 적었다. 조울증, 약물중독, 알코올중독, 혹은 정신지체장애자들은 예이츠의 경우와 달리 국민들에게 별다른 동정을 유발하지 못해서 사형을 선고받은 예가 더 흔하다.

하지만 라디오 방송이 진행되는 동안, 홍미 있는 사실이 하나 있었는

데, 대부분의 사람들이 예이츠나 그녀의 정신병보다는 다른 것들을 비난
했다는 것이다. 어떤 청취자는 그녀의 남편을 비난하면서, 그녀를 아이들
과 함께 집에 혼자 있도록 한 것이 잘못이라고 했다. 어떤 이는 예측하지
못한 처방약의 부작용으로 그녀가 그런 행동을 했을 수도 있다며 그녀의
주치의를 비난하였다. 그녀가 복용하던 약을 만든 제약회사를 비난하며
살해에 대한 해명을 제약회사가 해야 할 것이라 주장하는 사람들도 있었
다.

인터넷상이나, 텔레비전, 라디오 등에 의견을 보낸 사람들의 의견은 대
체로 비슷했다.

어떤 사람이 범죄를 저지르는 데는 다른 많은 사람들도 같은 책임이 있
다고 대부분의 미국인들이 믿고 있다는 사실이 놀라웠다. 어쩌면 우리는
무슨 일이 생기면 누가 돈을 제일 많이 낼 수 있는지 본능적으로 간파하
는 변호사들이 나오는 드라마를 너무 많이 보았나 보다. 어쩌면 개인 자
율성을 공공연히 찬양하면서도, 실제상황에서는 그 끔찍한 사건에 대해
한 개인의 잘못을 탓하기보다 다른 이유를 찾고 싶은 지도 모른다.

예이츠의 우울증이 너무 심해져서, 미쳐버린 그녀가 그 무시무시한 범
죄를 저질렀을 수도 있다.

나는 예이츠가 자신의 아이들을 죽이게 만든 진짜 범인은 미국이 성과
그에 대한 책임감을 이야기하는 것을 금기시하는 것 때문이라고 본다. 분
명히 우리는 아이들에게 혼전 순결과 안전한 성관계를 가질 것을 교육하
고는 있다. 하지만 냉정한 현실은 우리는 진심으로 개인의 성과 생식능력
은 다른 사람이 상관할 바가 아니라고 믿는다. 이 믿음이 성 관련 법규에
적용될 경우는 별 문제가 없다. 하지만 윤리적 측면에서는 그렇지 못하
다.

개인 침실에서 하는 사생활을 침해받지 않을 권리는 분명히 보장되어

야 한다. 이는 건전한 법률이다. 그러나 당신의 사생활이 아이들을 위험한 상황에 놓을 수 있는 것이라면, 부모가 마약 중독자이거나, 부모가 늙어서 마치 고아나 다름없이 자라고 있다면, 혹은 부모가 너무 어려서 아이를 제대로 돌볼 수 없거나, 치명적인 질병을 옮기거나 한다면, 우리 모두 그 사생활이 더 이상 사적인 문제가 아님을 알려주는 책임을 져야 한다. 무책임한 성행위가 불러온 비극에 대한 책임을 그저 다른 누군가나, 다른 어떤 것에 전가하려고 하는 것은 우리가 성윤리를 논의하는데 총체적으로 실패한 것이다.

할머니들이 아기 낳는 문제

*

여자는 몇 살까지 아기를 가질 수 있을까? 아니, 몇 살까지 아기 갖는 것을 허락해야 할까? 질문은 단순해 보이지만 사실은 그렇지 않다. 이 질문에 답하려면, 부모가 되려는 사람이 너무 늙었다고 말할 수 있는 기준은 무엇이며, 불임치료를 받는데 나이 제한을 두는 법을 누가 만들 것인가 하는데 먼저 의견의 일치를 보아야 한다.

그러면 몇 살이 너무 늙은 것인가? 7번째 결혼해서 70대에 아이를 낳은 CNN의 레리 킹이 너무 나이가 많다고 할 수 있을까? 세릴 틱스? 52세에 쌍둥이를 낳아서? 48세에 쌍둥이를 낳은 지나 네이비스? 77세에 자식을 보고 몇 년 후에 죽은 토니 랜달 정도 되면 너무 늙은 건가? 오리지널 스타 트랙의 스코티 역으로 유명한 제임스 두한은 80대에 자식을 보았다. 58세인 도날드 트럼프는 세간을 떠들썩하게 한 3번째 결혼한 부인과 인공 수정을 통해 아이를 낳으려 한다고 알려져서 다시 한 번 이목을 끌고 있다. 몇 살부터 아이를 갖기엔 너무 늙은 것이라고 명확한 선을 긋는 것은 아주 어렵다. 도날드 트럼프의 계획은 좀 억지스럽게 들리긴 하지만 말이다.

몇 살 정도를 아기를 갖기엔 너무 늙었다고 말할 수 있을 것인가 하는 논의에 아드리아나 일루스크라는 루마니아 여성을 추가해야겠다. 그녀는 66세의 미혼 여성으로 지난 1월 17일에 부차레스트의 한 산부인과 병원에서 제왕절개 수술로 아기를 낳았다. 그녀는 이제 세계 최고령 산모이다. 그녀의 의사에게 불임치료기술을 이용하여 임신을 할 수 있도록 도왔느냐고 묻자, 그녀가 진심으로 원했으며, 그녀의 신에 대한 믿음과 결의에 감명을 받아서라고 대답했다. 아이 낳기를 아드리아나가 간절히 원했고, 그녀가 신심이 깊은 사람이더라도, 임신이 되도록 해준 것은 아주 비윤리적인 것이라 생각한다. 아드리아나는 아기를 갖기는 너무 나이가 많다.

그녀는 더 이상 배란을 할 수 없었으므로 의학의 힘으로 임신하였다. 결혼을 하지 않았기 때문에 난자와 정자를 모두 다른 사람들에게 제공받아 수정란을 만들었고, 이 수정란 중 하나가 그녀의 딸인 엘리자 마리아가 제공했다. 그러나 그녀가 아기를 낳을 때, 의사가 한 것은 임신이 되도록 해준 것뿐, 자신의 유전자를 물려받은 친자식을 갖게 해준 것은 아니다. 이것이 왜 잘못된 일인가 묻는다면, 66세 여성이 인공수정 기술을 이용하여 아이를 임신하는 데는 천문학적인 돈이 들기 때문이다.

40세 여성도 임신하는 데는 위험부담이 따른다. 의학적으로 생길 수 있는 위험 가능성이 아기와 산모 모두 급격히 높아진다. 아드리아나 일루스크 경우는 정말 그 위험성이 높았다.

그녀의 아기는 미숙아로 태어났으며, 이 후 아기는 심각한 건강문제에 시달리게 될 수도 있으며, 선진국 수준과 동등하지 못한 루마니아의 신생아실에서는 문제가 더 심각해질 가능성도 있다. 응급 제왕절개 수술은 66세 노인에게는 부담스러운 일이며, 아기에게 무슨 일이라도 생기면 혼자서 아기를 돌보는 것은 매우 힘이 들것이다.

세계 최고령 엄마라고 화려하게 보도된 이면에 일루스크가 임신 초기에 다른 한 태아를 잃었으며, 엘자 마리아와 함께 태어난 다른 사산아가 있다는 사실은 가려졌다. 아드리아나의 임신은 다른 두 생명을 대가로 치렀으며, 미숙아로 태어난 아기의 앞날은 불투명하고, 생명을 위협할 수도 있는 제왕절개 수술은 비윤리적으로 고가이다.

하지만 이게 아직 66세 엄마 이야기의 끝이 아니다. 그녀의 딸이 고등학교를 들어갈 때면 엄마의 나이는 80세가 된다. 80세! 이쯤이면 더 이상 할 말이 없어진다. 만약 당신이 미혼이고 66살이라면, 남자건 여자건 아이를 가지는 것은 잘못이다.

나는 65세 이상의 미혼인 사람은 아기를 낳기 위해 인공 수정 기술을 사용해서는 안 된다고 충고하고 싶다.

부부라면 나이의 합이 130이 넘어서는 안 된다. 50대 중반의 여성이라면, 신체검사를 통과한 후 인공 수정이 허락되어야 한다. 66세는 어림도 없다.

누가 이 나이 제한을 집행할 것인가? 법을 만들어야 할까? 아니면 개별 불임클리닉에 자율적으로 제한을 두도록 할 것인가?

이 일이 있는 동안, 하버드 의과대학의 안드레아 거먼컨이 이끄는 미국 생식기술프로그램 조사연구의 공동 연구자로서, 나는 한 조사 연구에 관련했는데, 이 조사에서는 몇 가지 가정에 대한 질문들을 각 불임클리닉 원장들에게 물어보았다. 이 질문들은 의사들이 불임시술 결정을 할 때 기준으로 삼는 것이 무엇인지 알아보기 위한 것이었다.

우리 설문지의 질문들 중 하나는 '둘 다 43세인 부부가 인공 수정을 원하면 시술할 것인가?' 였는데, 대부분은 아니라고 대답했지만, 놀랍게도 18%는 하겠다고 대답했다. 독신여성의 인공수정에는 20%가 하지 않겠다고 대답하였고, 43%는 독신 남성은 안 된다고 하였다.

나이만이 자격제한 요건이 아니었다. 응답한 클리닉의 3%는 사고로 부부가 모두 시력을 잃었을 경우는 불임시술을 해주지 않을 것이라 대답했으며, 17%가 레즈비언 부부는 안 된다고 대답했다. 38%가 사회복지 연금이나 생활보호급여를 받는 사람들에게는 시술하지 않겠다고 했다.

이미 일선 병원에서는 상당한 수준의 선별이 이루어지고 있는 것을 이 설문을 통해 알 수 있었다. 어떤 불임클리닉은 나이나 결혼 여부에 크게 신경 쓰지 않는 반면, 다른 곳은 중요하게 생각하는 곳도 있었다.

인공 수정을 받기에 너무 나이가 많다고 정해진 어떤 선이 정해지면, 법제화하는 것인 그 다음 순서가 되어야 한다. 이것을 개개 병원의 자율에 맡긴다면, 지금 대부분의 병원이 그렇듯이, 선정 기준이 제 각각이 된다. 의학전문가와 국회의원들이 나서서 입법화를 추진해야 한다. 세계에서 가장 나이가 많은 엄마를 만드는 경주는 그만두어야 한다.

7

일상생활의 윤리

KFC의 블랙코미디

*

　'선한 일에 꼬투리를 잡힌다.' 라는 말이 있다. 바로 KFC의 얌브랜드사 (Yum Brands Inc)가 자신의 KFC와 피자헛 매장에 금연 구역을 선포한 일을 이야기하는 것이다. 미국 거대 패스트푸드 기업인 얌브랜드는 다음 주부터 '금연' 표지판을 전국의 자사 직영점인 KFC 매장 1,200군데와 피자헛 매장 1,675곳에 내걸 예정이라고 발표했다. 이밖에 6,000여 개에 이르는 프랜차이즈 체인점에는 고객들이 엑스트라 크리스피와 펩시콜라, 비스킷을 담배와 함께 즐길 수 있을지 없을지 자체 매장에서 알아서 결정하라고 하였다.

　나는 식당을 금연 구역으로 만드는 일에는 반대하지 않는다. '담배냄새가 싫으면 집에서 식사를 하라.' 는 흡연 자유주의자들 의견에 나는 조금도 동조하지 않는다. 모든 식당에서 담배 연기는 추방되어야 한다. 간접흡연을 하게 되고, 고약한 담배 연기로 인해 음식 맛을 떨어뜨리는 식당은 장기적으로 손님 수가 줄어들어 결국 망하게 될 것이다.

　식당은 음식을 먹는 곳이다. 식당이 쓰레기를 태우는 곳이 아니듯이 흡연에 적합한 장소가 아니다. 담배는 바깥에서 피울 수 있지 않은가? 음식 앞에서는 흡연의 자유가 존재하지 않는다. 식당 내 금연은 윤리적 문젯거리가 될 수 없는 당연한 일이다.(금연 광신도들이여, 이제 만족했는가? 나도 금연찬성이다.)

그런데 나는 패스트푸드 혐오론자는 아니다. 나는 슬로우푸드든 패스트푸드든 상관없이 모든 종류의 음식을 다 좋아한다.(이는 내가 우리집에서 체중을 재보며 항상 깨닫는 생각이다.) 패스트푸드도 나름대로 맛이 좋아서 나는 피자헛에서 피자를 보면 참지 못하고 바로 한 입에 넣는다. 기름이 잘잘 흐르고 콜레스테롤이 가득 든 KFC의 패스트푸드들은 동맥경화를 감수할 만한 매력이 넘친다.

그러나 KFC의 금연에 내가 쓴웃음을 금치 못하는 것은 담배와의 전쟁 선포에는 그렇게 크게 떠들어대는 얌브랜드사가 정작 중요한 음식 건강 문제에서는 입을 다물고 은근슬쩍 넘어가고 있다는 사실이다. 그들은 자신의 이름 켄터키 프라이드치킨에서 '프라이드'를 빼버리고 KFC로 상호를 변경했다. 이는 '프라이드' 즉 튀긴 음식에 대한 소비자들의 반감으로 매출감소를 우려했기 때문인 것은 자명하다. 음식은 고칠 수 없으니까 이름이라도 고친 격이다. 또 KFC 매장 앞의 대표 상징물인 커널 샌더스(켄터키 할아버지)까지 치워버렸다. 켄터키 할아버지의 뚱뚱한 풍채로 인해 사람들이 자신이 먹고 있는 음식이 지구상에서 가장 높은 열량의 음식일지도 모른다는 사실을 눈치 채지나 않을까 하는 염려 때문은 아닐까?

여기서 이렇게 결정한 얌브랜드사의 높은 분들을 깎아 내리자는 게 아니다. 나도 직장에서 '의사들이여, 자신부터 바꿔라.'라고 말하고 있는 처지다. 하지만, 치즈와 짜디짠 치토스, 허니 바비큐 윙을 산처럼 쌓아놓고 그 위에서 공공 보건향상의 기수(旗手) 운운하는 것은 좀 낯간지럽지 않은가?

약사의 의무와 양심

*

　최근 환자들이 약국에 약을 받으러 갔다가 황당하고 불미스런 일을 종종 당하는데, 그것은 약사가 특정한 약(낙태나 피임성분 등)의 조제를 거부하기 때문이다. 의사가 합법적으로 처방해준 의학적으로 필요한 약제에 대해 약국의 약사가 자신의 도덕적 신념에 위배된다하여 조제를 거부하는 행위로 인해, 환자의 프라이버시 침해와 관련, 때 아닌 약사의 양심권이 도마에 올랐다.

　의료계에서 프라이버시 누출은 개인에게 큰 고민거리일 뿐 아니라 때로는 그 사람의 직장이나 보험가입 등에 지장을 주어 커다란 경제적 손실을 일으킬 수 있다. 이 일을 계기로 환자의 프라이버시에 배치되는 '약사의 양심권'을 어디까지 인정해 주어야 하는가에 대해 논란이 벌어졌다.

　병원에서 환자의 개인정보가 밖으로 노출되면 개인 프라이버시뿐만 아니라 때로는 직장이나 의료 보험에 손해를 끼칠 수도 있다. 약국의 한 대형체인점이 개개인 처방 정보를 이용해서 당사자들의 집에 맞춤식 광고를 한 사건을 듣고 모두들 놀랐을 것이다. 발기부전약 광고지를 딸이 보거나, 알코올중독조절약 광고지를 부엌 식탁 위에서 할아버지가 발견하면 당신은 어떨지 상상해보라.

이 일이 뭐 그렇게 큰일 날 일인가 하시는 분은, 한 의료 관계자가 회사에 불만을 품고, 관리하던 에이즈 환자 명단을 신문사에 보내거나, 인터넷에 직접 올린다면 어떻게 될지 생각해보라. 또한 당신이나 가족이 앞으로 큰돈이 들 만한 건강 문제가 있다는 사실을 병원 동료에게 알게 된 당신 직장의 인사권자가 회사의 보험료 인상을 막기 위해 당신을 미리 해고한다면 프라이버시 보호의 중요성을 실감할 수 있겠는가?

이렇듯 프라이버시를 침해하는 일이 너무 빈번히 일어나자, 10년 전 여론의 압력을 받은 의회는 건강보험 양도 및 책임에 관한 법률(Health Insurance Portability and Accountability Act)을 제정하기에 이르렀다. 이 법은 개인 의료정보의 이용과 공개에 대한 엄격한 규제를 그 내용으로 하고 있다.

개인의 의료정보는 당연히 비밀스럽게 다루어져야 한다. 그리고 자신의 건강정보는 반드시 알아야 하는 사람들에게만 공개되어야 한다. 우리 집 약품 상자에 어떤 약이 있는지, 왜 우리가 지난달에 갑자기 병원에 가야했는지에 대해 직장 상사나 잔소리가 많은 이웃이 알기를 원하지 않는 것이다.

그런데 우리는 이런 개인의 프라이버시가 얼마나 중요한지를 종종 잊어버린다. 보건의료는 프라이버시 없이는 이루어질 수 없다. 히포크라테스 시대 때부터 의사들은 진료를 통해 자신이 알게 된 개인정보를 절대 누설하지 않는 프라이버시 보장 없이는 환자들이 자신의 정신건강 상태나 마약, 알코올 복용빈도, 성생활 상태에 대해서 솔직하게 털어놓지 않는다는 것을 잘 알고 있었다. 그들은 성폭행을 당했거나 물리적 폭력을 당한 사실을 털어놓지 않는다. 환자들이 자신이 한 말이 공개될 것이라고 생각하면, 의사들에게도 헤로인 주사를 한 번 맞아보았다던가 밤새워 일하기 위해서 암페타민 각성제를 복용했다던가 하는 사실을 결코 말하려하지 않을 것이다. 의료는 환자가 정직하지 않아서는 소용이 없으며 환자의 정직은 프라이버시가 엄격히 보장되어야 기대할 수 있다.

그래서 일부 약사들이 그들의 도덕적 양심에 위배된다고 하여 피임약이나 사후 응급 피임약인 RU 486, 말기 환자를 위한 마약성 진통제 처방을 거부한다면 환자의 프라이버시는 침해를 받을 수밖에 없다.

왜냐하면 당신에게 필요한 치료를 제3자(약사)의 거부로 인해 받을 수 없게 되면, 당신은 의사에게 다른 처방의 도움을 받거나 약사를 설득해야 한다. 약사를 설득하려면 당신의 프라이버시에 관련된 사정을 이야기해야 하는데 결국 침해를 받는 것이다. 그런데 설상가상으로 약사가 왜 자신이 처방전대로 약을 조제하지 못하는지에 대한 개인적 신념을 공개적으로 밝히게 되면 어떻게 되나? 당신의 프라이버시는 더 이상 프라이버시가 아니게 된다.

과연 약사에게 자신의 도덕적 신념에 위배된다고 느끼는 일에 대해서 거부할 수 있는 양심권이 존재한다고 보는가? 작더라도 체인 약국이나 병원, 요양원에서 일하는 약사라면 직업의 성격상 각자의 양심이 아니라 소속 조직이 원하는 바에 따라야 한다. 군대에서 총을 소지하는 현실을 받아들여야 하는 것과 마찬가지이다.

또한 수의사라면 언젠가는 동물을 안락사 해야만 하는 날이 올 것이며 그날이 오면 시행해야만 한다. 보건 의료에서 직업이 요구하는 법적 의무를 다할 수 없다면 그 직업에 종사하지 말아야 할 일이다. 따라서 전국의 약품체인점인 컨슈머 밸류스토어나 에커드, 월그린, 라이트에이드, 듀안리드 등과 같은 약국에서는 적법한 처방전에 따라 제대로 약을 조제할 약사는 고객 프라이버시를 자신의 양심보다 우선시해야 한다.

독자적으로 일하거나 자기 소유의 약국을 운영하는 약사일지라도 양심권의 한계는 최소한 지켜야 한다. 소속되지 않은 독립적인 약사의 경우, 양심에 따라 약 처방 거부가 어쩔 수 없다고 할지라도 그는 공개적이지 않고 신속하게 근처 다른 약국이나 인터넷을 뒤져 의사의 적법한 처방에 따라 약을 조제할 수 있는 다른 약사를 구해줘야 할 의무가 있다. 약국은 의료의 조력자이지 방해꾼이 아니기 때문이다.

물론 양심은 누구에게나 특히 모든 의료 전문가에게 중요한 권리이다. 하지만 의무야말로 더욱 중요하며, 모든 약사의 의무는 고객의 프라이버시와 의사와 환자 간 지켜야 할 효율성을 보장하는 것이다.

그렇게 하는 유일한 방법은 의사가 해야 한다고 처방해준 일을 약사는 적법한 한 그대로 따르는 것이다.

우리들은 이렇게 어렵게 획득한 우리의 의료 프라이버시가 약국에서 강탈당하는 것을 앞으로 보고만 있어서는 안 될 것이다.

뇌 영상 진단의 문제

*

　최근 들어 뇌 영상 기술의 놀랄만한 발달로 인해 사람들 개개인의 뇌 활성 패턴의 차이점을 구별하게 되고, 이로써 개개인의 이색성격, 특성과 태도, 병적상태를 찾아낼 수 있게 되었다. 예를 들어 정신분열증의 일부와 주의 깊게 듣는지, 거짓말을 하는지는 핵자기공명 영상으로 판독이 가능해 졌다. 기분 좋은 사진이나 불쾌한 사진을 볼 때 실험자의 뇌 사진에서 서로 다른 패턴이 나타나고, 특정 형태의 뇌 영상 패턴으로 실험자의 불안이나 좌절을 감지해내는 일도 가능하다. 여러 인종의 사람들 사진을 차례로 보여주고 뇌 영상 패턴의 변화와 반응을 관찰하여 그 사람의 미묘한 인종 편견마저도 알아낼 수 있다.

　물론 이런 뇌 영상을 집단검진이나 개인평가를 위한 수단으로 이용하기에는 아직 심리적 변수와 뇌 활성 영상 간의 연관성이 불명확하여 시기상조이다. 그렇지만 뇌 영상은 개연적인 정보를 제공할 만큼은 명확하고 유용하다. 범죄적 의도를 알아내거나 테러를 할 가능성이 높은 자를 가려내려는 경찰과 보안기관 관계자들은 이 불완전한 정보라도 기꺼이 이용하려 들지도 모른다. 또한 교도소의 가석방 위원회에서부터 군복무 적격 심사원에 이르기까지 최근 뇌 영상 기술에 적극적인 관심을 표명하는 단체들이 많이 생겼다. 이러한 관심사들을 볼 때 더 늦기 전에 이 신 영상 기술에 대한 우리의 분명하고 중요한 윤리적 문제를 집고 넘어가지 않을 수 없다.

개인의 기능적 뇌 영상의 사회적 이용은 개인의 고유 사고라는 프라이버시를 침해할 소지가 높다. 따라서 뇌 영상 기술이 발전할수록 개인의 프라이버시 보호 문제는 아주 핵심적인 윤리적 의무로 떠오른다.

그러나 지금은, 피실험자에게 이런 사실을 정확히 고지하고 동의를 얻은 후에 모든 테스트가 행해지는지 조차도 확실치 않은 실정이다. 뇌 영상에 대한 상담이나 습득된 뇌 영상 데이터베이스의 관리와 이용에 관련된 규정도 없다. 게다가 고용주나 보험 회사 등 제3자가 뇌 영상 자료를 요구하거나 강제할 수 있는 방식에 대한 사회적 합의도 도출되지 않은 상태다.

막 시작된 뇌 영상 시대에 개인적 권리를 보호하기에는 너무 늦었다는 말은 하지 말자. 이제부터가 그런 대화를 시작하기에 딱 적합한 시기이기 때문이다.

유방암 진단의 문제

*

"꼼짝없이 저는 유방암에 걸리는 건가요?" TV 광고에 나오는 한 젊은 여성의 질문이다. 이 광고는 미국 유타주 솔트레이크 시티에 있는 생명공학 기업 미리어드 지네틱스(Myriad Genetics)사의 광고로 현재 애틀랜타와 덴버에서 방송을 타고 있다. 여성들이 유방암에 대해 가지는 두려움은 충분히 이해하지만, 이 같은 광고는 좋지 않다.

미리어드는 이런 광고를 통해 자사의 유방암 진단 테스트를 홍보하는 데 주력해왔다. 수 년 전 미리어드는 유방암을 일으키는 유전적 소인을 탐지하는 테스트를 개발하여 특허를 받았다. 이제 이 기업은 자사 테스트를 받도록 여성들을 유도해서 큰돈을 벌게 생겼다. 이 테스트에는 거의 3천 달러 가까이 든다.

유방암은 안타깝게도 정말 위험한 병이지만 여성들 대부분 이런 위험 유전자를 가지고 있지 않기 때문에 대중을 대상으로 하는 미리어드의 이런 광고 캠페인은 문제가 많다. 유방암은 유전자만큼이나 생활 습관 즉 흡연, 부실한 영양 섭취, 독성 물질 노출 등에 영향을 많이 받는 병이다.

전문가들은 평균 400명 여성 중 1명꼴로 고위험 유전적 소인을 보인다고 말한다. 일반적인 집단검진이 아니라 가족력으로 유방암 고위험군을 찾는 가장 좋은 길이다.

오히려 유전자 검사를 받은 사람들이 다른 종류의 위험, 즉 경제적인 위험에 빠지게 될 확률이 더 높다는 점이 문제일 수 있다. 또한 보험회사가 개개인의 검사 결과를 알아내려 할 때 비밀이 보장될 수 없고, 회사는 유방암 유전자 검사를 받은 사람은 고용하려 하지 않을 것이다.

소비자에게 직접 호소하는 광고는 나름대로 장점도 많다. 하지만 필요도 없는 검사를 하도록 많은 여성들을 불안 속에 빠지게 하는 광고는 지양해야 한다.

지적설계론과 과학의 충돌

*

　종교와 과학이 싸움을 하면 어느 쪽이 이기게 될까? 요즘 언론은 이 문제를 흥미롭게 다루고 있다. 다름 아닌 종교계에서 새롭게 제시하는 창조론의 과학적 접근방법, ‘지적설계론’에 언론이 많은 관심을 갖고 다루어 주고 있다.

　‘지적설계론’ 지지자들은 이 이론이 학교의 생명수업 반영에 어느 정도 성공적인 성과를 올리고 있다고 자평하고 있다. 언론은 마침내 ‘누가 이기게 될 것인가?’에 관심을 가지고 있다. 그러나 근본적인 문제는 21세기 미국에서 어떻게 이런 논쟁이 과학의 차원에서 다루어지고 있는가에 있다.

　과학계에서는 이 지적설계론자들을 상대하고 싶어 하지 않는다. 논의 자체를 끌어들이는 것은 말도 안 되는 소리며, 논점의 대상으로 삼는 것이 지적설계론의 관점을 인정해주는 것이라 못마땅하게 생각한다. 하지만 그들의 생각은 전적으로 잘못된 생각이다.

　지적설계론 지지자들을 포용하는 것은 분명 필요한 일이다. 미국 학생들이 현대 생물학 기초 이론 지식을 습득하고 졸업하도록 하는 것만큼이나, 모든 미국인들에게 자연과학과 과학적 담론을 가르치는 일 역시 중요하기 때문이다. 지적설계론 논쟁을 놓고 최근 일어난 일들을 보면, 미국인들이 비과학적인 것과 비상식적인 것들 사이에서 과학을 구별해 내기란 만만치 않은 일인 듯하다.

지적설계론이란, 모든 생물은 그 개체 하나하나가 독특하고 복잡한 구조를 지니고 있고, 그렇기에 그 존재를 설명할 수 있는 유일한 방법은 위대한 디자이너 즉, 신의 개념을 사용해야만 가능하다고 보는 의견이 있다.

어째서 미국인들이 위와 같은 입장을 존중하는 것이 이토록 어려운 일이란 말인가? 그것은 과학이 종교, 픽션, 그리고 판타지 같은 것들과 구별되는 어떤 기준을 그들이 모르기 때문이다.

지적설계론을 공론화 하려는 진화이론 비판가들, 창조론자들은 진화론의 자연선택론이나 오랜 기간에 걸친 유전자 변형으로 설명할 수 없는 현상들을 지적하며 기뻐한다. 그리고 그들의 말은 일부 맞다.

진화론으로는 설명하기 힘든 생물학적인 사례들은 분명 존재한다. 하지만 모순적이게도, 그것이 바로 과학 이론의 독특한 특성이기도 하다. 이론과 맞지 않는 것처럼 보이며, 모순되거나 전혀 뜻밖인 사실과 현상들은 물론 있다. 그러한 결함은 모든 과학 이론에 내재된 설명력의 한계점으로 학문의 미덕이라 보면 된다

불임 곤충의 사회적 행동을 살펴보자. 수 십 년 동안 생물학자들은 개미, 흰개미를 비롯한 많은 곤충들이 고도로 분화된 행동을 한다는 것을 알았다. 하지만 그 곤충들은 완전히 불임이다. 진화론적으로, 이런 아주 느린 진행과정을 통해 얻은 유전자의 작은 변화를 통한 복잡한 사회성 진화도, 연구시간만 충분히 주어진다면 증명할 수 있다고는 하지만, 불임

곤충에 대해서도 설명할 수 있을까?

다윈의 진화론을 못마땅하게 여기는 반대자들은 이런 불임 사회성 곤충을 발견할 때마다 기뻐하였다. 지적설계론 팬들은 누가 봐도 진화론으로 설명할 수 없는 것들을, 진화론자들에게 당신들이 충분히 생물학을 알고 있다면 어디 한 번 설명해보라며 고문할 수 있다는데 열광하였다. 이때마다 생물학자들은 설명하지 못하고 당황했다. 하지만 생물학자들은 여전히 이 문제의 본질이 무엇인지는 알고 있었다. 진화론자들은 자신들의 진화이론이 모든 것을 다 설명할 수 없고 분명히 한계가 있다는 사실을 알고 있다. 생물학자들은 진화란 사회적 특성을 선택하기 위해 각각의 개체들에게 별개로 작용하는 것이 아니라 전체적으로 유전자에 영향을 미치는 것이라고 생각했다.

하지만 W.D.해밀턴, R.L.트라이버스, E.O.윌슨과 같은 20세기 후반 거물급 진화 생물학자들은 이 불임 생물에 대해 깊이 파고들었다. 불임 곤충들은 자신들의 공통적인 특징인 복잡한 사회적 행동을 다음세대에 전달하는 방식으로 유전자를 나누어 갖는 자식보다는 형제가 오히려 더 자신과 닮은 유전자를 가지게 되고 그것이 더 유리하기 때문일 것이라고 이론도 나왔다. 1970년대까지는 진화론으로 설명할 수 없던 현상들이 씨족선택과 상호보완성 이타현상으로 설명할 수 있게 되었다. 이후 생물학자들은 진화가 각각의 생물과 유전자에 어떻게 영향을 미치는 지에 대한 그들의 기존 이해방식을 수정하였다. 이렇게 함으로써 그들은 진화론적으로 환경이 불임 사회성 곤충의 존재를 가능하게 한다는 것을 나름대로 설명할 수 있게 되었다.

이 이야기에는 분명한 도덕적 교훈이 있다.

지적설계론 지지자들이 생각하는 것처럼, 어떤 이론이 모든 것을 설명할 수 있을 때에만 그것이 과학적인 것이 되는 것은 아니라는 것이다. 또한 어떤 현상을 과학적으로 설명한다고 해서 그 이론이 꼭 진리인 것은 아니다. 오히려 타당하고 옳은 것처럼 보이는 설명은 계속 의심받아야 하고, 반증되고 또 검증되어야 한다.

진실은 마침내 신념이라는 요소가 필요한가의 문제이다. 학설이나 설명의 타당성에 대한 눈 먼 충성이 오히려 상황을 최악으로 이끌 것이다.

물론 다른 사람들이 믿는 이론이나 학설에 증거를 대라고 요구하는 사람들은 분명 존재한다. 점성학, 마르크스적 역사해석, 프로이드 학설, 외계인 납치 주장, 연금술 등의 지지자들은 자신들이 틀릴 수도, 그것이 단지 이데올로기나 신념의 범주에 들 수도 있음을 자각해야 한다.

그런데 지적설계론 지지자들은 자신들이 틀릴 수도 있다는 사실을 인정하지 않는다. 디자이너나 신의 존재로 지구상의 생명 탄생을 설명하는 것이 왜 틀렸는지 물론 어떤 증거도 없다. 그렇다고 해서 그것이 지적설계론이 틀리지 않았다는 것을 증명하는 것도 아니다. 사실은, 그들만이 옳다는 지적설계론자들의 그런 태도가 지적설계론을 과학으로부터 확실하게 멀어지게 하는 것이다.

일부 과학자들은 지적설계론을 과학으로 꾸며진 종교라고 말하는데 지난 해 재난 시 미국 사회의 여러 지역에 걸쳐 종교인들의 다음과 같은 행동 때문이기도 하다. 이러한 과학의 행동이 진화라고 보기엔 무리가 있을 것 같다.

과학과 종교는 작년 한 해 페르시아만 지역이 수차례 강력한 허리케인으로 인하여 피해를 입은 것에 대하여 그 원인을 놓고 미묘하게 대립하였다. 빌리 그래험 목사의 아들인 프랭클린 그래험 목사는 뉴올리언스가 죄악의 명성 때문에 허리케인의 타깃이 되었다고 말하였다. "뉴올리언스는 사악한 도시입니다." 그는 뉴올리언스가 사육제와 사탄 숭배, 그리고 성적 타락, 술, 마약 이 세 가지가 다 뒤섞인 난잡한 파티로 유명한 곳이라 말했다. 수년 간 암흑의 영이 뒤덮고 있었다는 것이다.

근본주의 성향의 여성국가참여단체(Women Influencing the Nation)의 회장인 제니퍼 지로는 전국 방송에 나와 그래험 목사의 성명에는 아무런 문제도 없다고 말하였다.

그래험 목사는 계속해서 뉴올리언스와 부도덕한 도시를 뒤덮고 있는 암흑의 영이 미국의 어느 도시라도 삼킬수 있다고 말할 때 그녀는 덧붙여 "신은 조롱받으실 분이 아닙니다. 지금의 미국 내 각 주들을 살펴보면 낙태, 피임, 동성애, 유전자 복제 이 모든 것들이 큰 그림으로 펼쳐져 있다."고 말했다.

뉴올리언스의 92세의 대주교 역시 날씨에 대해 염려하고 저주하는 이 무대 위에 과감히 뛰어들었다. 그는 허리케인이 뉴올리언스를 강타한 것은 뉴올리언스와 미국에 대한 징계라고 주장했다.

언론에는 이와 비슷한 많은 주장 즉, 나쁜 기상이 국가와 단체, 도시와 개인의 죄악에 대한 신의 복수라는 주장이 넘쳐났다. 왜 이런 말도 되지 않는 소리가 빗발치는가?

과학이 허리케인과 토네이도, 태풍과 쓰나미가 왜 하필 그 지역에서 일어나야 했는가에 관한 설명을 할 때, 뉴올리언스에서 아이들과 연약한 노인들이 조상의 죄 때문에 격분한 신에 의해 죽임을 당했다고 공언하는 주장은 왜 나오는가? 하나님이 이슬람을 믿는 사람들에게 유일한 신의 방침임을 보여주기 위해서, 잠시 집에 다니러온 학생을 물에 빠져 죽게 했다고 주장할 수 있는가?

이런 것들은 우리의 문화가 과학과 신념의 차이를 이해하지 못하고 있기 때문에 일어난 일이다. 언론은 종종 균형이라는 이유를 들어 과학과 신념을 마치 한 이야기의 두 측면인 것처럼 다룬다. 단순히 과학을 두려워하는 사람들은 과학적인 설명을 무시하거나, 종교적인 설명과 맞지 않는다며 내던져 버린다. 과학자들이 과학을 두려워하는 이들과 직접 대립하지 않는다 하더라도, 과학자 자신이 그러한 세속적인 문제들 위에 있다고 믿거나 아니면 과학자들이 과학의 특성을 정의하는 것이 무엇인지 분명히 하지 않는다면 심각한 상황이 야기될 것이다.

만약에 미국에서 지구온난화, 대기 및 기상 오염, 응급 피임법, 백신, 멸종 위기, 쓰레기 폐기, 낙태, 유전자 복제, 줄기 세포 연구 등 다른 심각한 문제들을 논의하게 된다면, 과학자들은 그들의 담당 분야에 관한 종교적 설명이 나왔을 때 그 논의들에도 귀 기울여야 할 것이다. 신념에서 과학을 분리하기 위해서는 보다 많은 주의가 있어야 한다. 틀림없이 과학과 신념은 공존할 수 있다. 하지만 그 둘은 서로 별개의 것이기에 가치가 있는 것이다.

기도의 힘?

*

불임 치료를 받고 있는 부부를 위한 기도가 그들의 임신에 도움이 될까? 3년 전 'Journal of Reproduction'에 논문 한 편이 실렸다. 기도가 불임 치료에 영향을 미친다는 것이었다. 그것도 아주 큰 영향을 말이다.

연구진은 전혀 안면이 없는 사람들이 임신을 위해 기도해 준 여성들이 기도를 받지 못한 여성보다 무려 두 배나 높은 임신 성공률을 보였다고 발표하였다. 저자 중 한 명은 컬럼비아 대학 산부인과 학과장이었고, 또 다른 한 사람은 캘리포니아의 저명한 불임 전문가였기에 그들이 내어놓은 기도의 힘을 입증하는 실제 증거를 부정하기란 힘들었다.

하지만 논문의 저자는 한 사람이 더 있었다. 자칭 심리연구가인 다니엘 윌스였다. 그의 구속은 이 논문을 읽은 사람들에게 경종을 울렸다. 윌스는 현재 금융 및 우편 사기혐의로 유죄 선고를 받고 캘리포니아에서 복역 중이다.

윌스의 부적절한 행동이 발각되자, 캘리포니아 리버사이드 카이저 퍼머넌트 병원의 조사위원인 브루스 플램 박사는 기도가 임신 가능성을 높여준다는 연구를 다시 조사하기 시작했다. 그리고 그는 애초의 연구 결과가 전부 지어낸 것이며, 기획 자체가 비과학적인 것이었다고 결론 내렸다.

그 연구에는 사기성이 다분한 측면이 있었으며 그것은 의심할 여지도 없었다. 이 논문과 그밖에 이따금씩 등장한 기도의 힘이 치료에 미치는 영향력에 대한 연구들에는 기본적으로 잘못된 점이 있었다.

문제는 모든 기도에 대한 연구가 지어낸 것이라고 말하는 것은 아니다. 정말 큰 문제는 그러한 연구들이 절대 공존할 수 없는 어떤 기준들을 뒤섞어버린다는 것이다.

과학과 의학에서 무엇인가가 실제로 작용하는 가를 설명해 줄 증거는, 사실에 대한 매우 신중하면서도 체계적인 관찰결과에서 얻을 수 있다. 하나의 실험군을 특정 치료법 혹은 처치에 노출시킨 후 그들과 성향이 거의 흡사하나 동일한 치료법에 노출하지 않은 실험군과 대조해 보아야 한다. 그렇게 모아진 데이터만이 그 처치가 실제 어떤 효력을 발휘하는지 보여준다. 그런데 기도라는 것은 이런 종류의 연구틀에 맞출 수가 없다.

기도의 힘은 믿음에서 나온다. 그것은 우리가 단순히 조사나 실험을 통해 증명할 수 있는 성질의 것이 아니다. 예를 들어 열심히 기도를 했으나 계속 불임인 경우, 기도를 그만 중단했다면 믿음이 부족했다는 말을 들을 뿐이다.

기도가 실제로 어떤 힘을 발휘하는지 확인하고자 하는 연구들이 가지는 문제는, 그러한 시도가 결코 증명할 수 없다는 점이다. 기도의 힘을 믿는 사람은 계속해서 믿을 것이고, 믿지 않는 사람은 계속해서 믿지 않을 것이기 때문이다.

성경에 나온 천지창조를 반박하고자 시도되는 지리학 연구만큼이나, 기도의 무용성을 증명하고자 하는 기도에 관한 과학적 연구도 사실 허황된 것이다. 신념을 가진 사람들은 연구 결과가 어떻든 간에 계속해서 믿을 것이며, 과학적 관점에서 본다고 해도 그것이 무슨 문제일 것인가?

예방백신 부족사태의 교훈

*

미국 내 인플루엔자 예방백신 부족사태는 시작과 동시에 끝나버렸다.
1월 초순경 여러 주의 정부 기관들은 인플루엔자 백신 대상에 대한 제한
을 완화했다. 사람들이 절박하게 백신 대체제를 찾고 있었기 때문에 공급
부족 현상이 생길 것이라고 예상했지만, 다행히 플루 미스트 같은 인플루
엔자 백신 대체제는 충분히 공급되었다.

그렇다면 2004년 인플루엔자 백신 대란 때를 뒤돌아 보자. 무슨 일이
벌어졌는가? 언뜻 공공 보건 위기로 보이는 사태에 직면했던 당시, 공무
원과 의료 관계 종사자들, 그밖에 향후 행동 결정에 주요한 역할을 했던
사람들이 보인 반응에서 어떤 교훈을 얻을 수 있는가?

알다시피 미국 내 준비된 인플루엔자 백신은 충분치 않다. 미국을 강타
한 백신 부족 사태가 이번이 처음은 아니었다. 작년에도 부족했지만 올해
는 더 심했다. 영국 리버풀의 시론(Chiron Corp.)사에서 제공받으려던 백
신이 박테리아에 감염되어 전량 취소되었기 때문이다. 어떻게 이런 실수
가 일어났을까?

아무도 책임지는 사람은 없으나 어쨌든 미국으로 공수될 예정이었던 4800만 명 분량의 백신이 사라져 버렸던 것이다.

이런 상황에서 우리에게 문제가 발생했다. 모자라는 백신을 서로 손에 넣으려고 위험군에 속하지 않는 사람들이 백신이 반드시 필요한 사람을 밀쳐내고 백신을 차지한 것이다.

자신에게 필요도 없는 의약품을 차지해서 다른 사람의 생명을 위험에 빠뜨린다는 것은 윤리적으로 용서할 수 없는 일이다. 그래서는 안 된다. 그런 상황에서 우리는 무엇이 옳은 일인지는 잘 안다. 이런 위기가 닥쳤을 때 미국인들은 어떻게 행동했을까? 나는 정말 그런 일이 발생하지 않았기를 바라지만, 다음의 사례는 다른 얘기를 하고 있다.

- 루이지애나 주립 대학 보건소에서는 주사를 놓기 전에 고위험군 조사를 시행하지도 않고 인플루엔자 예방 주사를 원하는 모든 학생들이 주사를 맞게 해 주었다.

- 펜실베이니아와 콜로라도에서는 사람들이 병원에 몰래 들어가 인플루엔자 주사약을 훔친 사건도 발생했다.

- 전국 각지의 병원에 주사약을 공급하는 도매업자들은 주사 한 대 당 10달러인 인플루엔자 주사약을 800달러에 판매하려고 혈안이 되기도 했다.

- 일부 의사들은 가족과 친구, 단골 환자들에게 비록 그들이 고위험군에 속하지 않더라도 우선적으로 예방 주사를 처방했다. 오히려 그곳 수 십 군데의 요양원에서는 예방 주사를 맞지 못했다.

- 일부 유명 약국 체인점들도 고위험군에 속하는지 물어보지도 않은 채 사람들이 원하는 대로 주사약을 판매했다.

- 인터넷을 통해 인플루엔자에 대한 공포심과 소문, 예방 주사를 대체하는 약품에 대한 엉터리 정보가 넘쳐났다.

정부가 나서야 한다.

우리들 각자가 이성적으로 행동할 것이라는 보장이 없다면, 정부가 나서서 단속해야할 것이다. 미국 정부가 오직 플로리다 주에서만 이러한 백신 비상사태에 대해 걱정을 하고 그 지역 노인들이 백신을 맞을 수 있도록 약속했는데 그 곳이 치열한 선거 표밭이기 때문이었을 것이다.

미국 정부는 캐나다에서 여분의 백신을 들여올 수 있다고 큰소리쳤지만 그동안 부시대통령과 보건당국이 캐나다 수입 약품은 안전하지 않다고 한소리를 했던 정황을 고려해 보면 앞뒤가 맞지 않을 뿐 아니라 무책임한 것이 아닌가. 게다가 캐나다 국민들이 그것을 허락할지조차 불투명한 상태였다.

아벤티스 파스퇴르 백신 제약회사가 1월까지 260만 명분의 백신을 추가적으로 공급하겠다고 약속했지만, 이 분량은 너무 적을 뿐 아니라 시기적으로 너무 늦은 감이 있다. 인플루엔자는 보통 1월에 절정에 달하는데 이 시기가 닥치기 전에 항체가 생성될 수 있도록 10월이나 11월에 백신을 맞는 것이 권장되고 있기 때문이다.

공공 보건 재난 방지를 위하여

우리는 잠재적인 공공 보건 재난 사태에 직면해 있으며 더욱 강도 높은 조치를 취해야 한다. 연방 정부와 주 정부는 이럴 때 국가 비상사태를 선포했어야 한다. 백신을 충분히 구할 수 있을 때조차도 매년 3만 명 이상의 사람들이 인플루엔자로 사망하는 실정이며 이번에는 평년보다 사망자 수가 훨씬 늘어날 전망이다.

먼저, 모든 백신 공급은 정부가 나서서 조절해야 한다. 의사와 간호사들이 가장 필요한 사람들에게 우선적으로 백신을 처방하도록 관리하고, 고위험군이 아닌 사람들에게 모르는 척 백신을 제공하는 의료원에는 강력한 벌금을 매겨야 한다. 또한 캐나다, 영국, 프랑스, 타이완, 일본 등지에서 미국으로 들어오는 백신에 대한 규제 장벽을 낮춰야 할 필요가 있다.

나는 대부분의 미국인들이 이런 도덕적 갈등 상황에서 올바른 행동을 선택할 것이라고 믿고 싶다. 지금까지 미국인들은 국가위기 상황에서 현명하게 대처해 왔다. 하지만 이번 경우 백신 줄 맨 앞에 서서 뒷줄에 선 다른 사람의 목숨은 관심조차 없었던 많은 사람들이 있었다.

미국 정부와 주지사들은 보라. 노인과 어린이, 만성 환자를 구명보트에서 밀어내는 짓은 범죄행위로 규정해야 한다. 생명이 위험한 지경에 놓인 그 같은 사람들이 목숨을 구걸하는 일은 없어야하지 않겠는가?

의사들의 오만

*

필자는 이런 말을 자주 듣는다. 사람들은 칵테일파티 등에서 나를 잡고는 항상 불평을 한다. "의사들이 좀 거만하지 않았으면 좋겠어요."

이러한 발언은 물론 어떤 특정 의사에 대하여 표현하는 감정은 아닐 것이다. 대부분의 사람들은 실제로 자신들의 주치의를 좋아한다. 그러나 일반적으로, 정말 마음에 들지 않는 사람을 들어보라고 하면 대부분 의사들을 제일 먼저 꼽는다.

건강관리 분야의 윤리에 대해 일하고 있는 사람으로서, 필자는 의사의 직업적인 오만에 대하여 막아볼 해결 방법이란 거의 전무하다고 생각한다. 윤리를 알게 되었다고 해서 더욱 친절한 사람이 되거나 겸손한 사람이 되는 것은 아니다. 실제로 그렇게 될 수 있다면, 철학자들이나 신학자들이 교만하고 잘난 척 하는 사람들을 감화하려고 노력할 필요도 없을 것이다. 그러나 이제 거만하고 잘난 척 하는 의사들을 그동안 보기 싫어했던 사람들에게 반가운 소식이 있다. 보잘 것 없는 바이러스가 하얀 가운을 입고 청진기를 휘두르는 자부심이 대단한 의사들을 꼼짝 못하게 했기 때문이다.

최근에 뉴욕 지역에서 발발한 웨스트 나일 바이러스를 퍼뜨린 모기의 경우가 우리에게 다시 상기시켜주었듯이, 가장 훌륭한 의학적 상식을 가진 사람들을 곤경에 빠뜨리게 했다. 더 나아가 그들에게 도전하는 생물들은 수없이 많이 존재한다는 사실이다. 처음에 웨스트 나일 바이러스가 미국에 출현하였을 때 도대체 무슨 일이 일어나고 있는 것인지 알아내는 데만 너무도 오랜 시간이 걸렸었다.

AIDS바이러스는 최근 가장 강력한 약품에 대해서도 여전히 그 힘을 잃지 않는 것으로 판명되었다. 약품으로 인해 현재 HIV에 걸린 환자들이 더 오래 살 수 있도록 수명은 연장시켰지만, 이를 완치할 수 있는 약품은 아직 개발하지 못한 상태이다. 게다가 완벽한 백신을 만들어내는 것도 상당히 어려운 일로 알려져 있다.

간염 C바이러스는 현대 의술과 그 위대성에 상당한 모욕을 주고 있는 셈이다. 감염률은 감소하였지만, 몇 십 년이나 된 이 질병은 집중적인 치료 시 그 성공률이 높아야 겨우 30% 정도일 뿐이다.

광우병(mad cow disease)은 아직 감지할 수 없을 뿐만 아니라 치유가 불가능하다. 알츠하이머병의 경우는 가장 우수한 의료진에게조차도 그 치유법을 찾는데 있어 아주 미세한 진전이 있었을 뿐이다.

의사들에게 좀 더 겸손해져야 한다고 상기하고 있는 것은 가장 하찮은 것이라 할 수 있는 미생물에만 한정된 것은 아니다. 최근에 펜실베니아 대학에서 간과 관련된 실험적인 유전자 치료를 받던 젊은이가 사망하게 된 비극적인 사건이 있었다. 원인은 우리가 치료 목적으로 바이러스를 사용하려고 하였지만 결국은 그 바이러스에 의해 감염되어 실패하고 말았다.

수년 전에, 한 전염병 관련 전문가가 대중에서 행한 연설에서, 결핵이

거의 멸종했고 소아마비를 완전 퇴치시킴으로써 이제는 더 이상 약품으로 다루어야 할 전염병은 없어진 셈이라고 다소 자신 있게 말했었다.

글쎄, 하지만 결핵은 아직도 존재하고 있다. 그 이전, 전염병과의 전쟁은 이제 끝났다고 선언한 바로 얼마 후, HIV가 전 세계를 휩쓸게 되었다. 아직도 세계 곳곳에서는 미생물로 인한 질병과의 전쟁에서 승리를 했다는 선언을 무색하게 할 정도로, 변이된 바이러스와 치명적인 박테리아가 도처에 숨어있다는 것이 너무도 명백해졌다.

의료 분야와 관련하여 우리가 배워야 할 중요한 교훈이 있다. 너무나 작은 미천한 듯이 보이는 생물들이 가장 훌륭하고 강력할 것으로 생각되는 현대의 의료 전문가들을 손을 쓰지 못하는 곤란한 지경으로 빠뜨릴 수도 있다는 것이다. 의약품의 개발로 어떠한 성과를 거두었는지 간에 (물론 상당히 많은 성과를 거두었지만) 지나친 자신감보다는 겸손함이 우리가 겪고 있는 위험과 어려움을 다루는데 더욱 바람직한 자세가 아닐까 생각한다.

정신이상자 처리문제

*

　우선 한 가지 사실을 분명히 하고 넘어가야겠다. 러셀 웨스턴은 정말로 미친 사람이다. 1998년 7월, 웨스턴은 국회의사당에서 경찰관 두 명을 살해했다. 정부 소속 정신과 의사가 웨스턴에게 차를 몰고 전국을 가로질러 의사당까지 와서 경찰관 두 명을 잔인하게 죽인 이유를 묻자, 그는 질병의 전염을 막기 위해서 그랬다는 답을 했다.

　그의 말에 따르면, 곧 미국 전역에 식인종들이 전염병을 퍼뜨릴 것이고, 그 병균이 '검은 이브(Black Heva)' 이며, 자신이 죽인 제이콥 체스트넛과 존 깁슨 경찰관이 그 식인종이었다고 주장했다. 웨스턴에게서 사람을 죽였다는 어떤 죄책감이나 감정은 전혀 찾아볼 수 없었다. 그는 자신이 '루비 위성 시스템' 과 교신을 끊자마자 시간이 역전되어 두 명의 경찰관들이 다시 살아났기 때문이라고 말했다. 무슨 말인지 알겠는가? 그는 확실히 미쳤다.

　금속 탐지기를 뚫고 들어가, 경찰들이 미처 대응하지도 못한 상태에서 그 경찰들을 총으로 쏴 죽인 정황으로 볼 때 웨스턴은 분명 이성 상실 상태였다. 웨스턴이 제정신이 아닌 것이 그토록 분명하건만 그는 왜 정신병원이 아니라 노스캐롤라이나주 버트너 연방 교정형무소의 독방에 담요를 뒤집어쓰고 앉아 있어야 하는 것일까?

왜 치료받지 않는 것일까?

웨스턴이 유죄가 확정되면 사형을 면치 못할 것이라는 점을 웨스턴 측 변호사는 알고 있다. 웨스턴이 경찰들을 죽인 일은 의심의 여지가 없기 때문에 웨스턴의 정신 이상 상태를 강조하는 것만이 유일한 항변거리이다.

그런데 변호사 동의 없이는 웨스턴은 어떤 종류의 항정신병 약품도 처방 받을 수 없다. 변호사는 웨스턴이 치료약을 먹으면 멀쩡한 상태로 보이게 되어서 사형을 선고 받을까봐 염려하고 있다. 그래서 2년 동안 웨스턴은 아무런 치료도 받지 못한 채 황량한 독방에 격리되어 있는 것이다.

지금 벌어지고 있는 상황은 완전히 야만적인 일이다. 웨스턴이 사형당하지 않도록 하기 위해서 그를 정신 이상 상태로 방치하다니 이런 상황 자체가 미친 것이 아니고 무엇인가?

웨스턴의 변호사들이 제정신이 아닌 웨스턴을 너무나 끔찍한 환경에 그냥 살려둔다고 해서 웨스턴에게 좋을 일은 하나도 없다. 만약 웨스턴이 똑같은 상황에 처해있는 개나 고양이였다면 그를 도우려는 항의가 빗발쳤을 것이다.

하지만 설상가상으로 웨스턴이 정신 이상을 이유로 변호 받을 수 없고 정신 병원에 영구 입원할 만한 상태도 아니라면 변호사들이 법원을 상대로 항변을 할 이유가 없다. 또한 재판을 벌일 이유도 없다. 웨스턴이 두 명의 경찰관을 살해한 일은 분명한 사실이므로 그는 그저 사형을 당하면 그만이다.

웨스턴의 정신 상태에 대한 어떤 의심이 있다면 웨스턴이 국회의사당에 오기 전에 스스로 몬태나주의 헬레나에 있는 성 베드로 지역 병원을 찾아가서는 러시아 의원들과 계속 교신하게 하는 칩을 자기 머릿속에서 꺼내달라고 요구했다는 사실을 고려할 필요가 있다. 1996년에 그가 CIA 본부를 찾아가 황당한 이야기들을 뱉어내고 이리저리 돌아다닌 일들이 녹화된 비디오테이프도 있다. 가족들은 그의 정신병을 치료해보려고 갖은 애를 쓰다가 실패하고는 수년 전에 웨스턴을 멀리 떠나보냈다.

변호사들은 이 모든 사실을 알고 있었다. 하지만 웨스턴이 경찰들을 살해할 당시에 제정신이 아니었다고 모든 사람들을 믿게 할 유일한 방법은 웨스턴을 독방에 가두는 일뿐이라고 변호사들은 생각하는 것 같다.

웨스턴은 자기 의사에 상관없이 즉시 정신병 치료를 받아야 한다. 그런 다음, 재판정에 서야 한다. 그의 변호사는 웨스턴의 과거 이력을 밝히고 정신 상실 상태의 면책 특권을 주장한 후 착석하면 된다. 형사상 살인 유죄 의견을 내보이는 판사나 배심원의 발표는 즉석에서 기각되어야 한다. 결국 웨스턴은 가장 가까운 치료 감호 시설에서 여생을 보내면 된다.

그런 다음 우리 모두는 어떻게 미국에서 가장 약한 장애시민이 국회에서 두 명의 경찰을 죽인 다음에야 관심의 대상으로, 보호받아야 할 대상이 되었는지 곰곰이 생각해 보아야 할 것이다.

8

실험조작의 윤리

병원에서 받는 동의서 문제

*

요즘 라디오를 켤 때마다 왜 항상 의학 연구 관련 스캔들 소식이 흘러나오는 것인가? 행정부는 전국의 모든 재향군인 병원에서 시행되고 있는 모든 의학적 연구에 대해 전면적 조사를 벌이겠다고 발표했다. 이번 조사 결정은 파고, 노스 다코타, 앨버니, 뉴욕의 재향군인 관리 병원에서 의학 연구와 관련 피실험자들에게 '고지 후 동의서'를 하나도 받아놓지 않은 사실이 적발되었기 때문에 내려진 것이다. 보훈처는 또 다른 6곳의 재향군인 병원이 연방 규칙을 위반한 사안을 적발했다고 밝혔다. 이 위반 사항에는 연구 데이터를 조작한 사실과 피실험자에게 연구 참여 위험성을 제대로 고지하지 않은 사실이 포함되어 있었다.

이런 연구 스캔들은 단지 재향군인 병원에만 한정된 일이 아니다. 지난 몇 년 간 대학병원과 사립병원, 기업 등에서 얼마나 많은 규칙위반 사건과 은폐 사건 등이 줄줄이 적발되었는지 모른다.

의회와 행정부가 각 스캔들에 대해 보이는 기본적인 반응은 고지 후 동의 규칙을 더 엄격히 준수하라고 요구하는 것뿐이다. 안타깝게도 고지 후 동의는 효력이 없는 규칙이다. 그렇다면 '스스로 결정한 일이 의미 없다'고 말한다면 미국 문화의 가장 강력한 신화 '모든 사람은 스스로 자결 능력을 가진다'에 정면으로 반박하는 말이 될 수도 있다. 그렇지만 우리가 정말 의학 연구 스캔들을 종식하려고 한다면 이 신화를 깨뜨릴 필요가 있다.

왜 고지 후 동의가 신화인가? 피실험자 중에는 태아, 어린이, 중증 정신장애인, 코마 상태의 사람처럼 고지 후 동의를 할 수 없는 사람도 많다. 하지만 내가 말하는 대상은 물론 그들이 아니다. 평범한 보통 사람들에 대해 말하고 있는 것이다.

생각해보라. 평범한 사람들이 정말로 고지 후 동의를 하는 것이 가능한가? 그들 중 일부는 영어를 잘 하지 못할 수도 있고, 어떤 이들은 교육을 제대로 받지 못했을 수도 있다. 또 어떤 이들은 그들에게 설명을 해주는 하얀 가운을 입은 사람만 보면 겁을 먹을지도 모른다. 또 어떤 이들은 연구에 참가하고 싶은 열망이 너무도 큰 나머지 의사가 요구하는 것은 무엇이든 할 태세일 수도 있다.

한 정신과 전문의는 전 국민의 8%에 해당하는 사람들이 심각한 정신병을 가지고 있으면서도 진단이나 치료를 받지 못하고 있다고 한다. 하지만 누구도 너무 무능력하고 자격이 없다고 실험에서 배제되는 일은 없다. 게다가 어떤 사람은 경제적 보상에 정신이 팔려, 위험과 이득을 주의 깊게 고려하지 않기도 한다. 이와 같이 아주 많은 수의 미국인들이 우리의 신화대로 행동하지 못하고 있다. 신화대로라면 모든 미국인들이 위험과 이득을 꼼꼼히 따져서 연구 참여를 결정해야 하는데 말이다.

이 모든 사실들은 고지 후 동의에 대한 다양한 연구를 통해 알려졌다. 모든 실험 자원자들이 고지 후 동의서 양식에 있는 기술적인 정보를 이해하는 데 애를 먹는다. 그들은 10쪽이나 15쪽, 20쪽이나 되는 동의서에 무엇이 적혀있는지 기억하지 못한다.

그러나 미국 사회의 지배적 가치는 자기 결정에 대한 존중이므로 우리는 계속 '고지 후 동의'라는 규칙에 의존할 수밖에 없다. 동의서를 얻어내려는 사람은 어떻게 해서든지 동의를 받아내려고 안간힘을 쓸 것이므로 이 동의서가 보호책의 역할을 다하지 못할 수도 있다. 훨씬 더 안 좋은 문제는 앞서 재향군인 관리 병원의 경우에서처럼 연구자들이 동의를 받아내려고 애쓸 필요조차 없다는 점이다.

이 같은 연구에서 진정으로 피실험자 보호책을 향상하고자 한다면 우리는 신화에 바탕을 두지 않은 시스템을 만들어야 한다. 안타깝게도 연구 기관이나 환자인권보호 단체, 입법자들이 그 신화를 포기하려는 징조는 보이지 않는다. 고지 후 동의보다 더 나은 보호책이 생길 때까지는 조만간에 연구 스캔들이 뿌리 뽑히기는 어려울 것이다.

생화학 무기 실험의 문제

*

　지금까지는 테러리스트가 생물 화학 무기가 사용될지도 모른다는 경고에 그쳤지만 실제 사실이 될 수 있다. 유전학과 미생물학, 세균학, 생체 임상의학의 발전으로 군인, 민간인 할 것 없이 모두 새로운 위험에 직면해 있는 것이다. 전염성이 강한 합성 바이러스와 세균, 이른바 '퓨전' 독소, 스텔스 바이러스 등의 치명적인 새로운 독성물질 개발뿐만 아니라 이런 물질들의 새로운 이동수단인 유기성 및 무기성 화학물질이나 음식, 에어로솔, 미세 물방울이 개발되는 것에 대해 연방 정부와 주 정부, 국가안전보장국, 군대에서는 바짝 긴장하고 있다. 한편으론 기업 등 연구기관에서 정부와 민간의 막대한 투자 지원을 받아 백신이나 신약, 예방 물질들을 찾기 위한 연구가 시행되고 있으므로 이런 생물 화학 무기의 위협을 완화하기 위해 정부가 직접 나서지 않고 있다.

　그러나 이 분야의 연구가 폭발적으로 늘어나면서 윤리적 문제가 중요하게 수면 위로 떠오르고 있다.

　많은 연구 기관들이 독성 물질을 지원자에게 실험한다고는 하지만 이때에도 피실험자 연구 원칙을 기획하고 감독해야 하는 새로운 문제 때문에 골머리를 앓고 있다. 10년 전, 인간방사능실험 자문위원회의 최종 보고서에 따르면, 비밀 연구는 '고지 의무와 정보 기밀의 필요성' 사이에 충돌을 초래한다고 밝힌 바 있지만 (참조/ http://tis.eh.doe.gov/ohre/roadmap /roadmap/achre/report.html), 반드시 기밀로 행해져야 할 연구들도 있는 법이다.

문제는 연방 규제 당국과 과학 및 의학 저널들이 어떻게 이 비밀연구들이 인간 피실험자를 높은 윤리적 기준에 맞게 다루도록 보장하느냐에 달려 있다. 현재의 인간 피실험자 보호 원칙은 '생체 임상 의학에서 꼭 필요하고 일반화 할 수 있는 지식을 도출하기 위한 연구'에만 적용되고 있는 실정이다.

예를 들자면 새로운 진단 테스트나 신 치료법, 자연발생질병에 대한 새로운 형태의 예방법을 개발하는 연구를 말한다. 감사 기구와 규제 당국은 건강 향상을 위한 연구에 대해서 고지 후 동의 여부와 위험성과 그 이익성의 비율을 따져 허가한다. 고의적으로 피실험자에게 해를 끼칠 수 있는 실험에 관한 경험과 가이드라인은 거의 없는 실정이다. 지난 20년 간 인간 대상 실험은 세 영역에 한정되어 실시되었다.

첫 번째는 보통의 비치사성 바이러스 치료에 관한 연구이다. 이 경우, 바이러스 감염체가 필요하지만 피실험자에 대한 위험성은 극히 적은 것으로 알려져 있다.

두 번째는 신약의 안정성을 평가할 때 실시되는 '제1기' 임상 실험이다.

세 번째는 다양한 자극제에 대한 기본적인 생리적, 심리적 정보를 구하는 연구이다. 최근의 윤리 기준에 의하면 이 같은 연구의 피실험자는 세심하게 관찰되어야 하고 위험성은 최소로 유지되어야 한다.

생물 화학 무기에 관련된 연구의 피실험자는 독성물질뿐만 아니라 보통의 연구에 비해 더 높은 수준의 위험성에 노출되기 마련이다. 피실험자에게 고의적으로 해를 끼쳐서는 안된다는 의학윤리의 핵심 신조가 이러한 연구에서는 지켜지기가 어려울 것이다. 사실, 환경보호청에서는 현재 '안전 기준'을 세우기 위한 유독성 실험을 인간을 대상으로 시행하지 못하도록 하고 있다. 하지만 현재 이와 유사한 위험성을 지닌 연구들이 국가 안보상의 이유로 인해 더욱 중요해지고 있으며, 많은 사람들이 의무감이나 애국심, 혹은 경제적 보상을 위해서 이러한 실험에 자원하고 있다. 그리고 이러한 일들이 빠른 속도로 일어날 것은 자명하다.

그렇다면 이러한 종류의 연구들이 국가 안보 문제와 명백한 연관성을 가지는지에 대한 명확한 가이드라인이 필요하다. 또한 가이드라인에서는 피실험자를 누가 모집할 것인지, 피실험자가 보여주어야 할 능력은 어떤 수준인지, 피실험자에게 선택의 자유가 보장되는지, 어떤 강도의 경계선까지 사용할 것인지, 피실험자가 받게 될 보상은 어떤 것인지, 관리감독의 수준은 어떤지에 대한 내용이 다뤄져야 한다. 조사당국과 감사 위원회, 저널 편집자들은 이 연구와 관련되어 어떤 종류의 위험성이 존재하는지를 정확히 알아야 할 필요가 있으며, 연구 결과의 공개 제한 내에서라도 연구의 도덕성을 평가해야 한다.

누군가는 반드시 이처럼 인간 피실험자에게 고의적으로 해를 주는 어떤 연구라도 용인해서는 안 된다고 주장할 것이며, 그런 정책의 시행도 가능한 일일 것이다. 그렇다면 그런 실험을 하지 않아도 생물 화학 무기에 대한 방어책을 빠르게 찾을 수 있다는 점과 그 방어책의 효능을 믿는 자신감을 가질 수 있다는 사실을 분명히 내보여야 한다. 반면에, 국가가 서둘러 이 분야의 연구를 허락한다면 그 연구들을 공정하고 인간적으로 실행하며 그 연구에 대해 폭넓게 논의하며 가능한 한 빨리 철저한 논쟁을 벌일 수 있도록 하는 관련 규정을 반드시 마련해야 할 것이다.

병원관련 소송 유일한 승자는 변호사

*

미국에서 의료과실은 바로 소송으로 연결되고, 거액의 배상액이 걸린 문제이다. 이러니 하물며 의사들이 행하는 인간 대상 실험이 얼마나 힘이 드는 것인지 한 번 상상해 보기 바란다.

만일 지금 어떤 조치가 취해지지 않는다면 의사나 연구원들은 질병이나 장애에 대한 연구를 하느니 더 쉽게 살기를 선택하고자 할 것이다.

전국적으로 큰 관심을 끌었던 인간 대상 실험에 대한 소송 하나가 마침내 결론이 났다. 제임스 퀸은 51세의 나이로 필라델피아의 하네만 대학병원에서 사망했다. 그는 실험적 인공 심장을 이식받은 5번째 환자였다. 그 실험 장기는 2001년 11월 5일 그에게 이식되었으며 그 당시 그는 불과 며칠밖에 살 수 없다는 선고를 받았다. 퀸은 예상보다 더 잘 견뎌냈다. 그는 이식받은 심장으로 이후 1년 가까이 더 연명하다가 2002년 8월 25일 뇌졸중으로 쓰러졌으며 담당 의사가 인공 심장을 중지시켰다.

퀸의 아내는 남편이 실험에 참가하여 죽게 된 사실에 분노했다. 그녀는 만약 남편이 마지막 몇 달 동안 그렇게 힘들 것을 알았다면 절대로 인공 심장 실험에 동의하지 않았을 것이라고 생각했다. 또한 그녀는 자신이나 남편 모두 이 인공 심장이 얼마나 실험적인 장기인지를 알지 못했다고 주장한다. 그들은 그 기기가 그를 살릴 수 있다고만 생각했을 뿐, 그렇게 조금 더 살다가 비참하게 죽게 될지는 몰랐던 것이다.

퀸의 아내는 뉴저지의 변호사 앨런 밀스타인을 선임했다. 이 변호사는 최근 수년 간 새로운 치료법의 임상 실험 도중에 일어난 문제와 관련된 소송을 많이 맡아온 사람이다. 예를 들면 그는 유전자 치료법 실험으로 5년 전에 사망한 제시 젤싱어의 아버지를 변호하기도 했는데, 이 소송으로 2백만 달러의 합의금을 받아냈다.

결국 밀스타인 변호사는 위 퀸의 소송에서 얻어낸 합의금 12만 5천 달러의 1/3을 받았다. 그의 존재는 의료 과실 문제를 엉망으로 처리했던 법 시스템이 인간 대상 실험의 영역에도 빠르게 손을 뻗치고 있다는 점을 알려주는 신호탄이다.

이번 소송과 여타 유사 소송에서 문제가 되는 점은 소송이 인간 피실험자를 보호하는 데 하등의 도움도 되지 못한다는 사실이다. 여전히 의사들은 죽어가는 환자들에게 접근하여 신약이나 기계를 시도하도록 설득한다.

질병에 시달려온 환자들과 가족들은 희망을 원하기 때문에 고지 후 동의서 양식도 제대로 읽어보지 않고 완치가 될 것을 기대하면서 서명을 한다. 물론 완치는 거의 드문 결과이다. 모든 치료법은 초기 연구에서는 수백 번의 실패를 거듭하기 마련이다. 나중에서야 -고지 후 동의서 양식과 위원회 검토 사항, FDA 분석 자료, 환자인권운동가의 개입에도 불구하고 - 환자와 가족은 실험이라는 것이 때로는 환자에게 해를 입히고 사망에까지 이르게 할 수 있는 위험하고 비참하며 어려운 일이라는 것을 잘 이해하지 못했다고 말한다.

그 시점에서 환자 가족들 자신이 부당한 취급을 받았다고 생각한다면 구급차 뒤만 따라다니는 밀스타인 같은 변호사만이 그들이 선택할 수 있는 유일한 끈이다. 하지만 의료 과실 사건에서도 이미 분명히 드러났듯이 의사와 병원이 관련된 소송에서 유일한 승자는 변호사뿐이므로 이것은 선택이라고 할 수도 없다.

20년이 넘도록 여러 위원회들이 인간 피실험 연구에서 손해를 입은 피실험자에 대한 보상 기금을 마련하라고 요구해 왔다. 피실험자 보상이라는 시스템이 존재하면 퀸과 같은 사람들이 연구는 치료가 아니라는 점을 확실히 알 수 있게 될 것이다. 또한 이는 의료 과실 때문에 미국 의료계 전반에 만연하는 위기 상황이 연구 분야에까지 퍼지는 것을 막아주는 역할을 할 것이다.

연방 정부가 조치를 취하지 않는다면 신약이나 기기 실험시에 무슨 일이 벌어지는지 잘 모르거나 그 실험으로 손해를 입게 되는 사람들은 변호사에게 의지할 수밖에 없게 된다. 이런 추세가 계속된다면 미국에서 어떤 연구가 시행되어야 할지를 결정하는 일은 연구자가 아니라 변호사의 몫이 될 것이다. 그렇게 되기 전에 인간 대상 실험연구에 지원한 사람들이 공정하게 대우받도록 확실한 조치를 빨리 취해야 할 것이다.

환자의 알권리

*

귀 기울여 들어보라. 죄인들이 죽어서 간다는 펄펄 끓는 용광로에 얼음이 갈라지는 소리가 들리지 않는가? 원래 지옥이라는 곳이 얼어붙어 있었던가? 정말 사실인가? 미국 의학협회가 회원들의 이익만을 보호하던 오랜 역사를 깨고, 공익을 위한 건전하고 대담한 아이디어를 실행했다는 것이 진짜 사실이란 말인가?

미국 의학 협회는 연방 정부가 등록부를 만들어서 모든 임상 실험 중인 약품에 대한 결과를 공개적으로 볼 수 있도록 하자는 의견을 통과시켰다. 이는 누구라도 약품의 효력이 어떤지, 어떤 약이 실패작인지, 어떤 약이 위험한 부작용이 있다고 알려진 것인지를 알 수 있게 된다는 뜻이다.

학문 연구자들은 연구 결과가 좋지 않으면 연구 논문을 출판하는 데 어려움이 많다. 부정적인 연구 결과는 대부분의 저널 편집장이 통과시키지 않기 때문이다. 결과가 좋지 않은 연구 논문이 저널에 실린다하더라도 누구도 그 논문을 보고 싶어 하지 않을 것이다. "감기는 치료약이 없다." 라는 신문 기사 헤드라인은 누구도 읽거나 듣고 싶어 하지 않는다.

연구자들이 부정적인 결과를 알리는 문제보다 더 문제가 되는 것은 연구를 후원하는 사기업의 태도이다. 제약 회사와 생명공학 회사들은 신약과 의료 기기 최종 실험에 막대한 후원을 하고 있다. 민간 제약 회사가 그들의 약품과 관련하여 부정적인 결과나 사망 사건이 일어난 것을 알게 되었다 하더라도 그들이 의료 전문인이나 일반 대중에게 그 사실을 알려야할 어떤 의무도 없다. 기업들은 이 같은 자료를 자사의 소유물이라고 생각하기 때문이다. 이들은 FDA에만 알리면 되도록 로비를 벌였으며 어떤 기업은 좋지 않겠다 싶은 결과를 내는 연구는 조기에 접기도 했다.

가장 최근에 일어난 연구결과 은폐 사례는 어린이와 관련된 연구이다. 제약 회사의 연구 결과, 항우울제 복용과 어린이 자살 위험률 증가에는 분명한 연관성이 있다는 증거가 나왔다. 하지만 그들은 그 증거를 은폐했다. 뉴욕 주의 강경한 검찰 총장인 엘리어트 스피처가 그 제약 회사를 법정으로 끌고 나온 후에야 그 연구 결과가 공개되었다.

미국 의학협회의 의사들은 모든 실험적 데이터 - 좋든 나쁘든 관련 없든 - 에 대한 용이한 접근성이 보장되지 않으면 그들도 환자를 위한 최선의 치료법을 알 수 없다는 사실을 깨달았다. 게다가 그들은 부정적인 데이터에 대한 공개 없이는 제약 회사의 마케팅부가 최고라고 선전하는 약을 처방할 수밖에 없다는 사실을 인지한 것이다.

인간을 대상으로 하는 신약 실험에서 나오는 모든 데이터가 공개되어야 하는 또 하나의 이유가 있다. 그것은 연구자와 후원자가 모든 피실험자와 맺은 암묵적 계약에 속한다.

암이나 당뇨, 파킨슨씨병, 천식, 우울증, 편두통을 앓고 있는 사람이 새로운 치료법을 찾기 위해서 임상 실험에 참여하겠다고 동의하면 그 사람은 연구 참가로 인한 직접적인 이익을 얻을 수 있을지는 잘 모른다는 말을 듣게 된다. 그러나 연구는 종종 좋은 결과를 내지 못하기도 한다. 하지만 연구에 동의한 환자들은 연구에 참가하기로 한 일이 아무리 효과가 없더라도 의사들에게 도움을 주는 일이고 후세대에게 혜택을 주는 일이라는 말을 들었기 때문에 승낙했던 것이다.

이는 의학적 연구에 참가할 만한 큰 이유가 된다. 하지만 부정적인 결과가 발표되지 않고 나쁜 결과들이 은폐되면 아무 것도 배울 것이 없게 된다. 그러면 연구의 위험과 불편, 성가심을 감내한 사람들에게 한 약속을 깨는 일이 되는 것이다.

의학은 상업적 이익보다 알 권리를 우선할 때 더 발전할 수 있을 것이다. 누가 비용을 대는가에 상관없이 모든 실험의 데이터는 국가 등록부에 기재되어, 보기를 원하는 모든 사람에게 공개되어야 한다.

알권리는 의학 실험의 모든 주체들이 당연히 가질 수 있는 권리일 뿐만 아니라, 이러한 등록부의 존재로 인해 의약품이 더 효과적이고, 더 값싸며, 더 안정적인 것이 될 수 있을 것이기 때문이다.

홉킨스 병원의 불법

*

존스 홉킨스 대학 병원에서 연방 정부 후원의 연구가 중지 명령 당한 일은 비록 며칠 동안일 뿐일지라도 정신을 멍하게 만드는 믿을 수 없는 사건이다. 올해의 그 어떤 의학 뉴스나 획기적 발전 사항보다도 더 충격적이다. 미국 최고의 병원이 윤리적 사안 위반으로 인해 연구 정지를 당하다니, 정말 믿어지지 않는다.

미국에서 연방 정부의 연구비를 많이 받는 최대 수혜자인 존스 홉킨스 병원은 인간 피실험자와 관련된 거의 모든 연방 정부 후원 연구를 금지당했다. 병원으로서는 사형 선고를 받은 것이나 마찬가지이다.

원래 이 같은 벌칙은 거의 부과되지 않았었다. 피실험자는 연구에 끝까지 참여할 수 없고, 환자는 새로운 실험에 등록할 수 없으며 시간에 민감한 연구 결과들이 수행되지 못하는 등, 그 영향이 막대하기 때문이다. 기술자들에게 줄 돈이 없고 연구자들은 실험 장비와 재료비용을 댈 수 없다. 과학자들은 수년은 아니더라도 수개월 동안 일을 잃게 될 위험에 처했다.

홉킨스 병원이 자초한 것이라고 주장하는 사람도 있을 것이다. 어쨌든 건강한 엘렌 로쉬가 연구 실험에 참여해서 목숨을 잃었기 때문이다. 그 연구는 약한 천식을 일으키는 물질에 대한 반응을 보고 인간 몸이 폐질환에 대해 어떻게 방어하는지를 알아내기 위한 것이었다.

홉킨스 병원은 그런 실험에서 취해야할 윤리적 원칙을 지키지 못했다고 이미 인정했다. 피실험자의 이익을 위해서가 아니라 정보를 얻기 위해 행해지는 그 같은 연구에서는 철저한 고지 후 동의서를 받아야 하고 원내 위원회가 그 실험을 주의 깊게 감시해야 한다.

그러나 홉킨스 병원의 임상 연구 중단은 더 깊은 병의 증상일 뿐이다. 모든 미국 병원과 클리닉, 실험 시설, 종합 병원이 연구와 관련된 사람들을 적절히 보호하지 못하고 있는 실정이다. 한 병원만의 잘못이 아니라 미국 전역에 만연한 이 같은 윤리 원칙의 붕괴로 인해 나타나는 문제인 것이다.

인간 피실험 연구의 보호 시스템은 병이 든 게 아니라 사망한 상태이다. 지난 5년 동안 윤리적 원칙을 위반한 병원들의 명단에는 연구 실험을 하는 모든 병원들이 다 올라가 있다. 시애틀의 프레드 허치슨 암 센터, 펜실베이니아 대학병원, 듀크 대학병원, 일리노이 대학병원, 서부 로스앤젤레스 재향군인 관리 병원, 버지니아 커먼웰스 대학 병원, 캘리포니아 대학 병원 등등 명단은 끝이 없이 계속 이어진다.

세계에서 가장 선도적인 의학 병원이 인간 피실험자에 대한 연방 규율을 따르지 않아 연구 활동을 전면 중지 당했을 때는 이제 그만 기존 규율의 사망을 선고하고, 새로운 치료법을 찾기 위해 체계적인 노력을 기울일 시기가 된 것이다.

미국은 인간 피실험자 보호에 관련된 현재의 법률과 정책들을 전면적으로 철저히 재조사할 필요가 있다. 이와 더불어 그 같은 실험의 시행에 관한 법률의 정비는 물론 연구자들에게 주의 의무를 가르치는 교육적 노력과 그 적절성을 재평가하는 정책, 그리고 이러한 보호책들을 시행하는 데 드는 비용을 정확히 평가하기 위한 법률 등도 새롭게 손보아야 한다.

정말 문제는 행정부와 의회가 인간 피실험자의 보호 문제를 심각하게 받아들이고 있지 않다는데 있다.

의학적 연구는 모든 미국인과 그 후손들의 건강과 웰빙을 위한 핵심적인 사안일 뿐만 아니라 우리 경제의 주요 엔진이자 전 세계 사람들의 삶을 획기적으로 바꿔줄 혁신의 원천이다.

피실험자들이 존스 홉킨스 병원처럼 우수한 병원에서도 안전하지 않다고 말하는 것은 그 병원을 비난하고자 함이 아니다. 임상 실험에 관한 한 모든 병원과 기업들이 윤리적 비난을 받을 수 밖에 없는 이 상황을 수년간 알고도 방치했으며 이제까지 이 문제를 진지하게 다루지 못한 우리 사회를 비난하는 것이다.

연구에는 위험이 따른다. 새 치료법이 효과가 있다는 점을 보여주기 위해서 때로는 환자의 질병을 호전시키지 못할 물질이라는 사실을 알면서도 환자에게 주입하여 위약군과 치료군의 대조 실험을 하기도 해야 한다.

때때로 피실험자에게 나쁜 반응과 증상을 야기하는 약을 사용해야만 할 연구도 있다. 연구는 건강하지 않은 사람뿐만 아니라 건강한 사람을 대상으로도 행해져야 한다. 또한 연구는 어린이에게도, 정신 장애나 인지 장애가 있는 사람에게도, 약물 중독자에게도 시행되어야 한다. 연구는 응급실에서도 행해져야 하며 죽어가는 사람을 대상으로도 행해져야 한다. 연구와 함께 모든 과정은 윤리적으로 시행되어야 한다.

이제 보건 복지부와 백악관, 의회가 이 문제를 다루고 필요한 기금을 마련하여 문제를 고칠 때가 왔다. 이 같은 실험에 이타적으로 자신을 희생한 사람들은 그만한 대접을 받아 마땅하다.

존스 홉킨스 병원은 문제가 되지 않는다. 하지만 이 우수한 병원을 잠시나마 마비시킨 이 중대 사건은 문제 해결의 시발점이 되어야 할 것이다.

커피, 핸드폰, 감자튀김,
예방접종의 부작용

*

몇 달 마다, 매우 곤혹스러워하는 부모들이 나에게 전화를 걸어온다. 그들은 자녀에게 MMR 백신(홍역, 볼거리,풍진 등 종합백신) 접종을 받게 해야 하는지 말아야 하는지 알고 싶어 한다. 그들 대부분은 MMR 백신과 자폐증이 연관이 있다는 이야기를 들었거나, 인터넷으로 관련 기사를 보았기 때문이다. 알려진 대로 자폐증은 심각한 두뇌 질환으로, 증세가 심할 경우 자폐아와 부모 사이의 의사소통은 불가능하다.

현재 나는 소아과 전문의가 아니며 심지어 개업의도 아니다. 그래서 나는 부모들에게 그들의 주치의와 그 문제를 신중히 의논할 것을 권한다. 덧붙여 내 아들은 이미 MMR 접종을 받았으며, 만약에 다시 하라고 해도 나는 망설이지 않겠다고 말해 준다.

모든 부모들이 자폐증에 대해 걱정하는 것은 당연하다. 미국에서 자폐증은 증가하는 추세이다. 지난 10년 간, 자폐로 진단받은 아이들의 비율은 해마다 약 15 %씩 증가하고 있다.

지금까지 유례를 찾아보지 못한 정신 질환의 유행이다.

하지만 자폐증의 공포로 패닉 상태에 빠져있는 부모들이 MMR 백신을 자폐증이 증가하는 원인이라 생각하는 것은 틀린 생각이다. 자폐증이 급증하고 있는 이유가 무엇이건 홍역, 볼거리, 풍진 예방접종 때문은 아니다.

어째서 사람들이 자폐증의 증가를 예방접종 탓으로 돌리는 것일까? 1998년 영국 의학저널 '랜싯' 지에 12명의 자폐아 중 8명이 그들이 MMR 백신 접종을 받은 직후부터 자폐 증세를 보였다는 연구 보고서가 게재되었다. 이 연구 결과는 영국과 미국의 많은 부모들을 공포에 몰아넣었으며, 그들은 자녀들에게 예방접종을 받게 하지 않았다. 때문에 영국의 현직 수상인 토니 블레어는 부모들에게 자녀들의 백신 접종을 망설이지 말아달라고 요청하기까지 했다. 이후 그는 타블로이드지로부터 총리 자신의 아들은 백신 접종을 받았는지 밝힐 것을 강요받는 곤혹을 겪어야 했다. 분명한 것은 언론이 야기한 이러한 두려움이 예방접종으로 충분히 방지할 수 있는 홍역, 볼거리, 풍진의 발병을 초래했다는 것이다.

근래 '랜싯' 지의 저자들은 그들이 6년 전에 기술한 내용을 철회하였다. 지난 달, 원문의 저자 열 세 명 중 열 명이 최초 보고서에 나온 데이터가, 백신으로 인하여 자폐증이 발병한다는 가설을 입증한 것은 아니라고 인정하였다. 그들에게서 이러한 고백을 얻어내는 과정은 쉽지 않았다. MMR 백신과 자폐증 사이에는 그 어떤 연관도 없음을 주장한 일련의 연구들의 한 목소리가 필요했으며, 여기에는 2002년 영국에서 나온 포괄적인 연구 결과와 연이어 미국 과학아카데미 의학연구소가 발표한 빈틈없는 보고서의 힘이 컸다. 이들 연구진은 원문의 저자들이 자폐증과 MMR 백신 접종 사이의 연관은 본질적으로 틀린 이야기임을 시인하게 하기 위해 꾸준히 노력해왔다.

그렇지만 최초 보고서로 인해 발생한 모든 손해와 우려들을 고려해보면, 어째서 애초에 이 논문이 의학저널에 실릴 수 있었는지 묻지 않을 수 없다. 일부분 그것은 그 연구가 소수의 아이들을 대상으로 한 연구임에도 불구하고 마치 아주 중요해 보이는 어떤 관련성을 찾은 것처럼 포장되었기 때문에 가능하였다. 거기다 언론은 이 미미한 연구를 주요 뉴스의 헤드라인으로 탈바꿈 시켰다. 저자들이 원문의 데이터가 암시하는 것 이상을 사람들에게 보여주고자 했던 것도, 그 연구 결과가 주목을 끄는데 한 몫 한 것 같다.

원문 대표 저자는 당시 백신 제조업자들과 자폐 아동 부모들 사이의 소송을 뒷받침해줄 만한 논거를 원하는 변호사들에게서 돈을 받을 예정이었는데, 당연히 그는 '랜싯' 지의 편집자에게 그 돈에 대하여 말하지 않았다.

이 이야기가 주는 교훈은 분명하다. 언론, 1차 진료 담당 의사들, 잡지 편집자 그리고 부모 등 모든 이들이 의학적 위험에 관한 최신 연구 결과를 다루는 데 있어 보다 신중해야만 한다는 것이다.

'커피를 그만 마셔라, 핸드폰을 머리에 대고 있지 마라, 감자튀김을 먹지 마라, 또는 아이들에게 예방접종을 하지마라' 등의 사회적 파장이 큰 주장을 발표하려면, 그 연구에 걸린 시간보다 훨씬 더 오랜 시간을 들여 결정해야만 하는 일이다.

의학에서 의약품이 실제로 무엇에 어떻게 영향을 미치는지 증명하기란 어려운 일이다. 다만 분명한 것은 MMR 백신처럼 실제로 효과적으로 잘 듣는 약을 내던져 버리는 일이 결코 간단한 일이 되어서는 안 된다는 사실이다.

9

대중과 사회의 윤리

한국 황우석 박사 스캔들의 교훈

*

세계최초로 인간배아를 복제하여 줄기세포를 만들었다고 대대적으로 발표했던 한국 황우석 박사팀에 대한 뉴스가 점점 더 최악으로 치달았다.

그 당시 한국의 연구팀과 이를 이끌던 연구자인 수의학 박사 황우석은 현대과학의 정상에 올랐었다. 그 해 2월에 사이언스지에 세계 최초로 인간배아복제에 성공한 논문을 발표하였다. 이들 한국의 과학자들은 피츠버그 대학의 제랄드 세튼 교수와 공동연구를 하였으며, 유전자를 복제한 인간 배아세포를 서른 개 보유하고 있다고 보고하였다. 이어진 논문에서는 또한 이 줄기세포들이 여러 질병을 앓고 있던 이들 세포의 최초 공여자들과 유전적으로 일치하였다고도 발표하였다.

황우석 교수는 한국에서 순식간에 유명인사가 되었다. 한국 정부에서는 그의 실험실에 돈을 쏟아 부었다. 한국 정부는 나아가 세계적으로 유망한 이 의학 분야에서 한국의 성공적 연구결과와, 한국이 선도 기술을 가졌다는 사실에 매우 고무되었고, 그 해 8월에는 황박사의 지도하에 전 세계에서 행해지는 줄기세포 연구에 배아세포를 공급할 수 있는 국제 줄기세포 허브를 설립하겠다고 발표하였다.

이제 세계는 황우석 박사가 자신의 연구에 사용된 난자를 어디서 얻었는지 알게 되었다. 또한 그의 논문을 실어준 저널에 조작이 있었다는 사실도 알게 되었다.

이번 사건은 다행히 황우석 박사 연구팀에 의해 스스로 밝혀졌다. 연구자 중 한 명이 사이언스 지에 발표된 논문의 주요 데이터가 조작되었다고 폭로한 것이다. 황박사는 처음 이 주장을 부인했지만, 그의 석연치 않은 행동과, 불일치한 증언은 과학계의 조사를 가속시켰다.

예상했던 대로 줄기세포 연구 반대론자들은 이번 사태와 황박사의 불명예에 기뻐하고 있다.

리처드 도어핑거 생명체운동협회의 부회장과 미국 추기경회는 유전자 복제 연구를 지지하는 모든 캠페인은 거짓과 과장, 위선으로 가득 차 있다고 이번 기회에 소리 높였다.

도어핑거와 같은 줄기세포 연구 반대자들은 생명과학의 장점과 환자들의 사정은 외면한 채, 한국의 스캔들이 줄기세포 연구의 악을 증명하는 것처럼 비난하고 나섰다. 그들은 피부세포에서 얻은 DNA와 사람의 난자를 이용하여 사람 배아세포를 만들어 줄기세포를 추출한다고 강하게 비판한다.

이번 사건으로 한국 과학계는 완패했고, 반대론자들이 환호하고 있는 동안에도 전 세계에서 수많은 사람들이 불치병으로 죽어가고 있으며, 불구자가 되어 잔인한 고통을 받고 있다.

하지만 이번 일이 주는 진짜 교훈은 이것이 아니다. 우린 이 사건에서 무엇을 배워야 할까?

과학은 과학자의 정직과 성실에 대한 신뢰를 바탕으로 한다. 아마도 다른 어떤 학문보다 정직과 신뢰에 더 의존하고 있다고 말할 수 있을 것이다. 과학저널에 논문을 싣기 위해서는 실험결과와 방법이 같은 분야 전문가들의 엄격한 심사를 통과해야만 한다. 다른 과학자들이 저널을 보고 똑같은 실험을 반복하면 동일한 결과를 얻을 수 있어야 한다.

그래서 무엇인가 조작되었다면 밝혀지는 것은 시간문제일 뿐이다. 궁극적으로 과학 논문은 일종의 자기 기술서이다. 심사위원회는 기본적으로 과학자, 발표자가 하는 말을 신뢰한다.

그들이 진실을 발표한다는 믿음 하에 논문을 게재하는 것이다. 과학자들 또한 함께 한 제자와 연구원들을 믿어야 한다. 이런 신뢰가 무너지면 과학의 모든 가능성들이 위협받는다.

이것이 오늘날 젊은 과학자들에게 보다 더 성실성을 강조하는 이유이다. 한국에서의 이 비윤리적인 사건은 상하관계가 강압적이고, 큰돈이 되며, 매우 경쟁적인 여건에서 탄생되었다는 사실이 밝혀졌다. 과학사를 보면 비슷한 사건은 많이 일어난다. 제임스 왓슨은 자신의 저서 〈이중나선〉에서, 공동연구자 프랜시스 크릭이 최초의 DNA구조를 밝힌 과학자가 되기까지의 허위와 속임수에 대하여 여실하게 밝히고 있다. 우리는 이번 스캔들을 통해 야망, 경쟁, 최고가 되려는 욕망 앞에, 세계적인 과학자들과 의학자들조차 비열해 질 수 있으며, 비도덕적인 일에 쉽게 넘어가고, 심지어 속임수까지 쓴다는 것을 다시 한 번 깨닫게 되었다.

우리는 황 박사와 그의 공동연구자들이 유전자 복제 배아에서 세포주를 만들었다는 말이 진짜인지 거짓인지 아직 잘 모른다. 하지만 적어도 그들이 난자를 어떻게 구했는지에 대하여 진실 되지 않았다는 사실이 밝혀졌으며, 이것만으로도 큰 비난을 받기에 충분하다.

정직과 성실은 개인적인 부분이라 할 수도 있겠지만 그 집단의 문화를 반영하기도 한다.

우리는 안다. 어떤 대가를 치르더라도 무조건 성공해야 한다는 거부할 수 없는 압력이 있는 시스템에서는 이런 일의 발생이 별로 놀랄 일도 아니라는 것을.

앞으로 이런 사건이 다시 발생하는 것을 예방하기 위한 중요한 열쇠 중의 하나는 줄기세포 연구가 제대로 평가되고, 연구에 참여하는 모든 연구자들이 존중받고, 성실성과 정직을 가르치고 배양하는 속에서 연구해야 한다는 것이다.

과학계 지도자들의 적절한 조언도 필수적이다. 연구실적에 대한 부담보다 도덕적 기준에 대한 교육이 중심이 되는 과학계가 되는 것이 시급하다. 이번 한국의 스캔들이 주는 진정한 교훈은 배아 줄기세포 연구가 윤리적인 방법으로는 수행될 수 없다는 것이 아니라, 윤리적인 방법을 통해서만 연구되어야 한다는 것이다.

스테로이드 정치가, 아놀드 슈왈제네거

*

이제 곧 캘리포니아 사람들은 아놀드 슈왈제네거(Arnold Schwarzenegger)를 계속해서 주지사로 임명할지를 결정해야 할 시기가 되었다. 하지만, 아놀드 슈왈제네거는 주지사로서 활동하기에는 적합하지 않음을 나타내 주는 윤리적인 문제에 봉착해 있는데, 이 문제는 그가 근육질 스타로서 활동하기 시작한 이후부터 그가 지지자들과 함께 당면해야 하는 과제이다.

하지만, 아놀드 슈왈제네거가 폭력적인 영화에 출현함으로써 큰 재산을 모았다는 사실이 주지사로서 적합하지 않다는 것이 아니다. 혹은 상세하게 기록되어 있는 여러 번의 성적 일탈행위 때문도 아니다.

할리우드에서는 잘 알려져 있고, 그에게 꼬리표처럼 따라다니는 사실은 그가 수 년 동안 스테로이드를 사용했었고 그가 사용했었던 약물은 현재 미국에서는 사용이 금지되어 있다는 것이다. 그리고 일반적으로 미국에서 약물 사용에 대해 큰 목소리를 내고 있는 사람들조차도 예전의 코난[1]

---

1) 슈왈츠제네거 초기작 '야만인 코난(Conan the Barbarian)' 제목에서 본뜬 그의 정치적 애칭

이 현재는 미국 내에서 가장 인구가 많은 캘리포니아 주에서 가장 큰 정치력 역량을 가진 사람이므로 그에 대해서 아무런 반박도 못하고 있는 실정이다.

아놀드 슈왈제네거는 그의 인생의 대부분을 보디빌더 또는 배우로 살아왔다. 두 직업 모두, 유난히 근육질인 그의 몸매가 확실하게도 유일한 재산이었다. 그리고 그를 유명하게 만든 그러한 몸매를 가지게 된 방법도 스테로이드를 사용한 때문이었다.

화학적인 도움 없이 아놀드 슈왈제네거처럼 될 수 있다고 믿는 의사나 스포츠 선수 트레이너는 없을 것이다. 과거에 그가 이렇게 약물 사용한 것이 자극이 되어(현재에도 계속 자극을 받고 있겠지만) 그와 같은 전철을 밟음으로써 자신의 생명을 위험하게 하는 젊은이들이 많이 있다.

영화에서 유명해진 아놀드 슈왈제네거의 근육이나 그 크기가 단순히 올바른 식이요법과 운동을 너무나 열심히 하였기 때문이라고 생각하는 사람이 있을까? 아마도 거의 없을 것이다.

아직도, NBA의 선수가 약물을 소지한 혐의로 체포가 될 때마다 신속하게 반응하며 형을 더 부과해야 한다고 주장하는 보수주의자들조차도 아놀드 슈왈제네거가 가장 큰 주인 캘리포니아를 이끌어가기에 가장 적합한 사람이라고 주장하고 있다.

또한, 생물학적 기술을 사용하여 우리의 신체를 재디자인하는 것이 비도덕적이라고 특집 기사나 잡지 등에서 강력하게 주장하고 있는 윌리엄 크리스톨, 빌 베넷, 챠알스 크라우트하머와 같은 신보수주의자들도 약물 사용으로 기능을 향상시킨 아놀드 슈왈제네거에 대하여는 아무런 언급도 하지 않고 있다.

주의하여 생각할 것은 스테로이드가 건강에 미치는 효과가 결코 작지 않다는 것이다. 간 종양, 암, 고혈압, 힘줄 괴사, 불임증 등이 스테로이드 사용과 밀접한 관련이 있다.

미국 관세청은 웹사이트를 통해, '스테로이드는 미국의 공공의 안녕을 위협하는 모든 불법의 약물과 같으며, 약물의 판매와 소지가 더 큰 범죄와 심각하게 연결되어 전 세계에 걸쳐 테러리스트들에게 자금을 지원하고, 사망, 중독에 이르게 하는 책임이 있는 불법의 마약과도 같다'고 게시해 놓았다.

그리고 약물 남용에 관한 국가 연구소(National Institute on Drug Abuse)에 따르면, 스테로이드를 가장 많이 사용하고 있는 계층이 중고등학교 학생들로서 그 사용률이 10년 전에 비해 50%나 상승했다고 웹사이트에 기록되어 있다. 그리고 지난 25년간 TV나 영화를 보면서 몸을 근육질로 만들기를 간절히 원했던 이들은 누구였을까?

아놀드 슈왈제네거를 주지사로서 지지하고 있는 많은 사람들이 백악관은 성적으로 문란하고 그런 행위에 대하여 거짓말하는 사람이 설 곳이 아니라는 것은 잘 알고 있다. 필자 스스로도 이에 동의하는 바이다. 그러나 이제 똑같은 지지자들은 자신들의 도덕적인 잣대를 다시 점검하여 주정부가 있는 새크라멘토에 자리를 차지하게 될 주지사 자리도, 자신의 행동에 대해 회개하고 있지 않은 약물 남용자가 설자리가 아니라는 결론을 내려야 한다.

할리우드 스타들 기금운동의 허실

*

자신의 영향력을 이용하여 여러 질병에 대하여 알리거나 기금을 마련하는데 노력하는 유명 인사들이 많아지고 있다. 줄리아 로버츠(Julia Roberts)는 레트 신드롬[1]을 위한 정부 기금을 얻어내려고 노력하고 있다. 슈퍼 모델인 크리스티 털링톤(Christy Turlington)은 폐기종(emphysema)에 대해 알리고 있다. 드라마 웨스트 윙[2]의 스타인 브래드 위트포드(Brad Whitford)는 자폐증에 대한 대변인 역할을 하고 있다. 또한, 아시다시피, 제리 루이스(Jerry Lewis)는 근육 장애를 위한 장시간의 텔레비전 방송을 거의 40년 동안 매년 노동절에 주최하고 있다. 하지만, 유명인들이 행하는 이러한 행사가 정말로 도움이 되는 것일까?

제리 루이스의 경우 그에 대한 비판이 많다. 일부에서는 온갖 가수들, 무용가들, 마술사 등을 동원하는 쇼가 결국은 '제리의 사람들'을 선보이

---

1) Rhett's syndrome, 주로 여성에게 나타나는 유전적 신경 발달장애, 반복행동 언어장애 등으로 자폐증으로 오인되기도 한다.
2) West Wing, 대통령과 젊은 참모들의 백악관 이야기를 다룬 미국 다부작 인기드라마

는 퍼레이드가 아닌가라는 의혹을 갖기도 한다. 그러나 이 텔레비전 방송을 통해 1700백만 불의 기금을 모으는 결과를 가져왔다.

그리고 줄리아 로버츠는 희귀한 유전병으로 알려진 레트 신드롬에 대한 기금을 마련해 주기를 촉구하는 발언을 국회에서 행하였다. 이 질병은 대단한 고통을 주는 질병이긴 하지만 많은 사람들이 앓고 있는 것은 아니다.

줄리아 로버츠는, 전신 마비가 되어 그에 대한 치유책을 찾아내기 위한 기금을 요청하기 위해 국회에서 발언을 행한 크리스토퍼 리브(Christopher Reeve)의 전철을 밟은 것이라 할 수 있다. 마이클 제이 폭스(Michael J. Fox)는 파킨슨병의 연구를 위한 후원자로 잘 알려져 있다. AIDS에서 유방암 그리고 난소암에 이르기까지 자신들이 가장 염려하는 질병에 대한 기금을 마련하기 위해 캠페인에 앞장선다거나 국회에 서는 유명인들은 이 외에도 상당히 많이 있다.

이들은 활약은 모두 큰 박수를 받을 만하다. 필자는 제리 루이스가 아직도 연례행사로 장시간의 텔레비전 방송에 그의 시간을 투자하고 있다는 사실에 대해 상당히 기쁘게 생각하고 있다. 줄리아 로버츠는 국회 앞에 나서는 수고를 행한 데에 대해 칭송을 받을 만하다. 마이클 제이 폭스는 이제 그리 멀리 않은 미래에 치유 방법을 제시할 수도 있게 된 과학을 이용하여 유명세를 탄만큼, 이 어려운 질병에 대한 관심을 갖게 하도록 노력을 하고 있다는 점에서 특히 높이 살만하다. 이들 유명인들은 당연히 좋은 일들을 하고 있는 것이다.

문제가 되는 것은 제리 루이스, 줄리아 로버츠, 그리고 마이클 제이 폭스와 같은 일들을 하고 있는 유명인이 아직도 충분치 않다는 것이다. 일부의 질병, 예를 들면 알파-1앤트립신병(alpha-1 antrypsin disease), 캐나반병[3],

---

3) Canavan disease, 유전성 퇴행성 뇌질환

다식증, 또는 낭창(결핵성 피부병, lupus)과 같은 병에 대해서는 나서려고 하는 유명인이 하나도 없다. 어떠한 질병은 평판이 좋지 않거나 설득력이 없어 유명인들의 관심을 끌고 있지 못하기 때문이다. 제니퍼 로페즈나 제니퍼 아니스톤이 요실금에 대한 연구를 종용하는 걷기 대회를 이끌고 있다는 것은 상상하기 어렵다.

유명인들이 행하고 있는 기금 모금에서의 문제점은 간단히 말하자면 공평하지 않다는 것이다. 국회의원들을 로비하려는 유명인들은, 때로는 국가에서 받은 연구 기금을 어떻게 사용하는 것이 가장 현명한 것인지를 알 수 있을 만큼 과학적인 지식이 충분치 않은 경우도 많다. 그래서 연구 기금이 제대로 쓰이지 못하게 되는 반면, 치료법이 알려져 있는 질병을 가지고 있는 사람들의 경우에는 기금만 있으면 치료될 수 있으나 그들에게 혜택이 돌아가지 않음으로써 치유될 수 있는 기회를 잃게 된다는 것이다.

확실한 것은, 유명인이 관련되면 질병에 대한 대중의 관심을 불러일으키거나 기금을 마련하는 데에는 큰 이익을 얻게 된다.

그러나 우리가 항상 기억해야 할 것은, 유명인들이 어떠한 질병에 대하여 치료법을 찾아낼 수 있다는 희망적인 이야기를 전달하거나 국회에 나아가 특정한 질병에 대하여 더욱 적극적으로 대처할 것을 요구하고 있기도 하지만, 그 반면에 이러한 똑같이 중요한 활동을 하고 있으나 단지 제리 루이스와 같은 유명인이 참여하지 않았다 하여 관심 밖으로 밀려난 다른 그룹들도 많이 존재하고 있다는 점이다.

윤리논쟁의 색깔론

*

60년 전, 독일 제국이 유럽과 전 세계를 지배하길 원했던 아돌프 히틀러의 원대한 바람은 연합국에 의해 무너졌다. 나치 독일은 멸망했으나 과학계에는 여전히 색깔론과 같은 '나치 비유법'이라는 망령이 따라 다닌다. 과학과 의학에 관한 윤리적 또는 정치적 쟁점에서 신중치 못하게 제시되는 나치 비유법으로 종종 그 논쟁은 끝이 난다.

줄기세포 연구, 생명연장 치료, 후진국에서 행해지는 의료 실험, 낙태 수술, 배아 연구, 동물 실험, 유전자 조작 또는 사회적 약자들에게 행하는 인체 실험 등은 그 연구 주제가 무엇이든 상관없이, '나치가 행한 정책을 참고하고 있다'라던가 '그 실험이 끝나면 인류는 나치 독일 제국으로 향하는 길 위에 있을 것이다'라는 나치 캐치프라이즈가 덧칠되면 더 이상 현대의 생명윤리 논쟁은 입을 닫게 되는 것이다.

슬프게도, 나치가 행한 것과 현재의 행위 사이에서 이러한 유사함을 끌어내는 사람들은 습관적이며 자신들이 스스로 무슨 말을 하고 있는지 모르는 경우가 많다. 나치 논리를 사용하는 것은 과학과 의학 내 윤리의 전장에 핵폭탄을 떨어뜨리는 것과 같다. 그 비유법의 오용은 정작 나치의 희생자들에게 모욕적이며, 당시 과학자들과 의사들로 인해 느껴야 했던 끔찍한 공포를 중요하지 않은 일로 만들며, 논쟁을 위해 나치의 주장을 ― 그들이 도덕적으로 옳지 않음에도 불구하고 ― 이해하려 노력해야 한다는 모순에 빠진다.

당시 나치 사고방식은 독일과 독일 제국의 지배하에 있는 국가들을 경제적 손실을 부르는 요인 즉, 정신질환자, 알코올 중독자, 정신박약자, 치매 노인과 같은 약자들로부터 자유롭게 하자는 것이다. 1차 세계대전 이후, 비참해진 경제적 상황이 주는 공포 속에서 나치는 이와 같은 사회적 약자들의 존재가 국가의 경제적 생존 능력을 약화시킨다고 보았다. 그리고 나치는 국가의 공공 건강을 위해 그러한 유전적 위협에서 보호되어야 한다고 생각했다. 나치가 이들을 유전적 위협이라고 본 것은 이러한 사람들이 열성 인종과 아리아인 부부 사이에서 태어난다고 보았기 때문이다. 유태인과 로마인 역시 유전적 퇴보라 여겼기에 위협 요인에 포함시켰다.

1920년대 초 독일 과학계와 의학계에서는 이처럼 인종 우생학이 주류를 이루었다. 안락사 찬성과 우생학 연구를 뒷받침한 이런 나치 유추법을 명심해야 하는 중요한 사실은, 과학과 의학, 기술과 관련한 오늘날의 윤리적 논쟁은 그러한 생각들과 아무런 관계가 없다는 것이다.

올해 초 미국의 몇몇 하원의원들과 종교 지도자들이, 치명적인 두뇌 손상 상태에서 영양공급 튜브로 10년 이상 생명을 유지해오던 테리 시아보에게 법원이 죽음을 허락한 것은 나치가 강제수용소에서 유대인들에게 행한 것과 유사하다고 말하였다. 그들은 무책임하게 나치식 논리를 오용하였다.

테리에게서 영양공급 튜브를 제거하는 것을 허락한 법원 결정은 그녀의 생존이 미국의 경제적 안정에 위협이 된다거나, 그녀의 인종적 배경이 미국의 인종건강에 위협이 될지 모른다는 믿음과 일말의 관계도 없었다. 법원의 결정은 그녀의 운명을 놓고 벌어진 싸움에서 누가 그녀의 의사를 가장 잘 대표할 수 있으며, 대중의 논쟁은 그래서 그녀의 자기 결정권이 존중받을 수 있는가의 문제였다. 자기 결정권과 같은 도덕 원칙이 나치의 안락사 프로그램 하에서 의도적으로 굶어죽는 사람들을 낳은 것이 아니다.

마찬가지로, 비평가들이 배아 연구를 수행하는 것이 죄 없는 생명을 공공의 이익을 위해 희생하도록 강요할 것을 용납한다고 비난할 때, 그리고 이를 유태인 강제 수용소에서 나치가 행한 연구와 비교할 때, 또 생명의학 연구와 나치의 논리 유사성과 비교하는 주장은 생명윤리 논쟁을 훼손하고, 나치의 절대적 부도덕성 판결마저 훼손시켜 버릴 위험이 있다.

나치는 강제 수용소에서 치명적인 인체 실험에 동원된 사람들은 이미 운이 다해 어차피 죽을 사람, 죄수, 인종적 위협요소로 분류되었거나, 전면전이라는 상황 하에서 제3제국의 안보를 위해 소모될 수 있는 대상으로 간주된 사람들이었다고 교활한 논리를 펴왔다.

현대 과학과 의학에서 어떤 실험이나 정책을 비윤리적이라 판단하는 이유에는 여러가지가 있다. 하지만 그런 주장을 뒷받침하기 위한 시도로, 위에 언급한 나치 논리를 가져다 사용하는 것은 분명 몰상식하며 비도덕적이다. 제3제국이 멸망한지 60년이 지난 지금, 나치 논리를 끌어들이는 사람들이 보다 신중해야 하고 주의를 기울여야 하는 것은 아직 나치에 의해 고통 받고 죽임을 당한 사람들에게는 그때의 기억이 생생하기 때문이다.

아프리카의 AIDS 무료신약의 허실

*

만약에, 개발도상국가에서는 일단 걸리기만 하면 거의 사형 선고를 받는 것이나 다름없던 HIV를 약을 이용하여 만성적이라도 관리할 수 있는 병으로 바꿀 수 있다면, AIDS가 창궐한 가난한 국가 국민들에게 그런 의약품을 제공해야 하는 것이 우리의 윤리적 도리가 아닐까? 그러나, 사실은 그렇지가 않다.

AIDS는 현재 사하라 사막 이남의 아프리카 지역과 아시아 일부 국가에 번져 엄청난 수의 사망자를 내고 있다. 많은 수의 아프리카 국가에서 40세 이전 연령의 국민들 사이에서 AIDS가 주요 사망 요인이 되고 있는 실정이다. 그리고 러시아, 인디아 그리고 일부의 동유럽 국가에서도 AIDS의 위협이 빠른 속도로 번지고 있다.

AIDS는 아직도 미국에서도 주요 문제가 되고 있지만 과거에서처럼 치명적인 병으로 여겨지지는 않고 있다.

아프리카 국가와 미국을 비교할 때 사망자 수에서 차이를 보이는 것은 무엇 때문일까? 그 대답은 약품이다.

우리 사회를 날카롭게 파고들었던 치명적인 HIV는 강력한 신세대 약품으로 인하여, 치유할 수는 없어도 AIDS바이러스의 영향을 둔화시켜 환자들의 수명을 상당히 연장하는데 성공함으로써, 그 심각성이 다소 완화되었다.

이 신세대 약품에 드는 비용은 대강 추정하여, 한 사람당 일 년에 15,000불 정도로 상당히 비싼 편이다. 명백히 나타나는 바와 같이, 가난한 지역에 사는 국민들은, 이러한 약을 구입할 경제적 여건이 형성되어 있지 않다. 그렇다면, 해결책이란 너무나 명확한 것이 아닐까? 너무나도 필수적인 이러한 약품을 만드는 회사를 건립하여 약을 판매하여 큰 수익을 보장해주는 한편 가난한 국가의 국민들에게는 이를 많이 할인된 가격으로 판매하거나 아니면 무상으로 제공하는 것이다.

실제로, 국제기관, 정부, 그리고 환자들의 권리 옹호 단체들은 큰 규모의 다국적 제약 회사들에게 위에 언급한 바와 같은 방법의 해결책을 수행하게끔 엄청난 압력을 가하여 어느 정도 성공을 거두기도 했다. 큰 제약회사들에게 남아프리카공화국과 같은 가난한 나라에 AIDS 치료약을 무상으로 제공하거나, 작은 규모의 회사들에게 상표 등록을 갖지 않는 한 특허권은 이용하도록 하여 좀 더 값싼 약품을 훨씬 좋은 가격에 제조해 낼 수 있도록 하고 있다.

무상 제공이란 좋은 의미를 갖고 있다. 대규모의 제약회사들은 매년 몇십억 불이나 되는 이익을 창출하고 있다. 그렇다면, 왜 이런 회사들에게 가난한 사람들을 돕도록 종용하여 이 세상에 사망자가 생기지 않아도 되게끔 하지 못하는 것일까?

왜냐하면, 사실 결국에는 무상 제공이란 좋은 결과를 내지 못하기 때문이다. 북미나 서유럽 국가에서는 약품이 AIDS에 대한 해결책이 될 수 있는 반면, 아프리카나 그 밖의 빈곤한 국가에서는 약품이 그 해결책이 되지 못하고 있다.

그 이유는 간단하다. 개발 국가에는 약품을 무상으로 제공해 주어도 병원, 진료소, 깨끗한 물, 하수구 시설, 도로 또는 의사가 존재하지 않는 한 국민들에게는 그 만큼 효과가 나타나지 않기 때문이다. 예를 들면, 어떤 약품들은 음식과 같이 섭취하여야만 좋은 효과를 나타내기 때문이다. 그 말은 결국 기근이 계속되는 국가에는 약품을 제공해도 효과를 보지 못한다는 것이다.

또한 가장 최근에 개발된 항바이러스성 약품을 계속 사용하는 것도 쉬운 일은 아니다. HIV에 감염된 환자는 매일 30개 이상의 알약을 복용해야 한다. 어떤 약품은 물과 함께 복용해야 하지만, 음식과 같이 복용해서는 안 된다. 어떤 약품은 아침 일찍 복용해야 하는 반면, 어떤 약품은 밤 늦게 복용해야 한다.

이처럼 AIDS를 치명적인 상황에서 만성적인 병 형태로 서서히 변화하는 생명 유지 요법에 적어도 10개 이상의 약품이 관련되어 있는데, 그렇다면, 현재 개발도상국가에서 어떤 환자가 진료소에 가서 이런 모든 처방약을 받을 수 없다면 어떻게 될까? 혹은 모든 약품을 처방전대로 복용하지 않는다면? 오히려 HIV는 약품에 더욱 내성을 가진 형태로 변형된 상태로 증식되어 치료하기가 훨씬 어려워지거나 때로는 치료가 불가능해지기도 한다.

약품은 또한 AIDS에 대한 문제 해결의 중심이 되지는 못한다. 교육 프로그램이나 공중 보건에 대한 프로그램이 전혀 없는 국가에 단순히 약품을 제공한다고 해서 질병이 번지는 속도가 감소하는 것은 아니다. 약품을 배포하는 것이 공중 보건 캠페인과 연결되지 않는 한, AIDS가 확산되는 것이 멈추지는 않을 것이다. 약품의 가격이 높아진다는 것은, 약품을 무상 제공하는데 대하여 제약 회사나 그 회사 주주들의 인내심이 결국에는 사라지게 되고, 미디어에서 약품을 필요로 하는 사람들이 죽어간다는 먼 세상 사람들의 이야기를 알리는 데에도 식상하게 될 것이다. 그러다 보면, 수 년 후에는 자선 기관도 사라지게 될 것이고, 사람들도 냉담한 반응만을 보이게 될 것이다.

이들 가난한 국가가 진정으로 필요로 하는 것은 항상 그래왔던 것처럼 견고한 건강관리 구조 시설이다. AIDS로 죽어가고 있는 사람들은 약품이 필요하지만, 누울 수 있는 깨끗한 침상 그리고 마실 수 있는 깨끗한 물을 그 보다 더 필요로 한다.

진료소, 도로, 깨끗한 물 공급원을 건설하거나, 또는 AIDS 예방을 목적으로 하는 공중 보건 프로그램을 개발하겠다는 약속을 하지 않는 가난한 국가에게는 약품을 무상 지원해서는 안 될 것이다.

약품 그 자체만이 해결책이 아니기 때문이다. AIDS가 있는 가난한 나라의 환자들은 약품을 복용하기 위해 깨끗한 물도 필요하다.

사기꾼들에 농락당한 국립과학 아카데미

*

2001년 3월 국립과학아카데미 앞에서 세베리노 안티로니, 패나티 자보스 그리고 브리지트 부아셀리에가 최근 공표한 것에 관하여 가장 놀라운 점은 그들이 복제인간을 만들 계획이라고 이야기 한 것이 아니다. 이후 그들이 발생학, 동물복제, 인간 생육, 생물 윤리학 등 본질적으로 전혀 다른 분야의 모든 사람들에게서 전 우주적인 비난을 받았다는 것도 아니다. 그 발표에서 가장 당황스러웠던 점은 그 발표가 이루어진 장소였다.

국립과학아카데미는 미국에서 가장 중요한 위치의, 권위 있는 과학 집단 중 하나이다. 그들이 유전자 복제와 관련 심의를 받겠다고 결정했을 때, 주요 언론과 과학자들 그리고 의회의 관심을 받았다. 그런데 어떻게 위와 같은 일이 국립과학아카데미 같은 명성 있는 미국 과학계의 요새에서 환영받는 일이 가능했던 것일까?

브리지트 부아셀리에는 라일리언 산하의 클론에이드에서 실험실을 운영하고 있다. 라일리언 사는 인간이 외계생물체의 유전자 복제의 결과물이며, 유전자 복제 기술이 인간을 창조주 외계인과 더욱 흡사한 존재로 만들어 줄 것이라 믿는 회사이다. 어쨌든 자보스는 이번 발표로 켄터키 대학과의 제휴 협약과 그로 인한 법정 소송 등 자신을 둘러싼 과거 논란에서 벗어날 수 있었다.

안티노리는 그의 인공생식과 관련한 연구에서 윤리적인 한계를 넘어선 것 때문에 평판이 나쁘며 이 문제로 곧 의사 면허를 잃게 될 것이었다. 자보스와 부아셀리에 둘 다 의료계에서 통용되는 면허가 없기에 임상학자로 볼 수 없다. 그들 중 누구도 저명한 과학저널에 유전자 복제 연구에 관련 신뢰할 수 있는 연구 결과를 발표한 적이 없다. 그들 중 누구도 유전자 복제를 다루는 적절한 연구센터에서 어떤 지위나 활동도 가지고 있지 않다. 거기다 그들 중 누구도 성공적인 유전자 복제를 위해 요구되는 섬세한 기술을 습득하기 위해 동물 유전자 복제 실험에 참여한 경력이 없다. 말하자면 그들 세 사람 모두 과학계의 변방에 숨어있던 사람들인 것이다.

국립과학아카데미가 그들 세 사람과 같은 개인들에게 눈에 띄는 무대를 제공한 것은 그들이 과학과 사이비 사이의 경계를 무너뜨린 것을 용인하고, 그들이 하는 말을 합법적인 것으로 만들어 준 것이다.

과학적 창조론자들에서 외계인납치설 전문가에 이르기까지 많은 그룹들이 합법적으로 인정받기 위한 시도를 할 때는 신뢰받은 공공의 과학기구들이 가치 있는 과학과 없는 과학의 차이를 명확히 설정 해주어야 한다.

국립과학아카데미는 그들이 유전자 복제의 미치광이들과 동석하는 순간 이미 이러한 임무 수행에서 실패하였다.

패널에 참여한 전문가들이 자보스, 부아셀리에, 안토리니 세 사람의 실험에 대해 명백한 유죄 선고를 내려줄 것에는 의심의 여지가 없다. 틀림없이 국립과학아카데미는 이런 엉터리들이라도 주류 과학계의 연구 결과를 뒤엎을 만한 그럴싸한 실제 데이터를 가지고 있을지 모를 가능성이 백만 분의 일이라도 있다면 그들의 이야기를 듣는 것이 중요하다고 생각했을 것이다. 이들 사이비 과학자들을 과학자들과 동석에 앉힌 결정은 잘못된 것이었다. 국립과학아카데미는 그들이 진화론에 관해 일한다면, 창조론 과학자들을 초대할 것인가? 아니면 국립아카데미에서 수행할 암에 관한 연구를 위해 크리스탈의 치유 능력을 믿는 '과학자들'에게 초대장을 보낼 각오가 되어있는가? 그렇다면 점성학자들은?

이런 포럼을 과학적인 신용 보증서가 없는 그룹들에게 제공하면서, 국립과학아카데미의 이런 태도로 언론과 대중의 여론이 마치 이러한 주장들이 과학적 권위자들의 주장과 동등한 것으로 대우하도록 하였다.

어떤 것도 진실 그 이상의 것이 될 수 없다. 현재에 인간복제를 위한 시도는 분명 부정한 과학, 조악한 의학이며 비윤리적이다. 이러한 사실에 관하여 진지한 과학자들 사이에 의견 차이가 있을 수 있다고 생각하는 우를 범해서는 안 될 것이다.

10

장기기증과 이식윤리

인간의 고환을 쥐에게 이식하는 문제

*

펜실베니아 대학 수의학과 연구진들이 서로 다른 종과의 고환 조직 이식을 최초로 성공시켰다. 이는 최근에 이룬 과학의 가장 획기적인 발전임과 동시에 윤리적 우려에 불을 붙인 가장 최근의 일이기도 하다.

이들 연구진들은 다른 종들에서 정액 생성조직을 떼어내서 그것을 면역을 억제시킨 쥐의 등에 집어넣었다. 이식된 조직은 성공적으로 뿌리를 내리고 정액을 만들기 시작했다. 간단히 말해 펜실베니아 대학의 연구진들이 쥐가 염소나 돼지의 정액을 생성하도록 하는데 성공했다는 것이다. 그러니 인간의 고환을 쥐에게 이식하는 일은 곧 시간문제일 뿐이라는 이야기이기도 하다.

이러한 종류의 이식이 긍정적인 경우도 있다. 어떤 종, 예를 들어, 치타가 멸종 위기에 처한다면 치타의 정액생성조직을 쥐에게 이식하여 치타의 정자를 생성함으로써 치타의 종을 복원시킬 수 있게 된다.

거기다, 조직 이식으로 정자를 만들어 낼 수 있는 쥐는 정자 형성과정을 연구하는 과학자들에게 도움이 될 것이다. 연구의 결과 어떤 질병이나 장애가 동물에게서 불임을 일으키는지 밝혀낼 수도 있을 것이다.

윤리적 문제

하지만 이 실험에 분명 윤리적 문제들이 발생한다. 생식 세포를 다른 종의 생물에게 이식하는 것이 옳은 일인가 하는 기본적 의문이다. 어떤 사람들은 쥐가 염소나 돼지의 정자를 만들도록 하는 것이 부자연스러운 일이라고 말할 것이다. 그러나 이 논쟁은 그동안 과학자들이 아니 사람들이 의학, 농업, 동물 등의 놀라운 생육 과정에서 부자연스러운 것을 많이 개발해 온 것을 볼 때 그다지 의미가 없다. 결국 문제는 이와 같은 부자연스러운 일, 그토록 자연을 거스르면서까지 해야할만한 상당한 이익을 가져다주는지 문제이다.

그런데 그 실험대상이 인간에게까지 확대 적용되면서, 더 심각한 윤리적 문제들이 나타나고 있는 것이다. 인간의 정자를 이식받을 숙주 동물들의 종의 제한해야 할 것인가? '쥐 같은' 것을 말하는 것이다. 아무리 그래도 쥐를 인간의 불임을 연구하는데 이용해야 할까? 더 효과적인 남성 피임법을 개발한다고 하더라도 쥐를 이용한다면 우리의 기분이 아무렇지 않을 수 있을까?

암에 걸렸거나 방사선 치료 혹은 다른 의학적 처치 때문에 불임이 될 가능성이 있는 남성들은 어떻게 할 것인가? 그 사람은 자신의 정액 생성 세포를 쥐 안에다 저장해놓고 나중에라도 그가 자녀를 가질 수만 있다면 괜찮은 것 아닌가? 미래에는 사람들이 죽음을 극복하기 위해 자신의 정자를 쥐의 등에 영원히 저장하는 방법을 시도할 수 있다는 것이 더 이상 상상 불가능한 일이 아니다.

곧 닥칠 것이다. 우리가 이런 질문들에 대하여 대답하고 결정하여야 할 시간이. 이식된 정자에서 건강한 자손을 얻을 수 있게 되는 사실도 곧 알게 될 때도 멀지 않았다. 현재의 과정을 볼 때 이 질문에 답할 시간은 많이 남지 않았다. 당신 스스로 과연 이런 질문들을 받았을 때 어떻게 대답할 것인가를 생각해보라.

얼굴이식 문제

*

전체 안면 이식 수술법에는 기본적으로 두 가지가 있으며, 둘 다 기증자의 얼굴이 기증자가 사망한 지 6시간 이내 적출되어야만 수술이 가능하다.

기증자의 얼굴 피부는 물론 뼈까지 이식하는 방법은 보다 광범위에 걸친 대수술이다. 이 방법이 비록 그 과정이 복잡하긴 하지만, 수여자에게 심미적으로 만족스러운 결과를 줄 수 있다. 다만 수여자가 새로 갖게 된 외모는 본래 자신의 외모가 아니라 기증자의 외모와 흡사하게 될 테지만 말이다. 상대적으로 덜 위험한 두 번째 방법은 기증자의 얼굴 피부만 수여자의 골격 위에 이식하는 시술이다. 시술 후 수여자는 본래 자신의 외모와 기증자의 외모를 합친 듯 한 얼굴이 될 것이다.

사고나 질병의 후유증으로 끔찍한 외모를 갖게 되어 고통 받던 사람들은 이 안면이식 수술에 많은 기대를 걸고 있다. 그러나 아직 안면 재건을 위한 현재의 외과적 기술은 만족스럽지 못하다. 환자들은 여러 차례에 걸쳐 수술을 견뎌내야 한다. 거기다 수차례에 걸친 수술 및 모든 처치 과정이 있지만 얼굴 손상은 여전히 일부 남아 있으며, 기능적인 면에서도 표정 등으로 미묘한 감정을 표현할 수 없다.

많은 외과 의사들이 이식 수술이 안면 손상 환자들에게 눈을 뜨고, 입으로 음식을 먹거나 말할 수 있고, 사람들 앞에 당당히 설 수 있는 최상의 삶의 기회를 제공하리라 믿고 있다.

그런데 안면 이식 수술 성공 전망으로 제기된 수많은 윤리적인 문제에 부적절한 관심이 쏠리고 있다.

가장 분명한 것은 수술 실패의 심각한 위험성이다. 안면 이식 수술은 전적으로 실험 단계이며, 그 기초를 동물 실험을 다룬 몇몇 연구 결과에 두고 있다. 췌장 이식과 달리, 안면 이식은 상당한 양의 혈액이 필요할 뿐더러 복잡하게 얽혀있는 신경들을 제 기능을 발휘할 수 있도록 연결해줘야만 한다.

안면 이식과 가장 근접한 유형의 이식 수술인 손 이식 수술에서도 신경 재연결 과정에서 기대 이하의 결과가 많이 나온다. 하지만 손 이식 수술 결과 기능성이 조금 저하된다면 이는 용인될 수 있다. 그러나 신경을 연결하는 데 있어 안면 이식 수술은 손 이식 수술에 비해 훨씬 어려운 도전이다. 수여자의 얼굴을 망가뜨린 애초의 원인이 무엇이건 간에 신경 역시 그로 인해 이미 손상된 상태이기 때문이다.

또한 안면 이식 수술을 위해서는 지속적인 면역 억제 상태가 유지 되어야 하고, 그러기 위해서는 평생 면역 억제제를 복용해야 한다. 또한 면역 억제약은 그 부작용과 위험성이 상당해서 환자의 목숨이 경각에 달려있지 않은 이상 감내하기엔 벅찬 선택이다. 안면 이식 수술이 그러한 결과까지 책임지지는 못한다. 일단 얼굴이 이식되면 그 처치는 번복할 수 없다. 간단히 말해 만약 얼굴이 이식에 거부 반응을 보이면 남은 것은 끔찍한 고통뿐일 것이다.

누가 이러한 위험을 감수하기 위해 선택되겠는가? 심각한 안면 손상 환자? 최근에 얼굴에 손상을 입었거나 아니면 얼굴이 제 기능을 못하는 사람? 자신의 외모 때문에 불행한 사람? 아이? 어른? 말기 환자 아니면 가족이나 친구가 없는 사람? 그렇다면 이들은 수술이 실패해도 되는가? 수술 실패의 위험성 때문이라도 누가 제일 먼저 수술을 받을 것인가의 문제는 중대하다.

한편 안면 이식 수술이 성공했다하더라도 다음의 윤리적 문제가 남는다. 수여자의 개인 정체성이 받게 될 위협이다. 대부분 이식은 다른 사람들이 쉽사리 알아챌 수 없다. 그런데 안면 이식은 가장 눈에 띄게 식별할 수 있는 이식의 형태이다. 많은 연구들이 안면 손상 환자들이 그들의 정체성을 그들의 외모가 아닌 내면을 보고 정의하며, 때때로 그들의 외모와 정체성 사이에 아무런 관계가 없다고 느낀다는 결과를 보여주었다. 이러한 연구 결과가 사실이라 하더라도, 얼굴이라는 개인의 자아정체성과 가장 밀접한 연관을 맺고 있는 조직이 새로이 적응하기가 쉽지 않으리란 사실은 여전히 남아있다.

얼굴 기부를 놓고 나온 문제들 역시 전례가 없기는 마찬가지이다. 누구에게 기증을 받기 위해 접근해야 하는 지도 분명치 않다. 말기환자? 아무나 기증 카드에 서명한 사람? 전과나 정신 병력이 없는 사람들? 가족이 있는 사람들, 아니면 없는 사람들? 많은 지지자들이 안면 기증자와 수여자 사이에 성별, 인종 그리고 10세 안팎으로 나이를 맞추는 것이 필수적이라 말하고 있다.

자신의 얼굴이나 사랑하는 이의 얼굴을 기증한다는 것은 끔찍한 일이 될 수 있다고 내가 10년도 훨씬 전에 언급한 적이 있다. 고인의 가족들에게 부검 또는 장기 기증을 요청하는 담당자들은 시신의 얼굴을 보존하는 것이 고인의 가족이나 친지들에게 매우 중요한 일이라고 이야기한다. 그렇지만 미국의 장례식에서는 관을 열어 놓기 때문에, 가족이나 배우자는 얼굴이 없는 시신을 볼 때 죄책감을 느끼지 않을까? 사랑하던 사람의 얼굴이 다른 사람의 몸 위에 붙어 있는 것을 보는 것이 기증자의 가족이나 가까운 이들에게 어떤 충격을 줄지도 알 수 없다.

보통의 시신 기증에선 기증자의 신원이 노출되지 않지만, 안면 이식의 경우 수여자의 신원을 기증자의 친척이나 가족에게 숨기기란 상당히 어려울 것이다.

너무나 중요한 일이기에 안면 이식 수술이 일반 정형외과나 수술 팀에게 맡겨져서는 안 된다. 최초의 손 이식 이후 발생되었던 엄청난 사회적 논쟁과 대중의 우려를 다시 한 번 회상해보자.

생명도 새치기

*

 장기이식수술 대기리스트는 장기공유네트워크가 관리하고 있다. 버지니아 주 리치몬드에 본부를 두고 있는 장기공유네트워크(the United Network for Organ sharing)는 준공공기관으로 보건복지부의 자금 원조로 운영하고 있다. 전 국가적인 대기명단은 생명을 구하기 위해 새 장기를 필요로 하는 모든 이들에게 이식을 받을 수 있는 공평한 기회를 제공하기 위해 만들어졌다.

 토드 크램피츠가 새 간을 얻었을 무렵, 그 앞에는 칠천 명 이상의 사람이 대기자 명단에 올라 있었고, 그들 중 일부는 상태가 크램피츠 보다 심각하였다. 대기자 명단에서 새 간을 기다리던 이들 중 천 명 이상이 크램피츠와 마찬가지로 텍사스 주에 살고 있었다. 크램피츠가 새 간을 얻은 것에 무슨 문제가 있었을까? 그는 명단에서 자기 앞에 있던 칠천 명 이상의 사람들을 앞질렀을 뿐이다.

 크램피츠와 담당의는 장기를 배급하는 국가 시스템을 알고 있었다. 하지만 크램피츠 부부는 그 시스템을 빠져나갈 길을 찾기로 결심하였다. 그들은 휴스턴 주위의 지역에서 빌보드(프로그램 전후의 협찬 및 스폰서 소개)를 따냈고, 신문 광고 지면을 샀으며 여러 텔레비전 쇼에 얼굴을 드러냈다. 그들의 주된 목표는 미국인들에게 장기 기증을 하도록 설득하는 것이 아니라, 그저 크램피츠에게 직접 간을 기증해줄 사람을 찾는 것이었다. 이것이 이 일의 전모이다. 다른 주에 살고 있던 한 가족이 특별히 크램피츠 에게 간을 기증했고, 안타깝게도 이는 전적으로 잘못한 일이었다.

물론 토드 크램피츠는 자신의 생명을 구하기 위해 어떤 일이든 할 수 있는 권리가 있다.

하지만 1986년부터 운영되기 시작하여 장기 이식이 필요한 이들에게 기증받은 장기를 나눠주고 있는 시스템의 핵심은 현저히 부족한 장기 공급 상황에서도 모든 사람들에게 공평한 기회를 준다는 것이다. 누군가가 빌보드를 살 수 있을 경제적 여유가 있거나 미디어의 관심을 받는지는 상관없이 말이다.

장기 이식을 위한 시스템은 지난 20년간 잘 운영되어 왔다. 장기 이식 시스템은 혈액형, 조직 유형, 기증자의 몸집, 의료적 긴급성과 기증 받은 이후의 생존 가능성 등 복합적인 기본 원칙을 가지고 있다. 토드 크램피츠 는 이러한 판단 원칙 하에서 새 간을 얻은 것이 아니었다. 그가 수술을 받은 그 날 대기자 명단에 올라있던 다른 사람들과 비교하여 당장 죽을지도 모르는 위급한 상황 하에 있었던 것도 아니다. 그리고 그의 암은 이미 상당히 진행된 상태였기 때문에, 이식 수술이 성공하지 않을 가능성도 다분히 있었다. 텍사스 주의 한 이식 전문의는 크램피츠가 수술 받은 날이 새치기를 통해 장기를 탈취당한, 간 이식 역사상 가장 슬픈 날이라 선언하였다.

나를 포함해서 누구도 자신의 생명을 구하기 위해 무슨 일이든 해야 했던 사람을 시기하려는 것이 아니다.

미국 전역에서 다양한 배경과 경제적 수입을 가진 사람들의 새 생명을 살리기 위해 필요한 장기를 기증 받는 일, 우리는 이 귀중한 선물을 받을 기회가 장기를 필요로 하는 모든 이들에게 공평하게 주어질 수 있게 해주는 시스템을 가지고 있다. 토드 크램피츠는 이 시스템의 허점을 찾았고 그것을 이용했다. 결국에는 크램피츠가 자신의 차례를 기다리지 못해서, 빌보드나 텔레비전에 나오지 않은 누군가는 죽었다. 의회, 보건복지부 그리고 대통령은 한 개인의 이기심이 공공의 이익을 해하지 못하도록, 이 시스템의 허점을 없애기 위해 신속한 행동을 취해야만 할 것이다.

장기판매 사이트

*

2004년 10월 20일, 콜로라도 주 덴버의 외과의사들이 로브트 스미티 씨에게 신장 하나를 떼어내서 신장질환으로 고통 받고 있던 58세의 내과의사 밥 힉키 씨에게 이식하였다. 힉키씨는 'matcingdonors.com' 이라는 상업 웹사이트에 신장을 구한다는 광고를 내고, 광고료로 달마다 295달러를 지불하고 있었다. 테네시 주 체타누가에 살고 있던 32살의 파트타임 사진사 스미티 씨는 matcingdonors.com의 게시판에서 힉키 씨의 광고를 보았다. 그리고 그는 미국에서 사기업을 중개인으로 하여 낯선 이에게 장기를 기증키로 합의한 첫 번째 사람으로 알려졌다. 그러나 결국 로버트 스미티 씨는 같은 해 장기매매로 인해 감옥에 간 첫 번째 인물이 되었다.

당시 스미티 씨는 자녀양육비를 지불하지 못했고, 이식 수술 이후 그의 얼굴이 신문에 나면서 알려지는 바람에 콜로라도에서 테네시 주로 돌아오자마자 체포되었다. 그가 자신의 신장을 기증한 것이 아니라 판매하였다는 혐의는 여전히 여론을 들끓게 하고 있다.

로버트 스미티 씨의 신장 사건은 장기 이식을 기다리고 있는 사람들이 생판 모르는 남에게 장기를 기증할 의사가 있는 사람을 찾을 수 있도록 어떤 방도가 필요하다는 것을 강조한다. 그러나 지금은 시신 기증과는 달리 기증자와 수여자가 서로 직접 접촉하도록 해주는 그 어떤 국가적 시스템도 없다. 또한 새로운 형태의 장기 기증에 대한 감시 체제나 감독이 절대적으로 부족하다는 현실을 부각하고 있다.

1997년에만 해도 전혀 안면이 없던 사람에게 장기를 기증한 경우가 한 건도 없었다. 2003년이 되자 수 십 개의 사례가 알려졌다. 이런 경우는 계속해서 증가하는 추세이다. 마찬가지로 인터넷상에서 장기를 중개하는 일도 급증하고 있다. 장기를 필요로 하는 사람에게 기증자를 직접 찾을 수 있는 기회를 주는 것이 무엇이 문제일가?

웹상에 광고를 실어 타인에게 장기를 줄 것을 간청하는 일의 주된 윤리적 이슈는 그것이 불공평하다는 것이다. 중개인에게 그들의 곤란한 상태를 선전하기 위해 돈을 지불할 수 있는 사람들이 당연히 생명을 연장할 수 있는 이식 수술을 받을 수 있는 통로를 보다 쉽게 확보할 것이다.

무법의 인터넷 세계에서 일어날 수 있는 강제나 탈취의 가능성 또한 존재한다. 스미티 씨가 상기시켜 주는 것처럼 전혀 모르는 사람에게 선뜻 자신의 장기를 내어줄 수 있는 인자한 사람들 중에도, 그들의 신장 중 남은 하나를 팔아 신속히 빚을 청산할 수 있는 방법, 더 나은 인생 역전으로 가는 티켓으로 생각하는 이들이 많이 있다. 인터넷상의 장기 중개가 전혀 규제를 받지 않고 있기에, 인터넷을 통한 장기 거래 사업은 계속 번창할 것이다.

여전히 개인들간의 중개와 거래를 옹호하는 사람들이 있다. 그런 사람들은 중개하고자 하는 대상이 신체 일부와 관련이 있다하더라고 그러한 개인의 권리는 보호되어야 한다고 주장한다. 그러나 이타주의와 상업성 사이의 모호한 경계가 허락된다 하더라도, 다른 윤리적 문제는 여전히 남아 있다.

신체 일부를 포기함으로써 남을 돕고자 하는 사람들은 그들의 목적을 두고 우선 심리 검사라도 받아야만 하는 것인가?

장기를 기증하고자 하는 사람이 얼마나 기다려야 하며, 어떤 의학적 기준으로 그 사람의 적격성을 판단할 것인지, 만약 기증자가 수술 중에 죽거나 신체 손상을 입으면 누가 보상해야 하는지 이와 같은 문제에 대하여 결정할 규정이 전혀 마련되지 않았다.

가장 혼란스러운 점은 장기를 줄 수 있는 사람들과 장기를 필요로 하는 사람들에게 수술 전과 후 어느 정도까지 둘의 접촉을 허용할 것인지에 대한 장기 이식 센터들 사이에 어떤 합의도 없다는 것이다.

건강하고 사리에 밝은 사람이 다른 사람에게 자신의 신장을 주는 것을 이성적으로 결정할 수 없다고 입증한 윤리적 근거는 없다. 그러나 어째서 인터넷상에서 상업적 목적 하에 사람들 사이의 장기 중개가 이루어졌을 경우에 기증자와 수여자 각자의 권리가 충분히 보호받았는지를 윤리적 회의론의 틀에 입각하여 판단해야만 하는지의 근거는 충분하다.

장기 부족의 해결 묘안

*

　장기 기증을 장려하기 위한 정부의 노력은 훌륭하다. 그렇지만 불행하게도 보건복지부 장관 토미 톰슨이 내놓은 계획은 실패할 것이다.

　톰슨에게는 한 가지 문제가 있었다. 그의 전임자였던 도나 샬라라는 장기이식 센터들이 장기를 지역적 그리고 국가적인 필요에 따라 분배하도록 하는 방침을 만들어 두었다는 것이다. 부족한 장기 공급 상황에서, 도나는 장기를 나누는 가장 공평한 방법이 그들이 어디서 살고, 어디에서 직장을 다니는지 개의치 않고 장기를 가장 필요한 사람들에게 주는 것이라 생각하였다.

　보건복지부 수장이 되기 전 토머스 톰슨은 위스콘시 주의 주지사였다. 주지사로서 그는 장기 분배 정책에 반대하며 싸웠다. 사실 그는 위스콘시 주에서 기증된 장기는 장기를 필요로 하는 사람이 위스콘시 주에 머물러 있어야 한다는 법안 제정안을 승인하였다. 톰슨이 현재 직면한 문제는 기증받은 장기는 지리적 지역과 상관없이 필요에 따라 나누어야 한다는 원칙을 이행할 것인지, 아니면 폐기할 것인지를 결정해야하는 것이다.

지금까지는 톰슨은 이 문제에 관하여 적당히 말을 흐리기로 결정한 것으로 보인다. 그는 기자회견에서 그의 목표는 먼저 수요량을 맞출 수 있게 충분한 장기를 기증 받은 다음, 장기를 분배하는 가장 최선의 방법이 무엇인가 고민하는 것이라 선언했다.

"다 함께 노력합시다." 그는 전 국민들에게 거듭 간청하였다. "우리가 누가 장기를 받을 것인가 하는 이 문제를 해결하지 못할 이유가 어디 있겠습니까?"

톰슨이 미국 내 장기 기증을 두 배 거의 세 배 까지 올렸음에도 불구하고, 그는 여전히 불안을 안고 있다. 누가 살고 누가 죽는가의 문제는 그리 쉽사리 빨리 사라질 문제가 아니다. 장기 이식 대기자 명단은 여전히 길고 미국과 같은 노령화 사회에서는 매일 더 길어진다.

올바른 결정, 잘못된 접근

톰슨이 주 정부가 가지는 권리를 생명을 구하는 것보다 더 중요하게 여기는지는 잠시 뒤로 두자. 어쨌든 더 많은 장기를 기증 받겠다는 그의 아이디어는 일리가 있다, 다만 문제는 그의 계획이 잘 실천되지 않을 것이라는 점이다.

톰슨은 기자회견에서 사기업들과의 파트너십을 비롯한 아래의 방법을 동원해 장기 공급을 충당하겠다고 밝혔다. 기업에서는 사원들에게 장기 기증을 독려하고, 장기 기증자의 가족들에게 포상을 한다. 10대들의 운전 교육에서 장기 기증에 대하여 강의를 늘리고, 국가 공인 장기기증카드가 있는 사람이라면 그의 가족이 반대하더라도 장기를 기증할 수 있도록 하는 방법 등이다.

이러한 시도를 뒷받침 해줄 긍정적인 근거가 있기를 희망한다. 하지만 사실 그런 근거는 없다. 미국인들은 누구보다도 더 장기 기증에 대하여 잘 이해하고 있다. 공공캠페인을 통해 지난 30년간 장기 기증은 생명의 선물이라고 알려왔다. 사무실에 팜플렛이 하나 더 배치되고 운전자 교육에서 몇 시간 수업이 늘었다고 그동안 공적인 교육 및 홍보 노력을 통해 이미 달성한 것 이상의 더 많은 사람들이 장기 기증 카드에 서명할 것 같진 않다.

더욱이 학계의 연구결과가 보여주듯이 장기 기증 카드는 그다지 효과적인 방법이 아니다. 카드는 분실될 수도 있고, 누군가 사망했거나 의료진이 그를 살리기 위해 필사적으로 의료적 시술을 행하는 동안에는 발견하기도 힘들다.

포상이나 더 힘이 있는 장기기증 카드 둘 다 그다지 많은 성과를 거둬들이진 못할 것이다.

영웅타령은 이제 그만

이러한 선도는 잘못된 메시지를 전달하고 있다.

장기 기증자의 가족에게 포상하는 것은 장기 기증을 마치 영웅적인 행동으로 여기게 한다. 하지만 장기 기증은 영웅적인 행동이 아니다. 장기 기증을 하는 행위는 모든 사람들에게 기대할 수 있는 일이다. 장기 기증은 일종의 권리이며, 당신이 죽었어도 당신의 신체로 할 수 있는 인도적이고 고결한 행동이기 때문이다.

장기 기증을 마치 영웅적인 행위로 보이게 하면서, 지금 이 순간, 사랑하는 사람을 잃고 울고 있는 사람 앞에서 그의 감정도 가치관도 살피지 않고, 지금 당장 장기 기증에 동참하라고 강요하는 것과 마찬가지다.

그런 행동은 결코 사려 깊은 행동이 아니다. 보건복지부의 사람들은 정말로 의료진들이 자동차 사고로 방금 남편을 잃은 젊은 여성의 반대를 무시할 수 있다고 생각하는 것일까? 비록 그 남자의 손에 장기 기증 카드가 쥐어져 있다하더라고, 부인이 기증 거부의사를 하는데도 남편의 심장을 떼어낼 수 있는 의료진이 있을까?

방법은 있다. 몇 가지 단계를 개선하면 더 많은 장기를 기증받을 수 있고, 그래서 더 많은 생명을 살릴 수 있는 방법이 찾으면 있다. 제일 먼저 이식 수술의 경제적 장벽을 없애야 한다.

가난한 사람들은 부자들과 같은 비율로 장기를 기증하지 않고 있다. 이유는 간단하다. 의료보험이 없는 대부분의 가난한 사람들은 부자들에 비해 장기를 이식받을 기회가 적다는 것을 그들이 알고 있기 때문이다. 톰슨이 정말로 더 많은 장기가 이식 수술에 이용되길 바란다면, 그는 가난한 사람에게도 부유한 사람과 똑같은 장기 이식을 받을 수 있는 기회를 제공해야 한다.

두 번째로 장기 기증은 영웅적인 행동이 아닌 누구나 할 수 있는 것으로 다루어야 한다. 톰슨과 부시 대통령은 모든 주지사들과 의원들과 함께 전국 방송에 나가야 한다. 그들 모두가 장기 기증 카드에 서명해야 한다. 장기 기증이 당연한 권리이기 때문에 그들 모두 그렇게 해야만 한다. 그 후에는 고등학교 교장, 종교 지도자, 대 기업의 총수, 그리고 유명인들이 같은 날 같은 일을 해야 한다.

모든 의사와 간호사들 또한 장기 기증을 당연한 권리로 접근해야 하며, 사람들이 원하게 될 행위로 기대해야 한다. 만약 여기에 반대한다면 개인과 가족들에게 세금이 늘어날 수도 있다고 알려주어야 한다.

장기 공급 부족은 장기 이식의 고질적인 우려사항이다. 하지만 대중이 모든 사람은 동등한 장기 이식을 받을 수 있는 기회를 가지고, 누구에게나 장기가 필요할 수 있다는 것을 믿는다면, 장기 기증은 영웅적인 행동이 아니라 당연한 예의라는 것을 알게 된다면, 우리는 더 많은 장기를 확보할 수 있을 것이다.

낙태의 훌륭한 일?

*

10년 전, '돌리'라고 이름 붙여진 양이 복제되기 수 년 전쯤, 혹은 줄기세포가 중요한 논란의 주제가 되기 훨씬 전쯤, 과학계의 가장 심각한 생명윤리 논쟁은 태아 조직을 실험에 사용하는 것을 허락해도 되는가의 문제였다. 당시에는 파킨슨병이나 당뇨병과 같은 심각한 질환에 걸린 사람들에게 태아 두뇌 조직을 이식하여 치료할 수 있으리란 가능성이 있었다. 불행하게도 많은 연구들이 만족스러운 결과를 얻는데 실패하였고, 과학적인 기대와 생명윤리 논쟁의 중심은 유전자 복제와 배아 줄기세포의 연구로 이동했다.

그러나 스탠포드 대학의 연구진이 이룩한 중요한 발전이 배아 줄기세포 연구에 관한 논쟁을 다시 태아 조직 이식으로 옮겨가게 했다.

국립과학아카데미의 회의록에 실린 논문에서 스탠포드 연구진들은 태아 두뇌 줄기세포가 뉴런을 자라게 하고, 그러므로 이를 이용하여 뇌졸중으로 쇠약해진 두뇌의 결함을 메울 수 있다고 보고하였다.

연구진은 태아 조직에서 추출한 줄기세포를 쥐의 두뇌에 주입하였다.

그 결과 주입된 줄기세포들은 두뇌가 손상된 부위로 이동한 뒤 적절한 뉴런으로 변하였고 이후 뇌졸중으로 인한 손상이 많이 회복되었다.

매년 7만 명 이상의 미국인이 뇌졸중으로 고통 받고 있다. 많은 환자들과 그 가족들에게 뇌졸중의 결과는 끔찍하다. 생기 넘치고 활동적인 한 사람이 어떤 신체 기능도 거의 발휘할 수 없는 사람으로 변하는 것을 막을 수 있다는 일말의 가능성이 우리의 전폭적인 지지를 요구하는 것으로 보인다.

비록 스탠포드 연구진의 연구가 겨우 쥐에게서 성공한 경우를 보여주고 있지만, 만약 정치적으로 이 연구를 계속 진행될 수 있도록 도와준다면 이는 뇌졸중과 싸우려는 뜻있는 한 걸음이 될 것이다.

그러나 이 연구가 윤리적 논쟁을 야기하게 하는 것은 이식할 세포가 인공 유산된 태아에서 추출된다는 사실이다.

배아 줄기세포 연구가 여러 장애를 마주하는 것처럼 태아줄기세포 연구 역시 그 연구가 법적 그리고 연방 정부차원의 지원을 받았음에도 불구하고, 부시와 같이 태아(수정 후 8주 미만의 생체) 연구를 강력하게 반대하는 이들의 방침에 부딪치고 있다. 낙태라는 말에서 낙자만 언급해도 펄쩍뛰는 사람들은 그와 연관된 것이면 무엇이든 반대부터 하고 본다.

이것이 말이 되는 것인가? 화장당하거나 파괴될 조직을 사용하는 것이 그렇게 비도덕적인 것일까? 우리는 종종 비극적인 상황에서 어떤 이익을 끌어내는 방법을 찾을 때가 있다. 예를 들어 자동차 또는 오토바이 사고 아니면 총상으로 상해를 입은 젊은 외상 환자는 여러 생명을 살리는 장기 이식의 공급원이 되기도 한다. 단순히 우리가 비극적인 사건에서 어떤 좋은 것을 만들어냈다고 해서, 우리가 그 비극을 지원하거나 찬성하는 것은 아니다.

미국에서 낙태는 법으로 승인받은 의학적인 선택 행위이다. 낙태의 결과인 태아 조직이 잠재적으로 여러 생명을 살릴 수 있다. 의료 연구를 위해 필요한 태아 조직에 낙태된 태아보다 안전한 공급 방법은 없다. 가장 중요한 보호 장치는 낙태 시술이 끝날 때까지 태아 조직 확보에 관해 아무 것도 묻지 않는 것이다.

매년 미국에서는 십만 건 정도, 세계적으로는 백만 건 이상의 낙태 시술이 행해진다. 우리는 결국 버려질 조직을 이용하면 백만의 사람들을 살릴 수 있는 잠재적 이익을 무시할 수 없고, 무시해서도 안 된다.

만약 당신이나 가족이 스탠포드대의 연구진들이 밝혀낸 연구에서 이득을 보려면, 그러면 먼저 줄기 세포 연구의 중요성을 인식하는 것 뿐 아니라, 태아 조직을 이용할 수 있다는 사실을 정치적으로나 스스로 마음속으로 합의하고 용인할 수 있어야 한다.

헌혈부족과 광우병

*

미국 적십자와 FDA(미국식품의약국)는 사람의 생명까지 위협하는 광우병을 막기 위해 어떤 행동을 취해야할 때라고 생각했다. 적십자는 광우병이 발생한 서유럽 국가에 머문 적이 있는 사람들에게 헌혈을 금지하자는 제안을 내놓았다. 하지만 이러한 제안의 이면을 살펴보면 그것은 말이 되질 않는다.

최근 몇 주 동안 광우병이 발병한 것으로 알려진 국가 수는 꾸준히 증가하고 있다. 며칠 전에도 영국에서 인간 광우병으로 사망한 사람의 수가 80명을 육박하였다. 이탈리아에서도 최초로 광우병 사례가 보고되었고, 스페인에서도 축우에서 새로운 사례 두 가지가 감지되었다. 프랑스, 아일랜드, 포르투갈에서 수 백 마리의 소에게 광우병이 급습하였고, 프랑스와 아일랜드에서는 인간 광우병이 보고되었다.

광우병에 걸린 소고기를 먹으면 사람은 인간광우병에 감염된다. 동물들은 감염된 다른 동물 부위로 만든 사료를 먹고 감염된다.

유럽 여러 당국자들과 마찬가지로, FDA와 적십자는 인간 광우병의 원인으로 알려진 바이러스성 미생물에 의해 자기도 모르게 감염된 사람이 헌혈을 해서, 수혈 받은 사람들에게 광우병을 전염시킬까 두려워하고 있다.

이처럼 눈에 보이지 않는 살인자를 추적하는 효과적인 검사 방법은 사실 없다. 그렇기 때문에 감염된 혈액 공급을 사전에 막는 방법은 광우병 발병이 보고된 국가를 방문한 적이 있는 사람들에게 헌혈을 받지 않는 것뿐이다. 이미 식품의약국은 6개월 이상 영국에 머무른 적이 있는 사람들의 헌혈을 금지시켰다. 자문위원들은 프랑스, 아일랜드, 포르투갈의 장기 거주자들을 금지 대상에 포함시킬 것을 권유하였다.

적십자는 서유럽에서 시간을 보낸 적 있는 모든 사람들에게로 그 대상을 확대할 조짐을 보이고 있다.

어째서? 그렇다면 적십자는 프랑스를 방문한 적이 있는 사람, 이탈리아에서 유학을 한 사람, 혹은 영국에서 군 복무를 한 사람들에게도 그들의 혈액은 더 이상 쓸모가 없다고 말해야 하지 않는가?

그 이유는 수혈로 인하여 인간광우병으로 알려진 크로이츠 펠트야코브병에 감염되었다고 확인된 사례가 전혀 없기 때문이다. 다만 양 한 마리가 다른 양에게서 수혈을 받은 후 발병하여 죽은 한 경우가 있을 뿐이다.

사람에게서는 확인된 바 없고 그저 양 한 마리에게서 보고된 사례가 수혈이 광우병을 전파시킨다는 판결의 배심원단이다.

만약 누군가 히드로 공항이나 게즈윅 공항을 거쳐왔거나, 노트르담 성당 앞에서 크로와상을 맛있게 먹었다고 해서, 뮌헨의 옥토버페스트에서 맥주를 실컷 마셨다고 해서 헌혈을 하지 말라고 한다면 우리의 혈액은행의 손실은 상당할 것은 확실하다. 그리고 혈액 부족은 분명 사람들을 곤란하게 하거나 죽음에 이르게 할 것이다.

미국은 지난 수년간, 혈액을 필요로 하는 이들에게 충분히 공급하기엔

아슬아슬한 혈액 보유량으로 움직여 왔다. 응급 바이패스 형성 수술, 예상치 못한 제왕절개 수술, 열상이나 자동차 사고 아니면 그 밖의 외상 등 수혈이 필요한 경우는 수도 없이 많다. 그러니 1980년 이래로 서유럽 국가에 있었던 미국인들의 수혈 금지와 혈액 기증자 수가 감소는 결국 실제로 누군가 혈액을 필요로 할 때 혈액이 없다는 결과로 이어진다.

혈액 기증자를 제한하는 것은 이론상의 위험을 피하기 위한 약소한 방법이다. 매년 혈액 부족분이 늘고 있는 현 상황에서 헌혈을 할 수 있는 사람의 수를 줄이는 것은 혈액이 필요할 때 혈액은행이 텅 비어있을 수도 있음을 의미한다. 그것은 광우병에서 인간을 지키기 위해 무엇이 최상의 행동인지 결정하려 한 방법 중 가장 한심한 방법이었다.

동성애자의 헌혈을 허하라

*

특히 9·11이후 미국이 언제든지 테러 등의 공격을 받을 수 있다는 사실과, 이러한 비상시에 우리가 보유하고 있는 혈액의 양이 충분하지 못할지도 모른다는 것은 이제 우리 중 누구도 마주칠 수 있는 위험이 되고 있다.

정부는 혈액 공급원이 절대적으로 모자란다고 핑계를 대지만 상당한 재원을 가지고도 못보고 지나치고 있다. 지금은 정부가 헌혈에서 자동적으로 제외시킨 사람들에 대하여 마땅히 다시 심사해보아야 할 때이다.

만약 당신이 수혈을 받아야 하거나 혈액 제재가 필요한 상황인데도 혈액부족으로 필요한 처치를 받지 못할 수 있다는 위험이 존재하기 때문이다. 많은 병원과 혈액은행이 필요한 공급을 확보하지 못할 때가 많이 있다.

현재 바이패스 형성 수술, 장기 이식 수술, 제왕절개 수술, 엉덩이 교정 수술 및 기타 수술이 증가하면서 미국 내의 혈액 부족량은 심각한 수준이다.

그동안 동원하지 않은 잠재적인 혈액 재원 즉, 동성애 남자와 성관계를 가진 적이 있는 남자들이 있다. FDA(미국식품의약국)의 규정에 의해 17년 전부터 동성의 상대와 한 번 혹은 그 이상 성관계를 가진 남성들은 자동적으로 헌혈 할 수 있는 자격을 박탈당했다. 동성 간의 성관계를 가진 남자들을 헌혈 가능자에서 제외시킨 이러한 정책은 현재의 심각한 혈액 부족 상황 하에서는 말이 되지 않는다.

동성애자들에 비해 감염이나 질병의 전염에 안전하지 않은 성관계를 가진 이성애자들의 혈액이 더 안전하다는 근거는 어디에도 없다. 그러나 FDA는 오히려 이런 무절제한 성관계의 이성애자들의 헌혈은 금지하지 않고 있다.

헌혈규정 변화를 요구하는 과학적 설명은 더욱 설득력을 얻고 있다. 기술의 획기적인 발전은 동성애자, 양성애자 혹은 딱 한 번 동성애를 경험한 적이 있는 사람들에게 헌혈을 받아야 하는 가를 놓고 이제 더 이상 고민하지 말자.

기술의 발전이란 FDA가 승인한 HIV와 C형 간염 여부를 확인하는 기술을 말한다. 캘리포니아 주 에머리빌에 위치한 생명기술 회사 Chiron이 개발한 이 기술은 혈액 내 바이러스성 DNA의 존재를 감지할 수 있는 방법이다.

기존의 검사법은 HIV나 간염에 감염된 지 3개월이 지났어도 결과가 음성으로 나온 반면에, 새로운 검사법은 두 바이러스 모두를 감염된 직후, 바로 감지하는 정확도를 보이고 있다.

헌혈 대상자가 감염 위험을 초래한 행위를 했는지 안했는지 심사하여 C형 간염을 확인하는 지금까지의 혈액검사는 소용없다는 새로운 연구 결과가 나왔다. 왜냐하면 헌혈 전에 받는 설문을 통해 자신의 성생활과 병력을 써낼 때 그 사람이 얼마나 진실한가에 크게 의지하고 있기 때문이다. 거기다 이것도 그 사람이 자신의 병력에 대하여 정확하게 알고 있는 경우에만 가능한 일이다.

분명히 말하지만 혈액 검사는 유일하게 믿을 수 있는 방법이다. 그러니 만약 어떤 이가 혈액 검사에서 에이즈나 기타 전염성의 질병에 음성 반응을 보였다면 그 사람은 헌혈을 할 수 있어야 한다.

동성 간의 성경험이 있는 사람을 헌혈 대상에서 제외시킨 규정은 이미 수년 전에 개정되었어야 했다.

혈액 검사법의 획기적 기술 발전이 따르는 요즘 이제 더 이상의 변명은 그만둬야 한다. 식품의약국과 의회가 조처를 취할 것인지 아니면 그저 위험성에 대한 낡은 편견을 고수하며, 혈액 보유량의 부족을 탓하며 우리들을 위험에 계속 내버려둘 것인지 빨리 결정해야 한다.

11

정치적 생명윤리

항상 윤리적일 수는 없다

*

지난 몇 년 동안 미국 상황을 보면 나락으로 떨어지고 있다는 인상을 지울 수가 없다. 우리는 도덕적 관념을 점점 잃어버리고 있는 듯하다. 스캔들, 위선, 이중성, 부패에 대한 사건들이 연일 미디어를 장식한다. 도대체 어찌 된 일인가?

과거의 상황이 훨씬 심각하지 않았느냐고? 그렇다. 전 대통령과 백악관 인턴 사이의 성희롱 스캔들이 터졌을 때, 온 나라가 대통령의 도덕적 자질에 대한 성토로 떠들썩했던 일도 있었으니 말이다.

물론 그 당시 사건은 충격적이었다. 클린턴 대통령이 야당 의원들의 뭇매를 맞은 것은 당연한 일이었다.

하지만 그렇게 비난을 퍼붓던 의원들 가운데 대통령과 별반 차이 없는 성적 스캔들이 터져 나오면서 그들은 금방 조용해졌다. 이 모니카 르윈스키 사건에서 국민들이 배운 중요한 교훈은 이런 부도덕 사건에 연루된 사람은 모두 정치인이고 우리는 그들에게 도덕적으로 크게 기대할 것이 없다는 점이었다.

요즘은 정말 더 나빠진 상황이다. 적어도 도덕적으로 훌륭한 미덕을 갖추었을 것으로 기대되는 사람들이 우리를 실망하게 하는 것이다.

우리나라의 가장 저명한 신문인 뉴욕타임즈가 전례 없는 대형 윤리 스캔들에 휘말렸다. 몇 달 동안, 어쩌면 수 년 간, 젊은 기자 한 명이 신문의 첫 장을 실수와 거짓말, 표절 기사로 채워왔기 때문이다.

우리나라에서 가장 유명한 대학 스포츠 팀(아메리칸 풋볼과 야구)의 코치들, 앨라배마나 아이오와 같은 주에서 도덕성의 화신처럼 신봉되던 그들이 사실은 뒤에서 스트리퍼들과 놀고, 필름이 끊길 때까지 술을 마시며, 대학 파티에서 남녀학생들을 모아놓고 풋볼 경기의 몰(maul : 공을 가진 선수 주위에 몸을 밀착시킨 상태)을 하도록 하는 등 경솔한 행위를 했노라고 고백했다. 게다가 선수들도 금지 약물을 복용한 사실을 숨기거나 경기장 안팎에서 믿을 수 없을 정도로 무책임한 짓을 하는 등, 코치들보다 더 나을 것이 없는 상태이다.

결국 이들도 미국 산업계 전반에 널리 퍼진 도덕적 해이 대열에 동참하고 있는 것이다. 아닌 게 아니라 산업계의 도덕적 해이로 인해 많은 기업 지도자들이 기소되면서 뛰어난 기업들이 줄줄이 도산하는 처지에 이르렀다. 결과적으로 그 회사에 고용되었던 수백만 미국인들은 회사가 애당초 약속했던 연금과 혜택을 날려버렸고, 어디에서도 보장받을 수 없게 되었다.

정부의 도덕성을 회복하겠다고 맹세했던 현 대통령조차도 지금 가장 큰 도덕성 문제로 몰리고 있다. 우리나라는 이 세상에서 독재자와 대량살상무기를 없앤다는 명백한 목적을 지니고 이라크로 진격했지만, 무기는 발견되지 않았다. 현 정부는 거짓말을 하지 않겠다고 공언했지만, 현재 몇몇 고위 공무원들이 특별 검사와 대 배심 앞에 서있는 상황이다.

그렇다면, 우리나라의 도덕가들은 어떠한가? 자칭 윤리 지도자라는 사람들을 보자.

　윌리엄 베네트는 도덕가를 자처한 사람이다. 그는 다른 사람의 비윤리적 행위를 비난하면서 자신이 엄선한, 삶의 지혜가 담긴 단편 시리즈들을 어린이들에게 읽도록 권장하고, 그 책들을 판매하여 큰 수익을 벌어들였다. 그런데, 알고 보니 그는 상습 도박자였다. 그는 카지노에서 아주 유명해서 한 번 왔다하면 수 백만 달러씩 거는 '큰손' 으로 통하고 있었다. 도덕을 가장하고 도덕적인 말을 팔던 전국 유명 인사가 라스베이거스는 멀리 할 수 없었나 보다. 자신의 명예를 회복하려 공개적인 석상에서 애를 썼지만 한 번 실추된 불명예와 아이러니한 상황을 바꾸지는 못했다.

　이와 마찬가지로 자칭 도덕가인 패트 로버트슨도 대중의 비난을 받았다. 그는 거의 작년 한 해 내내 베네수엘라의 휴고 차베스 대통령을 죽여야 한다는 비기독교적인 주장을 펴고 다녔다. 빌리 그래험의 아들인 프랭클린 그래험 목사도 똑같이 여론의 뭇매를 맞아야 했다. 그는 뉴올리언즈 지방에 허리케인이 덮쳤을 때, 그 지역이 죄가 많아서 신의 분노를 산 결과라는 어이없는 말을 했다. 정말 그럴까? 신이 잘못 겨냥했거나 아니면 프랭클린 목사가 지역 거주민과 외지에서 온 노름꾼, 술꾼들을 구분하지 못해서일 지도 모른다.

　그렇다면 우리는 이러한 사실들로 어떤 결론을 내릴 수 있는가? 도덕이란 돈과 권력이 있는 사람들이 그들만의 옹호하는 가치를 칭하는 또 다른 이름일 뿐인가? 모든 도덕적 견해 뒤에는 위선이 도사리고 있는 것인가? 그렇지는 않다고 생각한다.

　미국이 진정으로 필요로 하는 것은 국민들의 정신과 마음에 도덕심을 불어넣는 노력이 아니다. 올바른 일을 안다고 해서 결코 올바른 일을 행한다는 보장은 없다. 도덕이 현실 세계에서 제대로 구현되려면 사회 지도자들 먼저 도덕을 진지하게 받아들여야 한다. 그것이 우리에게 진정 필요한 것이다.

사람들에게 옳은 일을 하라고 말만 할 것이 아니라 그런 일을 했을 때 칭찬하고 사기를 북돋워주는 사회적 분위기가 조성되어야 한다.

우리 자식들의 비윤리적 행동을 놓고 부모들이 대처하는 방식을 한번 보자.

윤리학과 미성년자는 잘 어울리지 않는 것 같다. 내 말은 어린이들이 도덕적 결정을 내릴 능력이 없다거나, 옳고 그름의 판단 문제가 유치원에서 고등학교에 이르기까지 모든 미성년들의 주의를 끌 만한 화제가 되지 못한다는 뜻이 아니다. 윤리적인 것이 무엇인지를 잘 이해 못할 것 같은 유치원생들에게 어떻게 생각하는지 대화를 해본 사람이라면 어린 그들도 불공정함을 아주 예민하게 느끼고 있음을 알게 된다.

내가 윤리학과 미성년자가 잘 어울리지 않는다고 말한 이유는 비윤리적으로 행동하는 학생들이 많기 때문이다. 대학생을 대상으로 한 여론 조사에서 3분의 2가 넘는 학생들이 고등학생 때 심각한 부정행위에 가담한 적이 있다고 인정했다. 절도, 마약 복용, 폭력, 강제적인 성희롱 같은 범행 발생률도 청소년 이하 연령대에서 높게 나타나 우리를 우울하게 한다.

나쁜 짓을 하는 학생들이 도처에 널려있다. 그렇다면 이는 부모들이 자식 교육을 잘못 시켰다고 스스로를 탓해야 하는 일인가? 많은 보수주의 석학들이 주장하는 대로 부모들이 자식 교육에 실패한 것인가?

아니면 다른 이유가 있는 것인가? 나는 다른 이유가 존재한다고 생각한다. 즉, 우리는 도덕을 가르칠 때 무엇을 기대할 것인가란 문제에 대해 혼란을 겪고 있는 것 같다.

나는 잭이라는 아들을 두고 있다. 아들은 필라델피아 소재 퀘이커 교

재단 학교인 저먼타운 프렌즈에 다녔다. 퀘이커 교 재단 학교는 윤리 교육에 대해서라면 둘째가라면 서러울 정도의 학교이고, 소위 윤리학자라는 아버지를 둔 아들이니 자라면서 남들보다는 윤리적 문제를 중요하게 여기게 되었을 것이라고 생각한다. 그래서 학교와 집에서 비윤리적인 행동을 하는 학생들이 늘어나고 있다는 말을 들으면 나는 그들이 도대체 어떤 학생들인지 궁금했었다.

이렇게 말했지만, 잭 또한 다른 미성년자들과 마찬가지로 나름대로 도덕적 결점이나 약점이 있다. 가끔씩 그는 힘든 상황을 빠져나오려고 거짓말을 한다. 아들놈이 고등학생 때 숙제 한 두 개 정도는 대충 날림으로 했다는 사실도 이미 알고 있다. 한번은 실제로 자신이 하지 않은 일을 했다고 한 적도 있었다. 술을 과도하게 마신 일을 정직하게 털어놓지도 않았다.

과연 어떻게 되어가는 일인가? 생명윤리학을 업으로 삼고 있는 그의 아버지가 아들의 도덕 교육에는 실패한 것인가? 퀘이커 재단 학교는 우수한 자교 학생 중 한 명이 비윤리적 행동을 하면 그를 매도해 버리고, 바로잡으려는 노력은 포기 하는가? 나는 그렇게 생각하지 않는다.

잭과 얘기를 나눠보면 그가 자신의 행동과 선택, 남들이 자신을 대하는 태도에 대해서 신중하게 고려하고 있다는 사실을 금세 알아챌 것이다. 잭이 윤리의 경계선을 넘나드는 일을 가끔씩 저지르더라도 그가 자신이 하고 있는 일이 무엇인지 몰라서라든지 올바르게 판단할 능력이 모자라서라든지 하는 단순한 이유 때문에 그런 짓을 한다고는 말하기 어렵다.

모든 윤리적 주체(그의 아버지 포함)와 마찬가지로 잭도 나쁜 행동이 주는 눈앞의 달콤한 보상에 유혹을 당한다. 한 익살꾼의 말처럼, 죄가 그토록 재미를 주는 일이 아니라면 우리가 그렇게 많은 죄를 지으며 살지는 않을 것이다. 여태껏 윤리학이 쉽다고 말한 사람은 아무도 없었다. 바로

이 점이 중요하다.

'도덕적인' 자녀인지 아닌지는 그 아이의 행동만으로 판단해서는 안 된다.

부모들이 알아야 할 점은 소크라테스와 예수, 토마스 아퀴나스에서부터 마틴 루터 킹과 간디에 이르기까지 모든 윤리학자들이 오랫동안 숙지하고 있었던 사실, 즉 항상 윤리적으로 행동하는 것은 어렵다는 점이다. 이는 우리 자신들뿐만 아니라 우리의 자녀들에게도 똑같이 해당되는 사실이다. 훌륭한 도덕 교육에는 항상 일탈과 실패가 따르기 마련이다.

우리가 완벽함을 기준으로 윤리 교육에 대한 성패를 가늠한다면 언제나 실망할 것이 뻔하다. 성인이든 미성년자이든 간에 항상 도덕적으로 행동할 수 있는 사람은 거의 없다. 성인으로 알려진 사람들만이 정말 그렇게 행동한다. 그들을 제외한 나머지 우리들에게 윤리적 행동은 열망일 뿐 항상 현실인 것은 아니다.

부모가 해야 할 일은 자녀들이 옳고 그름을 구별할 수 있도록 윤리 원칙을 충분히 가르쳐서 때로는 윤리적으로 살기 힘든 이 세상에서 그러한 지식을 잘 응용할 수 있도록 교육하는 일이다.

자녀들에게는 자신들이 잘못했을 때 반성하고 방종한 태도를 고치고 잘못된 행동에 죄책감을 느낄 줄 알며 어제는 좋아 보이던 결정도 오늘이 되어 양심에 비추어 볼 때 아주 형편없는 결정이었다고 뒤돌아 깨달을 수 있게 하는 어떤 기준이 필요한 것이다.

부모나 사회가 도덕을 가르친 대상에게서 완벽함을 기대한다면 실망밖에 남는 게 없을 것이다. 그 대신 양심과 반성, 자기 수정, 더 잘하려는 향상심의 기반을 만들어준다면 자녀들에게 윤리적 성격과 행동에 필요한 기준을 물려주는 위대한 일을 해내게 될 것이다. 여전히 바깥세상에는 우리가 자녀들을 잘 가르치고 있다고 절대 말할 수 없을 정도로 비도덕적인 일들이 많이 자행되고 있다. 하지만, 우리가 진정 염려하는 바는 우리의 자녀에서부터 시민단체와 재계 인사들, 도덕적 지도자들에 이르기까지 사과나 자기비판, 반성을 하는 경우를 좀처럼 볼 수 없다는 점이다.

윤리는 견제와 균형이 건재할 때 비로소 융성할 수 있다. 만약 어떤 조직이 구성원 하나가 표절을 일삼거나 회계장부를 조작하는데 아무도 시정을 요구하지 않거나 누구도 그 건에 대해 언급이 없다고 해서 그대로 놔둔다면, 그 개인뿐만 아니라 그 단체도 똑같이 비난받아 마땅하다. 왜냐하면 윤리는 개인적 선택에 달린 문제인 만큼이나 사회적 문제이기도 하기 때문이다. 우리나라에서 윤리가 제대로 서지 못하고 있다면 우리 자신을 탓해야 하는 동시에 말만 많고 책임은 지지 않는 우리 사회도 탓해야 한다.

그렇다면 어떻게 해야 하는가? 기자가 잘못을 저질렀다면 편집자와 출판사도 함께 책임을 지도록 요구해야 한다. 후원자와 동문들이 지지하는 자가 그들 대학에 불명예를 초래한다면 그들은 이제 대학에 지원을 끊겠노라고 말할 수 있어야 한다. 기업 윤리라는 개념을 조롱이나 하는 듯 비윤리적 관행을 묵인해온 주주와 투자가들에게 책임을 물어야 한다. 회사의 퇴직 연금이 고갈되어 가는 판에 누구도 고액의 퇴직 수당 지불 고용 계약을 맺지 못하도록 해야 한다. 스포츠 팀을 이끄는 사람에게 훈련 책임자의 행동에 대해 책임을 지도록 해야 한다.

우리는 공약을 해놓고서 아무것도 실천하지 않는 정치가에 대한 정치적 평가를 내려야 한다. 또한 도덕에서 중요한 것은 각 개인이 저지른 행동뿐이라고 생각해서는 안 되며, 그만큼 중요한 것은 비도덕적인 일이 일어난 후에 그 개인의 마음과 그 사회의 행동에서 보이는 변화에 있다.

정치에서 자유로워야 할 과학위원회

*

과학과 기술은 워싱턴의 정책에서 자유로울까? 답은 예상대로 '그렇지 않다' 이다.

지난 한 해 동안, 부시 행정부는 이전 정권에서 보건복지부(HHS)에게 과학, 기술, 생명윤리와 관련된 여러 의제에 대해 전문적인 자문을 하던 위원회의 구성원 모두를 전격 교체하였다. 이는 다분히 복수심에 입각한 숙청이었다. 나는 공공의 위원회는 과학과 정부 사이의 관계에서 일어나는 이런 일보다는 더 가치 있는 존재들이라 생각한다.

미국에서는 이백 개 이상의 위원회, 패널, 그리고 전문가 집단이 과학 이슈에 대해 직간접적으로 대통령에게 보고한다. 대통령에게 직접 보고하거나, 아니면 보건복지부를 통해 간접적으로 의견을 피력한다.

그런데 돌연 부시 행정부는 FDA(미국식품의약국)의 유전자 조작 규제 관련 전문자문단을 안락사 시켰다.

또한 의학 연구에 사용되는 인체보호 규정강화에 대한 자문을 제공하던 뛰어난 전문가 모임을 해산 시켰으며, 살충제와 제초제가 인간 건강에 미치는 여러 영향을 살펴보던 위원회의 입회 자격을 개정하였다.

계속해서 대통령은 클린턴 정부가 임명한 과학자들과 윤리학자로 구성된 생명윤리위원회의 회원들을 대통령 자신이 선택한 인물들로 교체하였다. 이 밖에도 혈액안전과 유효성에 대한 중요 자문 위원회를 철저하게 조사하였다.

새로 임명된 생명윤리위원회의 위원들은 그들의 선임자와 달리 보수적이고, 임신중절에 반대 의사를 표명하고 있다. 새로운 혈액자문위원회 또한 그들의 선임자들과 달리 산업체, 정부 조례제정자 또는 적십자와 같은 힘 있는 혈액 공급 기관들에게 도전해야 할 때 다루기가 훨씬 쉬워 보인다.

나는 이전 혈액자문위원회의 회장이었기에, 내가 이전 위원회 구성이 어느 위원회보다 탁월하다고 평가한다면 그것은 객관적일 수 없다는 가능성도 알고 있다. 하지만 그러한 구성원의 변화에 대한 환자·변호사·협회의 동요를 고려하면, 내 말이 완전히 틀린 것 같지는 않다.

이러한 종류의 정치적 숙청에 관한 일반적인 반응은 세 가지이다. 모른 척 태연하거나, 오기를 부리거나 아니면 그저 놀라워하는 것이다. 사실 어느 것도 적절치 않다.

아마 그 중 태연함이 가장 흔한 반응일 것이다. 누구도 새로운 행정부가 이전 행정부의 사람들을 몰아내는 것에 대해 그다지 놀라지 않는다. 모든 집행부는 경제, 농업, 국방 혹은 외교문제이든 무엇이건 간에 그들과 친한 사람들만 그들에게 충고해주기를 원한다. 어째서 그것이 과학 분야라고 해서 달라야만 하겠는가?

하지만 과학에서라면 상황은 달라져야 한다. 자기 팀에서 한 사람을 버뮤다의 외교 대사로 임명하는 것과 과학 분야에서 이런 일은 같은 일이 아니다. 생물전이나 화학 무기 출현의 가능성에 대한 현재의 심각한 우려만 고려하더라도 과학과 기술은 너무나 위험하고 중요한 문제이기에, 단순히 정치적 복수를 위한 경기장으로 여기기란 불가능하다.

열혈지지자들은 이렇게 말할 것이다. '우리 사람들은 들어오고 당신들 사람들은 나가야 한다. 당신들이 마음에 들지 않으면 그냥 참으면 된다. 옛날 멍청이들이 없어져야 보다 상식적이고 윤리적 목적에 더욱 훌륭히 부합하는 우리 쪽 사람들이 자리를 차지할 수 있다.' 그러나 과학과 정치는 어느정도는 결합해야 한다는 이러한 시각은 잘못된 것이다.

정치가가 과학과 기술 분야의 임용을 열렬한 지지자들을 만족하게 하기 위해, 또는 기부자들에게 빚을 갚기 위해 이용한다면 국가 이익은 제대로 충족되지 못할 것이다. 정부 정책은 그것이 얼마나 이데올로기적이냐를 떠나서 올바른 의견과 타당한 지식에 근간을 두어야 한다.

지식 또는 학문을 판단하는 적합한 기준은 낙태 합법화 금지 로비나 유전자 조작 식품 금지 로비에 관한 유권자들의 평판이 아니다. 유권자가 정치기부금이나 표를 주느냐에 달려 있는 것은 더욱 아니다. 대신 질적인 우수성과, 같은 분야의 저명한 학술지에 발표, 재생산 될 수 있는지의 여부가 최선의 판단 기준이 될 수 있다.

정치는 반드시 규칙을 따르지 않아도 괜찮다. 하지만 우리는 모두 동일하게 물리학의 법칙에 묶여있다.

사정이 이러하므로, 국가의 과학과 기술에 대해 자문하는 이들을 판단하는 타당한 기준은 정치적 논리가 아니라 누가 가장 뛰어난 전문가이냐 하는 것이다. 앞서 말한 중요한 기준들을 모두 적용해보아도, 새로운 그룹 안의 많은 이들이 기존의 구성원들보다 과학자로서의 기준에 훌륭히 부합하는 것처럼 보이지 않는다.

과학이 단순히 과학이기 때문에 워싱턴의 정치적 판단을 벗어나 존재할 수 있다는 생각은 지나치게 순진한 생각이다.

대중에게 필요한 것은 어느 정당이 힘을 가지는 가에 대해 책임 질 필요가 없는 패널, 위원회의 임명이다. 민간 부문, 기타 기구 및 비영리 집단은 최근의 과학 분야의 숙청에 주의를 기울여야만 한다. 또한 최우선적으로 독립적이고 자율적인 자문 위원회와 협회를 구성해야 한다. 과학이 정치 집단 내에서 제 목소리를 낼 수 있는 유일하며 최선인 방법은 집권 정당의 정치적 변덕에 의지하지 않고서도 존재할 수 있기에 자유롭고 솔직하게 의견을 말할 수 있는 집단이나 모임을 마련하는 것이다.

생명윤리위원회 신뢰성의 추락

*

정치화된 생명윤리위원회

2004년 3월 1일 백악관은 대통령 직속 생명윤리위원회 위원 두 명을 경질하였다. 존경받는 신학자 윌리엄 메이와 뛰어난 생명공학자 엘리자베스 블랙번은 위원회를 떠나게 되었다. 그리고 세 명의 새로운 멤버, 신경외과의 한 명과 잘 알려지지 않은 두 명의 보수성향의 과학자들이 새로 임명되었다.

이 발표를 읽자마자, 나는 흥분했다. 위원회에서 쫓겨난 두 사람은 배아 줄기세포 연구와 유전자 복제 기술의 이용, 연구 목적을 위한 줄기세포 배양을 찬성하는 진보적인 인사로 이에 반대하는 다수의 보수 세력에 맞서 외롭고 강경하게 찬성 의사를 표명한 극소수의 사람들이었기 때문이다. 나는 그들의 경질과 후임 선출에 정치적 동기가 있지 않았을까 충분히 의심했다.

2년 전 설립 초기부터 대통령 직속 생명윤리위원회는 상당히 보수적인 성향을 드러내왔다. 이전 위원장인 레온 카스 박사는 오랫동안 워싱턴의 신보수주의와 우익 진영에서 일 해왔다. 생명의학의 기술에 대한 그의 양면적인 태도는 지난 10년간 많은 저작들을 통해 충분히 알 수 있었다. 그래서 부시 대통령의 요청을 받았을 때, 그가 생명윤리위원회를 그와 의견이 일치하는 사람들로 구성한 것은 그리 놀랄 일도 아니었다. 카스 진영의 사람들은 유전자 복제, 줄기세포 연구, 낙태, 산전 유전자 진단, 노화 방지 연구 등에 대한 혐오감을 가지고 있다.

앞서 언급한 숙청이 자행되었을 때, 캘리포니아대 철학교수인 나의 지인 제럴드 돌킨이 나에게 이메일을 보냈다. 그리고 내게 위원회에서 무슨 일이 일어나고 있는지 알고 있냐고 물었다. 나는 잘 알고 있으며, 막 위원장에게 항의 서한을 보낼 것을 생각하고 있었다고 대답했다. 제럴드는 함께 대통령에게 이번 인사 조치에 대한 항의 서한을 보내자고 제안했다. 나는 서한을 작성하여 이메일로 다른 생명윤리학자들에게 그들도 서명할 수 있도록 보내주었다.

몇 시간 이내로, 나는 전국에서 그들의 이름을 서명란에 추가한 생명윤리학자들로부터 답신을 받기 시작했다. 백 명 이상의 사람들이 36시간 이내에 서명했다. 카스 박사는 인터넷상에 공개된 항의 서한이 있다는 것을 알았을 것이다. 그는 3월 3일 '워싱턴포스트' 지에 입장을 밝히는 글을 게재하였다. 그는 이번 인사 조치는 결코 어떤 정치적 의도가 없었다고 말했다. 덧붙여 새로이 임명된 이들에 대하여 그는 위원회에서 다루게 될 문제들에 대한 그들의 개인적인 시각을 전혀 모르고 있었다고 주장했다.

카스 박사의 주장은 그리 오래 가진 못했다. 블랙번이 곧바로 언론에 그녀는 자신이 숙청되었다고 생각한다고 밝혔다. 그녀는 해임된 이후 많은 시간을 신문과 과학 출판물에 게재할 글을 쓰면서 보내고 있다. 그녀는 의견 차이를 관대히 보지 못하는 카스의 무능력함과 생명의학 발전에 대한 의회의 적개심 아래에 있는 부적절한 과학 기구들에 대하여 비판하고 있다. 좌익에서 우익까지 많은 저널리스트들이 내가 이미 진실임을 알고 있었던 사실 - 새로이 임명된 이들은 카스 박사와 그 일당과 같은 선상의 시각을 가지고 있는 이들이라는 - 에 대하여 의견을 드러내었다. 카스 박사는 워싱턴 포스터지에 사실을 밝히지 않았고 언론은 그의 솔직하지 못함을 꼬집었다.

생명윤리학계의 공개서한은 3월 4일에 인터넷을 통해 공표되었다. 그 때쯤에는 200명에 육박하는 이들이 미국 전체의 생명윤리학 프로그램을 대변하며 서명하였다. 미국 국내로 제한하지 않았더라면 아마 더 많은 이들이 서명하였을 것이다. 나는 남아프리카, 영국, 호주 그리고 독일 등에서 생명윤리학과 학생들의 이메일을 받았다.

미국의 생명윤리학을 대변할 수 있는 중요한 위원회를 편협한 시각으로 만든 이번 인사 문제로, 뜻하지 않게 일어난 이번 사건이 생명윤리학의 향방을 근본적으로 바꾼 것처럼 보인다. 생명윤리자문위원회의 새로운 멤버 임명이 이처럼 버거운 비판을 받은 적이 이전에는 없었다. 위원회를 그저 의견을 복제하는 위원회로 바꾼 결정은 위원회의 신뢰성을 심각한 지경으로 위태롭게 하였다. 미국인들에게 새로운 생명의학의 발달로 야기된 윤리적 문제에 대하여 지침과 지도를 해줄 집단으로서 가져야 할 신뢰성이 훼손되었다. 더욱 심각한 것은 생명의학 연구를 둘러싼 중요한 논쟁의 여지가 있는 주제들 - 유전자 복제, 줄기세포 연구, 임플란트와 약물을 통한 두뇌 조작, 노화를 늦추거나 역 진행하기 위한 연구 등 - 이 정치에서 받은 관을 쓰고 떠들썩하게 울려 퍼지고 있다는 것이다.

미국의 생명윤리학은 어떻게 이러한 애석한 상태에 처하게 되었을까? 그것은 유전자 복제에 대한 히스테리가 부시 행정부로 하여금 생명윤리위원회를 정치화하도록 자극하였기 때문이다. 하지만 이러한 히스테리는 특별한 자극제가 되어 현재 이상한 방향으로 진행되었다. 계속되고 있는 미국의 낙태 논쟁이 그것이다.

생명윤리위원회와 낙태 정책

부시 대통령의 첫 국정 연설은 테러에 관한 것이 아니라 줄기세포 연구에 대한 대통령의 반대의견에 관한 것이었다. 2001년 8월 9일 부시 대통령은 자신이 더욱 많은 기도와 숙고 이후 두 명의 생명윤리학자들 - 그 중 한 명이 레온 카스 박사였다 - 과 비공개 토론을 했다고 말하였다.

그는 연구를 위해 배아세포를 파괴하는 것은 옳지 않은 일이라는 결론을 내렸다고 밝혔다. 2002년 4월 초, 부시는 카스 박사에게 생명윤리위원회의 위원장을 맡아달라고 요청하였다. 그런데 위원회의 자문을 기다리지도 않고 그 달 말 부시 대통령은 모든 연구와 인공생식을 위한 인간 유전자 복제를 전면 금지한다고 발표하였다. 이 후 생명윤리위원회가 여러 측면을 고려해봤을 때 대통령은 옳은 결정을 내렸다고 발표한 것은 짜고 치는 판이라 놀라운 일도 아니었다.

이러한 금지조치 문제점은 그런 조치들이 사실 복제 연구와는 별 관계가 없다는 점이다. 대신 정치적 목적에 의해서만 움직인다. 이 경우에는 인간 배아의 법률적 지위를 결정하는 입법 조치를 마련하고자 하는 정치적 바람 때문이었다. 만약 의회가 연구 목적을 위한 유전자 복제 연구까지도, 그러한 연구가 생명 파괴와 연관되어 있기에 금지하는 대통령의 뜻에 따르기로 했다면, 낙태에 반대하는 사람들은 태아의 법적 지위를 인정하는 연방법을 가질 수 있었을 것이고, 그러한 법령은 미국에서 낙태에 반대하는 이들에게 아주 유용한 기반을 제공했을 것이다. 그리고 이것이 유전자 복제를 놓고 행정부와 의회의 지지자들이 불러일으킨 질풍노도 이면에 숨겨진 진짜 목적이다.

부시 대통령이 시험관 수정 클리닉에서 행해지는 배아의 인위적 형성이나 파괴에 대해서는 아무런 언급도 하지 않았다는 것을 기억해야 한다. 이는 카스 박사의 위원회도 마찬가지이다. 사전에 먹고 뱉는 일련의 행동 이후에, 생명윤리위원회는 인공생식기술에 대하여 극소수의 과학자들만 흥미를 가지고 있는 절차들에 대해 금지해 줄 것을 요구한다고 발표하였다. 당연히 불임부부를 돕기 위한 노력의 일환으로 일어나는 배아파괴나 배아를 동결보관 하는 것에 대해서는 어떤 진지한 논평도 하지 않았다.

정치적으로 불임 치료를 방해하는 어떤 간섭도 없다. 불임 연구 역시 배아의 파괴와 연관이 있지만, 불임연구라는 것은 명백히 반(反)낙태이다. 그리고 부시 대통령과 그의 자문위원들은 불임 치료를 받고 있는 미국인의 수를 잘 알고 있다. 그러니 연구목적을 위한 인간 유전자 복제가 미국에서는 낙태반대주의자들의 동네북이 되고 있는 것이다.

무엇을 해야 하는가

이러한 관점에서 위원회는 미국 내에서 유전자 복제를 비롯한 생명의학의 진보로 야기된 여러 논란들에 대하여 공정하게 관여할 수 있는 공정한 집단으로서의 신뢰성을 잃었다고 볼 수 있다. 위원회는 대통령과 행정부의 측근이라는 강력한 단체로서 그들의 입지를 여전히 유지하고 있다. 그들의 권력은 불임치료와 같은 정치적인 위험 선을 건드리지 않는 한 계속 유지될 것이다.

미국에서 생명윤리학이 정치화에서 되돌아오려는 전환점은 보이지 않는다. 부시는 그의 보수적인 기초와 낙태 반대라는 그 기반을 판별하는 테스트 기준을 포기하지 못할 것이다. 대통령의 생명윤리위원회가 미국인들을 위해 생명윤리 논쟁의 믿을만하고 공정한 중개인 역할을 잘 해낼 것 같지도 않다. 많은 부분 정치화된 것이 부정할 수 없는 사실이기에, 정치 여론의 지지를 받는 생명윤리학은 당파성이 짙은 정치 무기고 안의 또 다른 무기가 되었다.

줄기세포 논쟁의 끝

*

대중매체는 더 가볍게 다루지 못할 것이고, 태아 인권옹호자와 일부 종교지도자들은 절대 인정하지 않겠지만, 배아 줄기세포 연구에 대한 광적이고 과열된 논쟁은 이제 지나갔다.

배아 줄기세포 연구를 반대하는 부시가 선거에 승리하고, 지지를 표명한 캐리 후보가 선거에 패배한 것은 좀 이상한 듯 하지만 미국의 줄기세포 논쟁은 캘리포니아, 뉴욕에서 있었던 지난 11월 선거에서 끝이 났다.

캘리포니아 주민들은 71%의 압도적 지지를 보냄으로써 부시 정부의 배아 줄기세포 연구 지원 중단과 배아 줄기세포 연구 반대를 정면으로 반박하였다. 60대 40으로 30억불의 주 정부 연구지원금을 캘리포니아 내에서 행해지는 배아 줄기세포 연구에 배정하였다. 캘리포니아 주는 향후 10년 동안 배아 줄기세포 연구에 매년 3억씩을 지원하기 위해서 채권을 발행할 예정이다. 캘리포니아가 한 해에 이 연구에 쓸 돈은 연방정부가 지금까지 배아 줄기세포 연구에 지원한 금액 전체보다 10배나 큰 금액이다.

캘리포니아의 결정이 부시의 금지 법안에 일격을 가한 후 또 다른 쓰라린 패배가 기다리고 있었다. 8월에 있은 유엔 연설에서 부시는 전면적인 금지법을 요청하였다. 11월 19일에 유엔은 이미 적극적으로 줄기세포 연구를 추진하고 있는 한국, 영국, 벨기에 같은 국가들의 강력한 주장에 따라 금지를 포기하였다.

대신 유엔은 유전자 복제에 대한 비제한 선언을 고려하는데 동의하였고 입법될 예정이다. 유엔은 부시가 공화당의원들이 그토록 입법화하려던 줄기세포 연구를 위한 유전자 복제 금지법에 반대표를 던졌다.

주요한 역할을 한 사람들은 부시의 재당선에서 윤리적 기반을 제공한 사람들이다. 그러나 줄기세포 연구에 있어서는 보수적인 가치관이 그다지 크지 않았다. 캘리포니아 주 유권자들은 배아 줄기세포 연구는 사람의 배아를 사용하기 때문에 비윤리적이라는 대통령의 입장에 반대하였다. 대신 이들은 배아 줄기세포 연구를 통하여 치료방법을 찾을 수 있는 많은 질병들을 생각해 볼 때, 사람 배아에 실제 인간과 동일한 윤리기준을 적용할 수 없다는 관점을 표시하였다. 이로써, 배아 줄기세포 연구가 계속될 수 있도록 보장해준 것이다. 또한 공화당만이 윤리적 가치를 가지고 배아 줄기세포 문제를 다룰 수 있다는 말이 거짓임을 보여 주었다.

캘리포니아의 줄기세포 연구 법안 71조는 전 미국의 생명의학계에 잔잔한 파문을 일으키고 있다. 싱가포르, 중국, 한국, 영국의 회사와 파트너쉽을 체결하고 연구하고 있는 과학자들은 이제 캘리포니아가 그들의 연구에 쾌적한 환경을 조성해 줄 수 있을 지에 관심을 모으고 있다. 캘리포니아에 있는 연구소에서는 과학자나 생명공학산업의 CEO들 중에 어떤 사람이 캘리포니아로 이사를 오는지 공항에서 감시를 해야 한다는 농담이 떠돌고 있다. 생명공학 산업을 육성하고 있는 다른 주들은 골든 스테이트(캘리포니아주의 다른 이름)의 큰 투자로 얻은 노다지와 과학적 수확물을 캘리포니아에 전부 빼앗기지 않기 위해 고심하고 있다.

메사추세스, 미네소타, 뉴저지, 일리노이 주의 국회의원들은 줄기세포 연구를 하는 연구소, 과학자와 벤처 투자자들을 자신의 주로 끌어들이기 위한 법안을 만들기 위해 애쓰고 있다. 위스콘신의 주지사, 짐 도일은 그 주가 배아 줄기세포 연구를 선점할 수 있도록 7천5백만 불을 지원한다고 발표하였다.

앞으로 더 많은 주들이 뒤를 따를 것이 분명하다. 줄기세포 연구를 지원하는데 미온적인 주에 살면, 이 연구가 가져다주는 의학적, 경제적 성과를 가질 수 없음이 분명하기 때문이다.

배아 줄기세포 연구의 지지자들조차 캘리포니아와 유엔의 급선회에 놀라고 있다. 환자 권리옹호집단에서는 대통령의 새로운 줄기세포 개발이나 줄기세포의 유전자 복제 연구에 대한 정부지원 금지 방침을 철회하도록 계속적인 압력을 행사하고 있다. 그러나 캘리포니아의 커다란 투자가 의미하는 것은 워싱턴의 이 문제에 대한 정치적 관심이 이미 빛이 바랬다는 것이다. 대통령은 자신의 지지자들에게 자신은 아직 금지법에 동의한다고 말하면서도 미국이 이제는 줄기세포 연구에서 주도적 역할을 하고 있음을 잘 알고 있을 것이다.

만약 이 어려운 정치적 딜레마를 벗어날 수 있는 최선의 해결책은 캘리포니아의 연구 지원비 사례다.

이제 공은 더 많은 연구비를 지원받으려고 분투하는 과학자들에게로 넘겨졌다. 유엔과 캘리포니아가 입안 투표를 하는 사이에, 이제 배아 줄기세포 연구를 지원할 자금이 많아졌다. 이제 문제는, 향후 10년 안에 과학자들이 결실을 낼 수 있느냐는 것이다.

배아 줄기세포 연구의 싸움은 사실 상당히 과열되고, 왜곡되었으며, 위선이 있어왔다. 보수주의자들은 유전자 복제 연구에 관련된 이슈들을 복제인간에 대한 대중적 공포를 이용하여 흐리게 만들었다. 배아 줄기세포 연구의 지지자들은 치료를 위하여 사실상 살인을 저지른다는 반대의견에 맞서 오직 이 연구만이 당뇨, 전신마비, 알츠하이머와 파킨슨병을 기억 속에 사라지게 만들 수 있다고 응답하였다.

논쟁을 하고 있는 사람들 중 불임클리닉에서 매일 수천 개의 배아 세포가 버려지고 있으며, 냉동고 안에 수 만 개의 사용하고 남은 배아 세포가 앞으로 버려질 날만 기다리고 있다는 사실을 아는 사람은 없는 듯하고, 신경 쓰는 사람도 없는 듯하다.

결국, 상식적으로 생각해보면, 미국에서는 연구에 배아를 사용해서는 안 된다는 보수적 윤리관을 진보적 과학관이 뛰어넘은 듯하다. 그리고 국제 사회는 유전자 복제 연구를 허용했다고 해서, 금방 복제인간이 거리를 활보하게 될 것이라는 걱정은 기우임을 깨달은 상태다. 부시 대통령은 최근 선거에서 자신의 윤리적 기준을 높이 잡았지만 배아 줄기세포 연구 논쟁의 결과로 보자면, 끝까지 잡고 있지는 못할 듯하다.

잔인한 고아 츄파?

*

당신의 윤리적인 배경이 무엇이든 간에 '츄파'라는 단어를 들어본 적이 있을 것이다. 유대어인 츄파에 대한 고전적인 설명은 부모를 죽이고 나서 법정에서 '난 이제 고아가 되었으니 자비를 베풀어 달라'고 하는 상황을 말한다.

츄파는 요즘 부시 대통령의 줄기세포 연구에 대한 입장을 지지하는 사람들에게 딱 들어맞는 듯하다. 이들은 연일 언론에서 줄기세포 연구 지지자들이 윤리적 문제를 도외시하고, 진지하고 복합적인 관점에서 다루려 하지 않는다고 비난하고 있다. 찰스 크러우스머, 부시 행정부의 생명윤리 자문위원은 최근 타임지에 민주당에서 내린 배아 줄기세포 연구에 대한 평가는 지지할 가치가 없다고 하였다.

부시의 또 다른 자문위원인 윌리엄 프리스트 위원은 상원에서 부시를 비난하고 격하하는 사람들은 부끄러운 줄 알아야 한다고 목소리를 높였다. 로라 부시 여사 또한 내 아버지는 알츠하이머로 돌아가셨는데, 과학자들은 그 치료법이 마치 자신의 손끝에 달린 것처럼 말하는 것은 옳지 않다고 하였다.

이제 크러우스머, 프리스트 상원의원, 영부인께서는 츄파를 범하였다. 그렇게 하면 할수록 이들 부시의 배아 줄기세포 연구 금지를 지지하는 사람들은 이와 관련된 윤리적 문제들을 오히려 욕되게 한다. 대통령의 이 정책은 윤리적으로 전혀 말이 되지 않기 때문이다.

사실, 부시 대통령은 하루아침에 줄기세포 연구를 금지한 것은 아니다. 그의 성난 지지자들이 말하는 것처럼 그는 신중히 생각했다. 몇 주 정도는 말이다. 대통령은 여러 윤리학자들의 자문을 받았으며, 그의 첫 번째 대 국민 연설에서 줄기세포 연구를 충분히 고려하여 적당한 선에서 결정하였다고 발표하였다. 연방정부가 지원하는 연구에서는 더 이상의 배아 세포 파괴는 없을 것이라는 것이다.

하지만, 아무리 좋게 표현하여도 달력에 독단적인 선을 그은 것만으로 대통령은 그가 연설하는 그 날까지 이미 존재하는 줄기 세포에 대한 연구만을 허락하였다. 60개 정도의 줄기세포 주가 존재한다고 하면서 연방정부는 이들 줄기 세포에 대한 연구를 지원하겠다는 것이다.

이제, 이 줄기세포 연구 금지 법안을 정확하고 분명하게 설명하면서, 2001년 이전의 것들은 사용할 수 있다는 것은 금지가 아니라는 것이다. 그리고 자신은 역대 어느 대통령보다 많은 돈인 2천5백만 불을 배아 줄기세포연구에 지원했다고 하였다.

뭐라 해도 2001년 이후의 배아 줄기세포 연구에 정부의 연구지원금이 중지된다는 것은 이 연구에 대한 틀림없는 금지이다. 게다가, 이 문제에 관심이 있는 사람은 누구나 알고 있듯이, 60여개의 줄기세포가 존재한다는 것은 틀렸다. 정확히 말하자면 23개가 있다. 과학자라면 누구라도 이 숫자의 줄기세포로는 임상 시험프로그램을 한 개 진행하기도 부족한 숫자라는 것을 알 수 있을 것이다.

　그리고 대통령이 배아 줄기세포 연구에 지원했다는 2천 5백만 불의 돈은 보조 의약품과 대체의약품 연구비로 전환되었다. 대통령이 적정선에서 타협했다는 그 돈은 세인트 존스 맥아, 티치, 검정 코쉬 뿌리 연구에 들어갔다. 좀 달리 표현하자면, 대통령이 말한 2천5백만 불은 한 개 의과 대학 내과나 신경과의 한 주요 파트의 1,2년 정부지원 연구비에 불과하다. 대통령이 말한 적정선이라는 것은 사실 아무 것도 아니고, 그의 지지자들과 마찬가지로 그의 윤리적 동기라는 것도 모호하기 그지없다.

　대통령은 배아 파괴는 잘못된 것이라고 하면서도 2001년 8월 이전의 배아를 파괴하는 연구는 허용한다, 그가 배아를 파괴하는 연구를 중단시켰지만 전국의 불임클리닉에서는 유효기간이 지난 수정란을 끊임없이 폐기하고 있다. 배아 파괴는 잘못된 일이라 말하면서도 불임클리닉에서 파괴되어 사라지는 배아 세포들과 척추손상 환자와 소아 당뇨로 고통 받는 아이들을 위해 그 배아를 사용하는 일이 똑같이 비윤리적이라 믿는지는 제대로 말하지 못했다. 정말로, 대통령은 배아파괴는 비윤리적이라 하면서도 미국의 과학자들이 한국, 영국, 중국 혹은 싱가포르가 주도하는 배아를 사용하는 연구에 참여하여 그 연구 결과를 미국 학술지에 싣고 미국 특허를 따려 한다는 점은 언급하지 않았다. 왜 인가?

　대통령의 줄기세포 연구 금지 논점으로 되돌아가서 그의 유전자 복제에 대한 입장을 생각해 보자. 인간 배아 외에 다른 배아 줄기세포를 공급할 수 있는 곳이 있다. 복제양 돌리를 만들었던 기술을 응용하여 유전자 복제한 배아를 페트리 접시에서 배양하여 필요한 연구에 사용할 수 도 있다. 대통령의 지지자들은 그가 적정선에서 타협하였다고 한다. 정말 그럴까? 부시는 그저 줄기세포를 얻는 방법을 금지한데 지나지 않는다. 유엔에는 별 다른 신경을 쓰지 않았으면서, 요즘은 유엔이 유전자 복제 연구를 금지하는 법안을 채택하도록 설득하는데 열을 올리고 있다. 이것도 적정선이라 생각하나 보다.

　하지만, 잠깐, 이것도 사실이 아니다. 로라 부시가 지적한 바와 같이 배아 줄기세포 연구의 지지자들은 이 연구에 대해 지나치게 흥분한 것일까? 그렇다. 그건 어느 정도 사실이다. 하지만 21세기 미국에서 행해진 대부분의 과학은 과장된 바 없지 않다. 자신이 생각하기에 질병의 치료와 완치에 너무나 중요한 연구를 대통령이 금지하려고 한다면 흥분하지 않을 과학자가 어디 있겠는가? 당신이 만약 로라 부시라면, 남편의 줄기세포 연구를 금지하는 정책은 난치병 환자들에게는 가장 잔인한 정책이라는 사실을 알아야만 할 것이다.

　여기서 진짜 일어나고 있는 일은 무엇인가? 대통령은 인간과 그의 인권은 수정이 되는 순간부터 시작된다고 믿는 사람들 중의 한 사람인 듯하다. 그 수정이 시험관 안에서 일어나는 것일 지라도 말이다.

　대통령과 정부는 그의 지지자 층이 낙태를 강력히 반대한다는 사실을 알고 있다. 또한 대다수 미국인들은 인간 배아를 완전한 인격으로 인정하는 법안에 전적으로 동의하지 않을 것이라는 것도 알고 있다.

　국민들이 인간 배아에 대해서 어떻게 생각하든 간에, 그들은 대부분 배아를 사람이라 생각하지 않는다.

　그래서 그들은 정치적 계산 하에 낙태반대정책을 선전하기 위한 승률 좋은 경주마로서 줄기세포 연구를 선택하고 태아인권 법안지지자들의 표를 끌어들이는 데 이용하고 있다. 그리고 유전자 복제가 지금까지 한 번도 가져보지 못했던 기회 - 배아를 인간으로 인정하는 법을 만드는 - 를 줄기세포 연구의 금지를 통해 얻어 보려는 것이다. 이들은 국민들이 인간 복제에 대한 공포심을 갖게 하고, 태아파괴에 대하여 떠드는 것으로 승부를 걸어, 낙태 반대 운동을 이용하여 정책에 대한 지지를 얻을 수 있을 것이라 생각한다.

하지만 이 도박은 실패하였다. 배아 줄기세포 연구와 유전자 복제 연구는 생명과학과 의학계의 커다란 관심을 끌었으며, 생명공학 산업, 중요한 특허권을 가진 집단과 수천만 명의 난치병 환자들과 이들의 대표자 집단의 반향을 불러일으켰다. 대통령은 오히려 유리한 입장을 잃었다. 2001년 이후의 배아 줄기세포 연구에 대한 정부지원 중단과 배아 줄기세포 연구 금지는 아주 인기 없는 정책으로 판명 났고, 다음번 선거에서 그 대가를 치를 것이다. 그래서 대통령과 그의 지지자들은 갑작스럽게 자신들의 입장을 적당 선에서 타협하는 것으로 전환하였다.

원래의 츄파 이야기로 되돌아가보자. 대통령은 거의 모든 배아 줄기세포 연구를 반대한다. 그리고 적당 선에서 타협하겠다고 했다. 결국은 전부 말로만 끝이 났다.

부시, 부끄러운 줄 아시오!

*

플로리다 주지사 젭 부시는 부끄러운 줄 알아야 한다. 대부분의 미국인들은 한 여성이 강간을 당해 임신이 되었고, 출산 시 사망의 위험이 있다면 유산하는 것이 당연하다고 생각할 것이다. 그런데 플로리다 주지사는 그렇게 생각하지 않는다. 젭 부시는 심각한 장애를 가진 여성의 편에 서서 그녀의 이익을 최대한 고려해야할 때에 이 문제를 낙태 반대라는 정치적 선전에 이용하고 있다.

지난 1월, 올랜도의 한 수용시설에서 22세의 한 여성이 강간을 당했다. 그 여성은 지금 임신 5개월이다. 그녀는 중증 정신 지체를 가진 장애인으로, 전문가에 따르면 그녀의 인지 능력은 1살짜리 어린애와 같다고 한다.

그녀는 중증 정신 지체 외에도 뇌성마비와 자폐를 앓고 있으며, 심각한 간질 증세도 보이고 있다. 이러한 상태에서 이 불행한 여성이 아이를 가진다는 것은 아주 위험한 문제가 된다. 출산 과정에서 죽을 수도 있기 때문이다.

플로리다 주 사회복지부는 이 강간 사건을 접수받자 바로 보호자 지명

신청을 했다. 이러한 상황에서 피해 여성이 철저한 의료 검사를 받을 수 있도록 허락을 하는 일은 보호자의 몫이기 때문이다. 바로 이때 젭 부시 주지사가 끼어들었다.

피해 여성이 중증의 장애인이고 강간을 당했으며 출산을 하면 사망의 위험성이 크다는 사실에도 불구하고 젭 부시는 피해 여성을 위한 보호자 지명이 적절치 않다고 발표했다. 이어 피해 보호자가 아닌 2차적 보호자 즉 태아의 보호자를 결정할 때까지 피해 여성의 보호자 지명을 연기하는 소송을 제기한 것이다.

플로리다 주 판사는 젭 부시의 중지 신청에 대한 판결을 거부했다. 그 결과, 출산을 견뎌낼 수 없을 정도로 많은 의학적 문제를 지닌 젊은 여성이 적절한 의학적 검사도 받지 못한 채 마냥 기다려야 하는 처지에 놓이게 되었다. 그녀가 출산 과정에서 사망하지는 않는다 하더라도 그녀의 심리적 상태를 고려할 때 출산은 그녀를 감정적 공황 상태에 빠뜨릴지도 모른다.

그녀를 보호하기 위해 하루빨리 보호자를 선임해야 한다. 하지만 낙태 문제를 정치적으로 이용하는 데 골몰한 주지사가 이를 허락지 않고 있다.

법원의 판결이 도움이 될지 모르나 플로리다 주 법원의 일은 느려 터졌다. 하지만 임신이란 것은 그렇지 않다. 태아의 생존력이 인정되는 임신 24주에 이르면 임신을 중절하기가 훨씬 더 어려워질 것이다. 게다가 임산부의 사망을 막기 위해서 낙태 수술이 꼭 필요할 정도라면 상황은 더더욱 위험해 지는 것이다.

한마디로 젭 부시는 피해 여성을 조금도 생각하고 있지 않다. 그의 관심은 태아에만 쏠려 있다. 이 점에서 그는 틀렸다. 윤리적 초점은 피해 여성에게 맞춰져야 마땅하다.

출산으로 죽을지도 모르는 강간 피해자에게 아기를 낳도록 강요해서는 안 된다. 게다가 적절한 산전 검사를 받기 위해서 특히 장애 여성의 경우 빨리 보호자가 있어야 한다. 지금 당장!

이러한 경우에 현실을 파악하고 무엇이 피해 여성에게 가장 좋은 일인 지를 결정해줄 누군가가 필요한 것이다. 피해 여성의 삶을 정치적으로 이용하는 주지사는 그 누군가가 될 자격이 없다.

주지사가 이 사건에 개인적으로 참견할 만큼 시간이 남아돈다면 우선 피해 여성을 위한 보호자 지명에 신경을 써야 할 것이고 그런 다음에는 자신의 주 내에서 다른 중증 장애 여성을 성폭력에서 보호하려면 주지사 로서 어떤 일을 할 수 있을지 생각해보아야 할 것이다. 아마도 주지사는 이 사건 피해자와 유사한 처지의 젊은 여성에게 피임약을 제공하거나 최 소한 성폭력 가해자들이 접근하지 못하도록 적절한 보호를 하는 조치를 취할 수 있을 것이다.

지금까지 젭 부시가 한 일이라고는 무력한 여성의 생명을 중대한 위험 으로 몰아넣은 일뿐이다.

12

국가 의료시스템의 윤리

9·11이후 건강관리는 전시체제로

*

정부는 모든 국민들이 안전하다고 느낄 수 있도록 해 주어야 한다. 이제는 모든 것이 달라졌다. 테러리스트의 공격 이후 이러한 경각심이 온 국가를 뒤덮고 있다. 하지만 아직도 변화 없이 같은 상태로 존재하는 것이 하나 있다. 바로 엉망이라 할 수 있는 우리의 건강관리 시스템이다. 그리고 이제는 직장뿐만 아니라 생명까지도 잃어버릴 수 있는 상황에 놓일 수도 있기 때문에, 정부가 국민들에게 안전을 제공해 주는 것이 그 어느 때보다 중요하게 여겨지고 있다.

한때 우리는 너무나도 안전한 세상에 살고 있었기 때문에 그저 우리가 일상생활에서 느껴지는 위험이란 오직 텔레비전 프로그램이나 할리우드의 무서운 영화에서 그러한 감정을 느낄 수 있었다. 하지만 이제 그러한 세상은 사라졌다. 우리는 한때 우리가 당할 수 있는 큰 위험이란 복제인간이나 로봇이 공격하는 그런 이미지를 연상하였다. 이제 그러한 세상은 사라졌다. 우리는 한때 주변 국가의 재난에 대하여 냉담하고 무관심해 왔다. 이제 그러한 세상 역시 사라진 것이다.

필자는 최근에 테러리스트 공격으로 목숨을 잃은 사람들의 배우자, 친구, 연인 그리고 아이들의 이야기를 들으면서 그 사건 이후 최근에 우리가 살고 있는 이 세상이 얼마나 많이 변화되었는지 생각하게 되었다. 특히 한 여인이 나의 관심을 끌게 되었다. 텔레비전 인터뷰에 나온 그녀의 이름을 보진 못했지만, 그녀의 남편은 국제 무역 센터 빌딩에서 목숨을 잃었다. 그녀에게는 5명의 자녀가 있고 지불해야 할 의료비와 심리 치료비가 있었다. 그녀는 어떻게 치료비를 지불해야 할지 막막하다고 하였다. 이제는 정말 모든 것이 달라졌다. 우리가 아직도 희생자들에 대해 안타까운 마음을 가지고 있는 것과, 비도덕적인 건강관리 시스템이 테러리스트의 공격전과 하나도 달라진 것이 없다는 점을 제외하고는….

어떻게 진료비를 지불해야 할지 걱정하고 있는 이 여인과 똑같은 문제를 겪고 있는 수천 명의 다른 사람들도 방치되어서는 안 된다. 테러리스트와의 전쟁에서 우리 모두가 전쟁지역의 군인과 마찬가지인 이러한 상황에서 어느 누구나 건강관리 관련 청구서에 대해 걱정을 하게 해서는 안 된다. 올바른 정책을 통해 오래되고 잘못된 건강관리 시스템 역시 없애버려야 할 시기가 된 것이다.

경제가 안정되지 못하고 전쟁 중에 있는 상태에서 새로운 사회 개혁 프로그램을 제공하도록 강력한 압력을 가하는 것이 좀 심하다고 여겨질 수도 있을 것이다. 그러나 이상하게 들리겠지만, 이럴 때야말로 아이들을 포함한 모든 국민이 의료 청구비를 어떻게 지불해야 할지 걱정하지 않도록 해야 하는 시기인 것이다.

이제 새로운 형태의 전쟁에는 그 국경이 사라져 버렸다. 군인과 주부도 큰 차이가 없어졌다. 전쟁은 직업이나 건강 보험과 관련된 비용을 하룻밤 사이에 달라지게 할 수 있다. 전쟁은 바로 문 앞에서 일어나 부상을 당하게 되거나 장애자가 되어버릴 수도 있는 것이다.

과거에는, 국가적 차원에서 건강관리 시스템을 만들려는 노력이 공공의 이익보다는 개인적인 이익이 앞서게 되어 실패하였다. 그러나 이제 미국인들은 더 이상 공공의 이익을 개인의 이익보다 낮게 평가해서는 안 된다. 어느 엄마도 남편이 테러리스트로 인해 목숨을 잃은 상태에서 아이들의 의료비를 어떻게 지불해야 할지 걱정하게 해서는 안 될 것이다.

부시 대통령과 국회는 모든 국민이 최상의 건강관리 제도의 혜택을 받을 수 있는 계획을 만들 것이라는 약속을 해야 한다. 그리고 이러한 제도는 정부의 관리 하에 있어서는 안 된다. 이는 개인적으로 가입한 건강 보험, 군대나 직장을 통한 보험, 또는 정부가 보조하는 보험을 통하여 단순히 모든 국민들이 건강 제도의 혜택을 받을 수 있다는 것을 명시하고 있어야 할 것이다. 어느 누구에게도 자동차 보험에 가입할 수 있도록 한 것같이, 건강 보험에 관하여도 우리 이웃 국가 국민에 대하여도 똑같이 적용될 수 있도록 해야 한다.

세계 대전, 한국 전쟁, 베트남 전쟁 그리고 걸프 전쟁에 참여했던 사람들은 필요한 경우 당연히 의료 혜택을 받을 수 있음을 알고 있었다. 그들의 공적을 감사히 생각하는 국가에서 필요로 하는 것들의 혜택을 받을 수 있도록 보장하였기 때문이다. 이제 우리 모두가 군인처럼 표적이 되는 이 새로운 세상에서도 전의 경우와 같은 똑같은 보장을 전 국민이 받을 수 있어야 한다. 테러리스트가 우리에게 어떤 일을 행하던지 간에, 우리 국민과 가족들은 안전하다는 것을 알고 느낄 수 있어야 한다.

죽어가는 의료시스템

*

미국 건강제도 정책은 도덕적으로 불명예스러운 것이다. 현 정부와 국회의 주요 문제점은 노인에 대한 처방약의 적용 범위를 어디까지 확산시킬 것인가 하는 것이다. 필자는 현재 노인들과 관련된 문제에 대하여 어느 누구보다도 큰 관심을 갖고 있다. 하지만, 온갖 관심에도 불구하고, 노인들의 처방약에 대한 적용 범위를 확대하는 것은 정부의 건강 정책 관련 문제에 있어서 첫 번째 고려 사항이 아닌 상태이다. 두 번째 혹은 세 번째 고려 사항도 되지 않는다. 심지어는 네 번째에도 미치고 있지 못하다.

가장 큰 문제점은 건강관리 제도가 너무나도 엉망인 상태가 되어 상당히 많은 수의 국민들에게 적용이 되지 않고 있다는 것이다. 거의 4천2백만 명에 해당하는 국민이 현재 전혀 보험이 없는 상태이다. 그리고 정부 관리 하에 유지되고 있는 건강관리 제도인 메디케어(Medicare: 주로 65세 이상의 노인을 대상으로 하는 의료 보험 제도)를 받아들이려 하지 않고 있으며 점점 더 많은 수의 의사들은 자신들이 정부에서 받을 수 있는 환급액수가 너무 형편없기 때문에 노인 환자를 받기를 기피하고 있는 형편이다. 이외에도, 대부분의 미국인들이 장기 치료 보장 보험에 가입하고 있지만, 큰 문제점은 받을 수 있는 혜택이 부족하고 따라서 우수한 진료나 치료를 받을 수 없게 된다는 것이다.

둘째 문제점은 경제 상황이 좋지 않아 가난한 사람들에게 제공되었던 메디케어가 사라지고 있다는 것이다. 여러 주에서 메디케어를 없애 버리고 있는 형편이다.

오리건 주에서는 어떤 의도와 목적이 있다 하더라도 가난한 사람들에게는 건강 보험이 더 이상 존재하지 않는다. 정신 질환을 가지고 있는 사람들은 아무런 치료나 도움을 받을 수 없다. 오리건 주의 관리들은 정신 분열증이나, 심각한 우울증, 그리고 자폐증을 가진 환자들에게조차 어쩔 수 없다고 얘기할 수밖에 없는 형편이다. 이러한 상황은 도덕적으로 정말 너무나도 심각한 상태인 것이다.

셋째 문제점은 비용이 점점 상승하고 있다는 것이다. 처방약의 가격이 천정부지로 치솟고 있다. 회사 편에서 지급하는 보험료는 지난 10년 사이에 12배나 상승하였다. 대부분의 국민이 그러하듯이 회사를 통해서 건강 보험을 갖고 있는 경우 개인이 내야하는 금액이나 공제액이 계속하여 상승하고 있다. 많은 퇴직자들의 경우 자신들에게 건강 보험 혜택을 약속하였던 회사들이 없어졌거나 파산을 해 버려 보험 혜택이 저절로 없어져 버렸다.

마지막이라 할 수는 없지만 네 번째 문제점은 부정 치료가 많아짐으로써 실제로 의료 서비스의 본질이 사라지고 있다는 것이다. 의사들 중에서도 보험 청구액이 너무도 상승한 데 대하여 보이는 반응에 대하여 이해할 수 있을 것이다. 이 시스템이 아픈 사람들에게 정당한 치료를 행하고 비난을 받을 만한 오류를 줄이게 된다면, 상승하는 비용에 대해 변명할 여지가 있을 수 있을 것 이다. 그렇지 않다면, 이러한 현상으로 인해 부자가 되는 사람은 변호사를 포함하여, 누가 될 것인지 너무 뻔한 이치이다.

확실히, 노인들은 필요로 하는 약품을 얻는데 있어 많은 어려움을 겪고 있다. 그러나 도덕적인 면에서 보면, 노인들의 문제는 전 국민의 20%가 의사를 방문할 수도 없다는 사실 또는 정신적 질환을 심하게 앓고 있는 환자가 아무런 의학적 치료를 받을 수 없다는 사실과 비교해 보면 상대적으로 큰 문제가 될 수가 없다.

정치인들은 노인들이 필요로 하는 의료 혜택을 받을 수 없다는 사실에 대하여 불만을 나타내고 있다. 너무나도 많은 사람들이 보험 혜택을 받지 못하는 현 건강관리 시스템을 고치려는 노력을 전혀 보이고 있지 않다는 것은 도덕적으로 불명예스러운 일이다.

건강 관리시스템의 문제

*

미국의 건강관리 시스템이 도대체 얼마나 불량한 상태인 것일까? 대법원이 HMO(건강관리 기구: Health Maintenance Organization)를 법률상의 곤경에서 살려주는 판결은 내렸지만, 그 전에 이미 이 시스템은 상당히 문제가 많다는 신호를 나타내는 두 가지 사건이 최근에 보도되었다.

콜로라도 주에서는, 부자인 사람들이 건강관리 제도를 이용해야 하는 경우에 자신들이 누구보다도 먼저 이용할 수 있도록 뇌물을 쓰고 있었으며, 테네시 주에서는 가난한 사람들은 근본적으로 시스템을 이용할 기회조차도 없다는 것이다.

덴버에서는 몇 주 전에 미국 특별 의료 관리협회(American Society of Concierge Medicine)에서 주최한 최초의 모임에 참석하기 위해 미국 전역에서 백 명 이상의 의사가 함께 모이는 기회가 있었다.

특별 의료 관리란 특별히 디자인된 최고급 형태의 의료 관리 시스템으로서 환자가 치료를 요하는 경우, 어떠한 어려움 없이 아무 때나 치료를 받을 수 있다고 보장하고 있는데, 단지 따로 특별히 수수료를 내야 한다는 것이다. 한 달에 20내지 수천 달러에 이르는 수수료를 낼 수 있다면, 전화 한 통화만으로도 담당 의사와 통화할 수 있고 병원에 입원해야 하는 경우마다 특별한 배려를 받을 수 있음을 보장받는 것이다.

그렇다면, 현재 이미 건강관리 플랜에 가입되어 그에 대한 수수료를 내고 있는 상태인데 의사와 통화하기 위해 왜 추가의 수수료를 내어야 하는지 궁금해 질 것이다. 그 대답이란, 현재의 건강관리 시스템 하의 병원과 보험 회사의 입장으로 보면, 질적인 관리가 전혀 이루어지지 않고, 의사들은 겨우 겉핥기식으로 환자를 대할 수밖에 없는 실정이라는 것이다. 좀 더 많은 돈을 내는 환자의 경우에만 일상적인 시스템에서 벗어나 좀 더 좋은 의술을 펼칠 수 있는 '특별 관리(concierge)' 의사에게 치료를 받을 수 있다는 것이다. 이러한 배려와 서비스는 우리의 부모님이나 할머니, 할아버지 세대에는 너무나도 당연한 것으로 받아들여지던 것인데도 말이다.

부자인 사람들에게 좀 더 특별한 의료 혜택을 받을 수 있도록 하는 것은 불공평한 것이 아닌지 생각해 보자. 동시에 테네시 주에서는 어떤 일이 일어나고 있는지 함께 생각해 보자.

테네시 주에서는 'TennCare' 라고 알려진 주정부가 운영하는 메디케이드(Medicaid) 프로그램을 개혁하고 있는 중이다. 만약 이 프로그램이 시행된다면, 그동안 메디케이드에 의존하고 있던 상당수의 가난한 노인, 어린이 그리고 장애자들은 이제 그 혜택을 받을 수 없게 된다. 이러한 제도에 흥미를 가진 다른 주에서도 강력하게 그 뒤를 따르게 될 것이다.

전 HMO 경영자였던 주지사 필 브레데센(Phil Bredesen)은 테네시 주에서는 가난한 사람들을 위한 건강관리 제도가 매우 어려운 상태에 있음을 공식석상에서 토로했다. 지난 2월에 행한 연설에서, 주의 메디케이드 프로그램이란 환자에게 어떤 치료가 필요한지를 의사, 병원 그리고 옹호 단체들에 의해 해결도 못할 끊임없는 공수표를 발행하는 그 이상의 아무것도 아니라고 표현하고 있다. 그러나 의사, 병원 당국, 그리고 옹호 단체가 아니라면, 어떤 의학적 치료가 필요한지 누가 결정을 할 수 있단 말인가? 만약 주지사가 원하는 대로 이루어진다면, TennCare 하에서는 그마저도 아닌, 결국 의사가 아닌, 정치 관료가 가난한 사람들을 치료할지를 결정하게 될 것이다.

지금까지는, 환자에게 어떤 약을 처방하고 어떻게 치료하는가에 대한 결정은 '필수 의료절차(medical necessity)' 라고 알려진 건강관리 기준에 의해 선택되었었다. 의사들은 진료를 행할 때 그 지역의 기준에 따라 어떠한 치료를 필요로 하는지 결정하였고, 이 기준에 따른 진료를 행하지 않은 경우에는 위법 행위로 간주되어 유죄가 선고될 수도 있었다. 그러나 이제 TennCare는 이러한 이미 확립되어 있던 기준을 없애서 새로운 '정당한 건강관리' 로 바꾸려고 하는 것이다. 테네시 주의 보건국의 관리가 저비용의 약품이나 치료를 사용하라고, 심지어는 치료가 전혀 필요 없다고 결정하면, TennCare에서는 결정된 그대로의 치료를 제공하게 될 것이다.

새로운 정의 하에서는, 예방 치료 그리고 수많은 진통제에 대한 기금이 마련되어 있지 않다. 그리고 방광염(cystic fibrosis), 암 또는 천식과 같이 생명을 위협하는 상태에 있는 가난한 어린이를 치료할 수 있는 약품 역시 전혀 구입할 수가 없으며, 연령에 관련 없이 항히스타민제나 위산 감소제는 어떤 어린이들에게도 공급이 되지 않게 될 것이다. 이러한 불공정함에 대하여 이의를 제기하고 싶다면, 주에서 정해놓은 특별한 기준에 대하여 당신의 주장을 함께 해 줄 수 있는 의사를 찾을 수 있을 지도 모른다.

어느 누구도 주정부가 과도한 의료비 지출로 적자상태가 되기를 원하지 않을 것이다. 그러나 공공의 건강관리 시스템이 가난한 사람에게는 너무나도 공평치 않은 것을 보고만 있을 것인가? 너무 극단적인 방법이 아니더라도 테네시와 같은 주에서 택할 수 있는 방법, 즉 의사들이 어린이, 장애인, 만성적인 질병을 앓고 있는 환자, 임산부, 그리고 노인들을 어떻게 치료하는가에 대한 결정을 내리도록 할 수 있는 방법이 분명히 있기는 있을 것이다!

공직을 넘보고 있는 사람이라면, 약의 처방을 관리들이 결정하도록 하는 그런 어리석은 정책은 생각하지 말아야 한다. 어떠한 해결책을 내놓건간에, 건강에 책임을 지고 있는 사람은 관리가 아닌 의사들이다. 선거시에는 이런 점들도 고려해야 할 것이다.

어린이를 죽이는 건강시스템

*

　때때로, 대통령이나 미국의학협회의 회장, 또는 공중 위생국 장관 등이 우리의 건강관리 시스템이 어느 나라보다도 가장 우수하다고 자랑스럽게 발표하곤 한다. 하지만 이러한 발언은 상당히 어리석은 것으로 들린다. 왜 이러한 말을 하느냐고 의문이 생길 것이다. 현재 미국에서는 건강 보험이 없어 필요한 치료를 받지 못하고 있는 어린이들이 너무나 많기 때문이다. 그리고 이러한 문제점은 갈수록 심각해지고 있다.

　알라바마 주에서는 모든 어린이들이 가입할 수 있었던 올 키즈(ALL Kids) 보험 프로그램에 제동을 걸었다. 그 결과, 알라바마 주의 어린이들은, 얼마나 심각한 상태인지 또는 생명을 위협하고 있는 지에 관계없이, 의사를 찾지 못하고 그냥 기다리고 있어야 한다. 그리고 만약 당신이 알라바마 주 브류톤 시에 살고 있는 6살의 스테파니 로미오라면, 그리고 류마티스 성 관절염에 걸렸는데 그 증상이 너무 심해 엄마의 도움이 없이는 침대에서 일어나지도 못하고 있는 상태라면, 참 안됐다고 할 수밖에 없다. 이 세상에서 건강관리 시스템이 가장 잘 되어 있다는 나라에 살고 있

지만 그에 대한 혜택을 전혀 받을 길이 없을 뿐만 아니라, 다른 개발도상
국에 산다 하더라도 받을 수 있는 기본적인 치료조차도 받을 수 없기 때
문이다.

어린이들을 이렇게 잘못 대하고 있는 주는 알라바마 주 뿐만이 아니다.
조오지아 주에서는 12,500 명의 임산부의 태아 검진 자격을 없애 버렸다.
테네시 주에서는 당뇨병 어린이 치료에 필요한 기본적인 물품을 공급하
지 않고 있다. 플로리다, 애리조나, 그리고 노스 타코타 주에서는 수만 명
의 어린이들이 건강 보험이 없는 상태이다. 그럼 지금 우리 건강관리 시
스템이 과연 어떤 상태인지 이해할 수 있겠는가?

이래도 우리가 세상에서 가장 우수한 건강관리 시스템을 가진 나라라
고 말할 수 있겠는가? 부유한 나라에 살고 있지만 단 한 명의 어린이라도
보험이 없어 건강 제도의 혜택을 받지 못하고 있다면 이는 도덕성이 결여
된 나라라고 할 수밖에 없다.

소위 가장 훌륭한 건강관리 제도를 가지고 있다는 나라에서 보험이 없
는 아이들의 숫자가 매년 수천만 명에 이르고 있다. 부시 대통령은 이러
한 문제를 해결하기 위한 아무런 노력도 기울이고 있지 않다. 주지사들은
주 정부의 경제적 어려움을 어린이를 희생하여 해결해보려고 하는 것이
다. 건강 보험 회사들도 이러한 문제에 대해 어떠한 움직임도 보이고 있
지 않다. 그리고 이러한 문제점은 점점 더 악화되고 있는 중이다. 정말
확신과 포부를 가진 누군가가 혹은 정부 관리 중 누군가가 나서서 모든
어린이들이 건강 보험을 가질 수 있도록 대안 책을 내놓아야 하지 않을
까?

만성질병, 만성시스템

*

　몇 주일 전에 다음과 같은 사건을 소개받았다. 16살 소녀가 필라델피아에 있는 심리 치료 시설로 보내지게 되었다. 이 소녀는 거식증으로 고생하고 있었다. 병원 관계자는 단도직입적으로 매우 간단하고 직접적인 질문을 부모에게 하였다. 언제까지 이 자녀를 치료하기를 원하는가 하는 것이었다.

　이 간단한 질문이 만성적인 질환을 앓고 있는 경우 가장 기본이라 할 수 있는 윤리적인 문제점이 어떠한 것인지 나타내 주고 있다. 그리고 만성적인 질병을 대하고 있는 미국만의 독특한 문제점을 보여주고 있기도 한 것이다.

　한 소녀가 있는데 (편의상, 로렌이라 하자) 이 소녀는 13세 때부터 식욕감퇴증으로 고생하고 있었다. 이 소녀는 사춘기가 시작되었을 때 몸매에 대하여 걱정을 하기 시작하였다. 그리고 체중에 대하여 지나칠 정도로 상당한 신경을 썼다. 그리고는 다식증과 다이어트가 반복되는 생활을 계속하여 왔다.

로렌의 부모들은 로렌이 10살 때 이혼을 하였는데, 로렌이 13세 생일이 지난 후 얼마 되지 않아 체중이 급격히 감소하자 걱정을 하기 시작했다. 부모들은 잡지에서 식욕 부진에 대하여 읽어본 적이 있고 또 이러한 주제에 대하여 텔레비전에서 본 적도 있으므로 딸이 점점 말라가기 시작하자 예사롭지 않게 생각하고 두려워지기까지 하였다. 부모들이 각각 딸과 체중 감소에 대하여 대화하려고 했으나, 로렌은 무시하고 대화를 닫아버렸다.

체중 감소 문제에 대하여 딸과 얘기하려는 노력은 이혼한 두 부부의 서로 다른 접근 방법이 문제가 되어 버렸다. 한편에서는 음식과 패션에 대하여 지나치게 강조한다고 비난하는 한편, 또 한편에서는 딸에게 쓸데없는 것들을 요구한다고 비난하게 되었다.

결국, 키가 5피트 5인치(162cm) 정도인 로렌 몸무게는 100파운드(45kg) 이하로 감소하였고 친구들과 선생님들이 걱정스러운 발언을 하기 시작함에 따라, 부모들은 로렌을 위해 치료를 받아볼 곳을 찾아보기로 결정하였다. 이때 너무 놀라운 사실을 알게 된 것이다.

어머니에게는 직장을 통한 건강 보험이 전혀 없는 상태였다. 아버지의 경우 건강 보험은 있었으나, 외래 환자에게는 매우 제한된 서비스가 있을 뿐이었고, 병원 서비스는 전혀 없는 상태였다. 로렌이 정신 질환 전문가에게 치료를 받을 수 있는 유일한 방법은 체중 감소가 직접적으로 생명을 위협하고 있기 때문에 병원에 수용되어야 할 필요가 있는 경우만 가능하였다. 외래 환자를 위한 진료실과 로렌과 같은 어린이들을 상담하는 기관이 있기는 하나, 한 시간당 드는 비용이 수백 달러에 달하기 때문에 전혀 엄두도 못 낼 형편이었다.

보험 혜택을 받을 수 없다는 것은 심각한 질병을 가지고 있는 청소년들은 생명이 위험에 이를 정도로 절박한 상황에만 치료를 받을 수 있다는 것을 의미한다. 로렌이 학교의 심리학자와 여러 번 만나볼 기회가 있었으나, 학교 심리학자는 단번에 로렌의 증상이 자신이 치료할 수 있는 범위를 넘는다는 것을 알아차렸다. 결국 로렌은 심리 병동의 응급실을 여러 번 드나들게 되어 버렸다.

체중이 너무나 감소하여 의사들이 로렌이 사망할지도 모른다고 진단했을 때에야 병원에서 3일 내지 4일 정도 지낼 수 있도록 허가가 났다. 보험 회사에서는, 해당되는 보험이 급성 질환의 경우에만 혜택을 받을 수 있고, 식욕감퇴증 그 자체로는 치료 범주에 들지 않기 때문에 자주 전화를 걸어 로렌을 빨리 퇴원하도록 하였다.

무엇 때문에 로렌이 질병을 앓고 있는지 그 핵심을 알기 위한 노력은 전혀 행해지고 있지 않다. 실제 대부분의 보험을 통해서는 단순히 만성 정신 질환에 대해 아무런 혜택도 받을 수가 없다. 이것이 의미하는 것은 로렌이 건강관리 시스템 혜택을 얻기 위해서는 단순히 아주 위험한 상태이어야 한다는 것이다. 이러한 접근 방법은 비효과적일 뿐만 아니라, 치료 제공자의 입장에서도 거의 사망할 정도로 쇠약해진 상태이어야만 진료를 할 수 있기 때문에 로렌과 같은 젊은 사람들의 진료를 거절해야 하는 경우가 생기는 형편이다. 질병을 고치기 위해 아무 것도 할 수 없는 형편인데도, 똑같은 환자가 중환자실에 주기적으로 나타나는 것은 인내심의 한계를 넘어서게 하는 일인 것이다.

한 가지 면에서 생각할 때, 의료진에 대한 해답은 명확하다. 로렌을 계속 치료해야 한다는 것이다. 심장 마비 환자의 경우라면 그 환자가 응급실에 몇 번이나 다녀갔는지 간에 환자를 돌려보낸다는 것은 상상도 할 수 없는 일이다. 그러나 만성 질환의 경우에는 같은 시각으로 보지 않는다. 만성 질환 환자에게는 낙인이 찍혀 있는 것과 마찬가지이다. 환자들은 불평할 수도 협조를 할 수도 없도록 취급한다.

그리고 건강 관리비용이 많이 드는 급성 건강관리 시스템의 경우에는 로렌과 같은 문제를 다루는 서비스나 오리엔테이션은 전혀 존재하지 않는다. 만성 질환을 다루는 시스템의 경우에도 로렌과 같은 정신 질환을 가진 사람들이 필요로 하는 서비스를 받을 수 없다는 사실만을 강조할 뿐이다.

만약 로렌이 생명을 구하는 장기 이식을 필요로 한다면, 얼마나 시간이 걸리는지, 비용이 얼마나 드는지에 관계없이 이식이 가능했을 것이다. 죽어가는 16세의 소녀에게 안 된다고 할 수 있는 사람은 없을 것이다. 그러나 로렌처럼 자신을 서서히 죽게 하는 병이 있으며, 그 병으로 인해 괴로움을 겪고 있으며, 치료하기가 어렵고 하이테크를 이용할 수 없는 병이라면, 만성 질환을 앓고 있는 로렌이나 그 밖의 수 천만 명의 사람들의 치료를 거부하기가 너무 쉽다는 것이다. 그러나 바로 이것이 현재 미국이 처하고 있는 미국 건강관리 제도의 현실인 셈이다. 도덕적인 비극이라 아니 할 수 없다.

로렌의 경우는 환자, 환자의 가족, 의사, 그리고 사회사업가가 매년 접하고 있는 수 천만의 사건 중의 단지 하나일 뿐이다. 만성 질환을 앓고 있는 사람들이 매일 겪고 있는 어려움을 이해함으로써만이 만성 질환을 가진 환자가 필요로 하는 서비스를 제공할 수 있도록 하고 미래에 로렌과 같은 비극이 생기지 않도록 할 수 있는 것이다.

생명윤리란 무엇인가?

한국의 생명윤리 논쟁 / 김원중 (정형외과 전문의, 대표역자)

게놈시대를 맞는 우리의 생명윤리 / 김준형 (펜실베니아 대학 생물학과 교수)

법으로 재단되는 생명윤리 / 문재완 (한국외국어대학교 법학과 부교수)

생명과학과 생명윤리 / 박태식 (성공회 신부, 신학박사)

생명윤리학이란 무엇인가? / 카플란 (저자)

한국의 생명윤리 논쟁

김 원 중

정형외과 전문의 · 대표역자

윤리는 어떠한 행위를 규정하는 최고의 도덕적 기준이며 가장 선한 지침으로, 남을 해치지 않는 최소한의 기준을 강제하는 법과는 완전히 다르다. 정부가 지휘 감독하며 강요하는 법은 누구에게나 공평하게 적용되고, 개인차가 반영되지 않는 소극적이고 피동적인 기준이지만 윤리는 행위를 하는 개인의 양식, 윤리 의식, 책임감과 도덕성의 영향을 강하게 받으며 본인이 무엇을 최선으로 생각하는가에 따라 크게 달라지는 적극적이고 능동적인 기준이다.

따라서 윤리는 필연적으로 해당 사회의 건전성과 도덕성을 투영하게 된다.

우리에게 다소 생소한 생명윤리학은 이제 태동한지 10여년에 불과한 신생 분야로, 급격히 발전하는 과학과 의학에 의해 새로이 만들어지고 가능해 지는, 이전에는 공상속에서만 가능하였던 일들이 하루가 다르게 늘어나면서 새롭게 사람들의 관심을 끌기 시작했다.

그러나 생명윤리학이 던지는 질문들은 반드시 새로운 것들만은 아니고, 우리에게 익숙한 주제들도 상당히 포함되어 있다. 윤리와 법의 차이를 간과하고 법의 잣대로 심판을 하여 모호해 지지는 했지만, 태아의 성감별, 사경을 헤매는 환자의 보호자에 의한 퇴원, 난자 기증에 의한 배아 세포 연구 등등, 법 이전에 우리가 생명윤리에 대해 기준을 정비하고 사회적인 합의를 이룰 필요가 있다고 생각한다.

이 책을 쓴 카플란은 생명윤리의 대표적인 저자로 현대인이 자주 접하게 되는 생명윤리의 딜레마에 대해 자신의 의견을 피력하고 있다. 전술하였듯이 윤리는 개인의 양심, 신념, 책임감, 도덕성의 영향을 강하게 받으며, 또한 사회의 관습과 지식의 정도 등 여러 가지에 의해 달라지게 된다. 한국에서는 윤리적으로 받아들여지는 것이 미국에서는 그렇지 않다고 간주 될 수도 있으며, 그 반대의 경우도 존재 할 수 있다. 이 책을 통해서 우리는 저자의 견해를 수용하고 배울 수도 있겠지만, 이러한 문제가 실제로 우리 앞에 제기 되었을 때 어떻게 대응을 하고, 문제가 발생하지 않도록 어떻게 준비를 할 것인지를 생각해 볼 기회를 가지게 된다.

이 책을 통해 저자는 기회의 공평성에 대한 질문을 자주 던지고 있다. 새로운 과학적인 발견을 통해서 능력이나 지능을 향상시키는 것이 과연 불공평한가? 하향 평준화가 공정한 것으로 치부되는 지금의 우리 사회 논리로 보자면 여기 소개된 주제들은 아예 토론 거리가 안 된다. 그저 성자처럼 모든 것을 착한 척만 하면 될 것이니 말이다. 그러나 현실과 이상과의 차이가 엄연히 존재하고, 뼈가 시리도록 그 차이가 느껴지는 것이 우리 현실임을 생각하면, 이러한 주제들에 대해 생각을 해 볼 기회를 제공하는 이 책이 앞으로 우리가 맞닥트릴 문제에 대해 이성적인 해법을 찾는데 도움이 될 것이라고 생각한다.

한국은 서양사회 보다 개인의 프라이버시나 개인 정보의 보호가 취약하며 일반 사람들도 그 중요성과 위험성에 대하여 정확하게 인식을 하지 못하고 있다. 앞으로 생명과학이 발전하면서 노출의 위험이 있는 개인 정보는 상상을 초월하는 정도가 될 것이다. 한 사람 한 사람이 다른 사람의 정보가 그 당사자에게 갖는 중요성을 뼛속 깊이 절감하고 윤리적으로 이런 정보의 불법 유출 방지에 각별히 노력하지 않는다면 도래하는 정보화 사회는 지옥과 다름없을 수 있다. 윤리적인 사회는 윤리적인 개인들의 집합체임을 명심해야한다.

게놈시대를 맞는 우리의 생명윤리

김 준 형

펜실베니아 대학 생물학과 교수

2006년에 출판한 이 책에서 저자 카플란은 10년 이내에 일어나게 될 게
놈학의 데이터 사용으로 파생될 중요한 생명윤리 문제들을 예측하였다.
그러나 예상되었던 그 문제들 가운데 많은 수가 이미 우리 앞에 나타나는
조짐을 보이고 있다.

예를 들어, 관련연구를 행하고 있는 많은 병원에서 모든 환자들의 유전
자 샘플을 채취하는 프로그램에 착수하고 있는가 하면, 유전자 관련의 중
요한 연구 논문들이 참으로 경이로운 속도로 뒤이어 발표되고 있는 형편
이다. 다음에 기술하는 내용은 카플란이 예견하였던 몇 가지 문제점에 덧
붙여, 유전자 정보가 연구 목적으로만 이용되는 것이 아니라, 대다수의
일반사람들에게 적용되는 경우 어떤 사태가 일어날 수 있는가를 추리하
는 시나리오가 될 것 같다.

사람의 게놈은 A, C, G 그리고 T로 이루어진 약 20억 개의 염기쌍으로

된 정보를 가지고 있다. 4글자 A, C, G, T 가 특정하게 치환 배열된 것을 개인의 '게놈 배열' 이라고 한다.

지구상에 사는 60억의 사람들은 각각 고유한 게놈 배열을 가지고 있다. 다시 말하자면, 한 DNA 샘플을 채취하여 그 게놈 배열을 읽는다면, 이 DNA 샘플이 누구의 것인지를 틀림없이 알아낼 수 있다는 것이다. 즉, 게놈 배열은 각개인의 유일무이한 신원을 확인해준다는 뜻이다.

또한 배열에 숨겨져 있는 정보를 확인하게 되면, 한 개인에 대한 모든 것, 즉, 그의 머리칼은 어떤 색깔인가, 그는 몸무게가 늘어날 체질을 가지고 있는가, 또 그는 음식에 대해 알레르기 반응을 하는가, 또 그것은 어떤 음식들인가, 그의 성품은 어떠한가, 등등을 적어도 부분적으로는 알 수 있게 된다는 말이다.

그 뿐 아니다. 게놈은 한 개인이 어떤 병에 걸릴 가능성을 지니고 있는지, 어떤 약이 효과적으로 사용될 수 있을지, 어떤 부작용으로 고생할 수도 있을지, 그리고 궁극적으로는 그가 얼마나 오래 살게 될지를 결정하는데 큰 역할을 하는 것으로 믿어지고 있다.

과학은 우리로 하여금 게놈이 생물학적 과정에서 어떤 역할을 수행하고 있는가에 대하여 나날이 새로운 사실을 알려주고 있다. 이것이 의미하는 바는 게놈 배열을 읽어낼 수 있는 가까운 미래에 있어, 당신은 자신이 고혈압 증세를 갖게 될지, 혹시 췌장암에 걸리게 될지, 자녀가 혹 자폐증에 걸리게 될지, 등등에 대하여도 알 수 있게 된다는 것이다. 그렇게 되면 이러한 정보를 가지고 당신은 예방치료는 물론, 몸에 해로운 부작용을 피하면서도 가장 효과적인 약품을 찾을 수 있을 것이며, 당신만의 개별화된 치료의 혜택을 받을 뿐 아니라, 재정적인 계획을 세우는데도 상당한 도움을 받게 되는 것이다.

반면 이러한 게놈 정보로 인해, 당신이 보험 계약을 거부당하거나, 회사에서 해고당하거나, 심지어는 거주문제, 자녀 생산, 그리고 인간관계 등의 측면에서도 차별과 불이익을 당할 가능성이 있다는 것도 부정할 없는 사실이다.

이렇게 유전 정보의 오용 내지 남용에 대한 이러한 추리가 과장된 것처럼 느껴질 수도 있겠지만, 우리의 경험으로 보면 정보가 존재하는 이상 누군가가 그것을 어떤 특정한 이익을 위해서 사용할 가능성을 배제할 수 없는 것이 현실이다.

위에서 기술한 바와 같은 게놈 정보를 얻는 과정에는 두개의 측면이 있다.

첫째, 게놈 배열 정보는 인간의 생체 물질에서 얻는다는 것이다. 둘째, 배열에 대한 지식을 얻은 다음에는, 과학자들은 생물학적 결과, 즉, 특정한 게놈 배열을 가지고 있는 그 사람의 생물학적 운명을 예측할 수 있어야 한다는 것이다. 현재, 게놈 정보는 대부분 혈액 샘플에서 얻으며 개인당 약 50만원의 비용이 든다.

그러나 적어도 5년 이내에는 이 비용이 100배정도 싸질 것이고, 또한 정보를 얻는 방법도 혈액채취와 같은 성가신 방법이 아니라, 침이나, 벗겨진 피부세포, 또는 머리카락 등의 채취로도 가능해질 것이다.

2010년에는, 단 5천원의 비용을 들여 보험 신청서를 보내기만 하면, 보험회사에서는 우표에 남아있는 신청자의 침에서 게놈 배열을 알아내고, 이 신청서를 받아들일지의 여부를 결정하게 될 지도 모르는 일이다.

이와 같이 비용이 적게 들면서도 간단한 측정기술의 등장은 시간문제인데, 여기에 있어, 보다 중요한 것은 그 측정의 결과가 아니라 결과물의 이해와 해석방법일 것이다.

　현재 특정한 종류의 희귀 암이나, 그동안 연구가 많이 행해진 다운 증후군 같은 유전자 병에 대해서는 이 게놈 배열을 통해 발병할 가능성을 충분히 알아낼 수 있다. 그러나 아직까지 게놈 배열에서 개인의 수명이나, 일반 질병을 일으키는 위험 인자까지는 알아내지 못하고 있다. 이러한 지식을 얻는 데에는 적어도 30년 이상의 상당한 시간이 걸릴 것으로 예상된다. 그러나 과학의 진보는 새로운 측정기술의 발전과 속도를 함께한다고 알려져 있다. 현재 측정기술 발전의 속도를 보면, 앞으로 적어도 5년 이내에 보험회사가 필요로 하는 정도로 상세한 개인의 의학정보 예측은 이루어질 수 있을 것도 같다.

　'선천적인가 후천적인가' 하는 문제는 오랫동안 학계에서 계속된 논쟁이지만, 대부분의 생물학자들은, 적어도 일부 유전적 인자는 선천적으로 생물학적 과정에 작용한다고 믿고 있다. 가령, 동물들의 경우, 공격성이나 모험적 성향이 유전적 요인들과 관계가 있다는 것은 우리에게 알려진 사실이다. 개인의 수명의 길이, 근육발달, 시력상태 등이 유전인자에 의하여 향상될 수 있다는 것도 우리가 아는 바이다. 사실, 우리에게는 모두 유전적 운명이 정해져 있는 셈이다. 그렇다면, 한 인간의 사회적 지위 또는 역할이 그의 유전적 등급에 의하여 결정된다는 생물학적 결정론이 사회적으로 적용되는 가공할 사태를 지금껏 막고 있었던 것은 결국 그 정보에 대한 우리의 무지와 다름 아니었던 것이다. 이제 우리는 각자의 생물학적 신원이 다른 사람에 의해 얻어 질수 있고, 널리 배포될 수 있으며, 모두와 공유될 수 있는 적나라한 생물학적 결정론의 시대로 뛰어드는 벼랑 끝에 서있는 셈이다.

태어날 아기의 성별을 미리 알고 싶어 하는 부모도 있겠지만, 그것을 원치 않는 부모도 많다. 그처럼, 자신의 생물학적 운명에 대한 정보를 원하느냐 않느냐의 문제도 개개인에 따라 다를 것이다. 아마도 우리 가운데 많은 수는 자기의 예상 사망 시기를 알아내는데 대하여 그리 내켜 하지 않을 듯 하다. 그러나 그러한 정보를 얻음으로써 길건 짧건 간에 자기의 나머지 삶을 보다 좋게, 창의적으로 산다는 전망에 대하여 반대할 사람의 수도 그리 많지 않을 것이다. 또한, 이 정보를 활용하여 병의 재해들을 소멸하기 위하여 비용이 보다 덜 드는 방법을 모색한다는 중대한 가능성에 대하여 반대할 사람의 수도 많진 않을 것이다.

그러나 우리의 생물학이 바로 우리 자신이다. 우리의 생물학적 과정들이야말로 압도적으로 우리를 결정짓는 요소들이며, 우리의 병, 우리의 성품, 우리의 정신적 여러 능력들, 이 모든 것은 우리 자신의 긴밀하고 개인적인 파라미터인 것이다. 게놈에 대한 지식은 이러한 개인적 정보가 완전히 공개된다는 것을 의미하는 것으로 그것은 우리 개인의 재정 상태가 공개되는 것 이상의 훨씬 더 큰 여파를 몰고 올 것으로 예상된다.

그러면 앞으로 우리는 어떻게 해야 할까?

가장 확실한 해결책은 그러한 지식 개발을 막는 것이겠다. 그러나 이 해결책은 화재가 두려워 따뜻한 난로가 제공해줄 혜택도 무시한 채 성냥의 개발을 막는 행위와 매우 비슷한 것으로서 현대사회에 적용하기는 불가능한 해결책이다. 또 다른 방법은 예상 가능한 정보의 남용을 방지하는 제도적 틀을 구축하는 방법이다.

계약이나 상업적 목적으로 유전 정보를 사용하는 것을 금지하는 법을 제정하는 것도 중요한 기초적 작업일 것이다. 사실상, 많은 나라의 헌법들이 개인의 권리와 평등을 수호하고 있듯이, 모두의 유전 관련 정보가 법률에 의해 동등하게 보호받아야 한다는 것은 얼마든지 생각해 볼 수 있는 일이다.

그러나 아무리 완벽한 법률적인 틀을 만들었다 하더라도, 오늘날 우리가 인종과 계급, 그리고 또 다른 정보들을 부도덕한 방법으로 악용하고 있는 점에 미루어 볼 때, 게놈 정보에 있어서 역시 그와 비슷한 결과가 생겨날 여지는 얼마든지 있다. 만약 우리의 개인적 게놈 정보가 IQ 지수와 비슷한 등급 처리가 된다 하여도 크게 놀라울 일은 아닐지도 모른다.

인간의 도덕적 윤리체계의 구성요소 가운데에는 자연이 부여하는 운명에 순응하지 않으려는 의지가 들어 있다. 자연속의 동물은 서로 싸우고, 죽이고, 무리끼리 전쟁도 하며, 강간하고, 남의 새끼를 살해하고, 빼앗고 하는 등의 몹쓸 부도덕 행위들을 아무렇지도 않게, 즉, 아주 자연스럽게 저지른다.

한편, 우리 인간의 도덕적 행위라는 것은 자연의 본성에 따른 것이 아니라 인간 특유의 기준에 근거한 인지적 관행을 따르는 것이다. 우리 인간은 주어진 자연에 순응하지 않고, 오히려 자연에 해를 끼치는 나쁜 행위를 저질러 온 것을 부인할 수 없는 사실이다. 그러나 이렇게 대자연의 어둠속으로 흡수되어 들어가지 않으려 반발하는 과정에서 인간 특유의 도덕적 질서가 성립된 것도 사실인 것이다.

우리의 유전적 신원은 자연이 우리의 개인적 미래를 결정하려는 운명의 손과도 같은 것이라 하겠다. 그러나 마치 눈먼 사람이라 할지라도 글씨를 읽을 수 있게도 되듯이, 자연의 운명적 손길이 반드시 우리의 길잡이가 되라는 법은 없다.

지난 100년 동안에 걸쳐, 우리는 자연이 우리 개개인에게 준, 가령, 인종과 같은 정체성이 얼마나 광범위에 걸쳐 개인들이나 집단을 포괄적으로 차별대우 하는데에 왜곡되게 악용되는가를 어렵게나마 깨닫게 되었으며 또 그러한 왜곡된 현실에 말려 들어가지 않으려는 노력을 기울여 왔다.

우리는 새로운 게놈시대를 맞이하여 날로 더 많은 것을 배우며 발견해 나가고 있거니와 이와 동시에 우리는 개인의 유전적 신원의 남용을 막는 일이 얼마나 긴급한가에 대한 인식을 강화하기 위한 모든 지식의 발굴에 힘쓰고, 또 그 인식과 지식의 보급에도 모든 힘을 모아야 할 것 같다.

법으로 재단되는 생명윤리

문 재 완

한국외국어대학교 법학과 부교수

생명윤리는 우리에게 아주 친숙한 주제이지만, 또한 동시에 아주 낯선 주제이기도 하다.

생명의 문제이기 때문에 우리 모두의 문제이지만, 어느 날 갑자기 나의 문제로 다가오기 전까지 생명윤리는 우리의 일상밖에 자리하고 있는 것이다.

우리나라에서 생명윤리가 본격적으로 주목받은 때는 2005년 즈음이었다. 황우석 당시 서울대 교수가 수정되지 않은 여성의 난자를 이용하는 방법과 난치병 환자의 체세포를 이용하는 방법으로 배아 줄기세포를 얻는 데 성공했다는 논문을 연이어 발표해 온 국민이 흥분하고 있던 바로 그 때 한 쪽에서는 생명윤리의 문제를 제기했다. 하지만 그 뿐이었다. 한국인의 우수성에 취해있던 우리국민은 생명윤리의 문제를 직시하기 주저했다. 그 후 황 교수의 논문이 조작이라는 사실이 드러나면서 온 국민은 충격에 빠졌지만, 그 때도 연구윤리의 문제가 생명윤리의 문제보다 더욱 주목받았다.

돌이켜 보면, 황우석 사건은 우리 사회가 생명윤리에 대하여 좀 더 관심을 가졌더라면 그 부작용을 훨씬 줄일 수 있었던 사건이었다. 배아 줄기세포에 대한 생명윤리적 비판을 열린 마음으로 받아들였더라면 황우석 교수의 실험 성공을 한국인의 승리로 대치하는 우를 범하지 않았을 것이고, 황교수에 대한 무비판적 지원으로 이어지지도 않았을 것이다.

지금도 생명윤리의 문제는 우리 국민의 주된 관심사가 되지 못하고 있다.

대한민국 국민에게 부동산 문제, 자녀교육 문제, 남북문제는 크게 다가오지만, 인간 생명의 존엄성을 둘러싼 판단 기준을 세우는 문제는 시급해 보이지 않는다.

그 한 예로 낙태를 보자. 우리나라에서 낙태는 사회적 논쟁거리가 된 적이 없다.

낙태는 법의 영역이지, 생명윤리의 영역이 아니라고 생각하기 때문이다. 법이 금지하니까 지켜야 하는 것이고, 법을 위반하였으면 처벌받아야 한다는 정도의 인식이다.

하지만, 미국에서 낙태는 오래된 논쟁거리다. 1973년 낙태를 허용하는 대법원 판결이후 지금까지 낙태의 허용 문제는 매번 대통령 선거의 쟁점이 되고, 대법관 인사청문회의 단골 메뉴가 된다.

낙태는 법이 금지하기 때문에 하여서는 안 되는 그런 영역이 아니다. 태아를 언제부터 인간으로 볼 것인가의 문제와 인간의 자율적 의지를 얼마나 존중할 것인가의 문제에 관한 사회구성원의 공감대가 먼저 형성되어야 하는 영역이다. 즉 법(law)의 영역이기 이전에 사회규범(norm)의 영역이고, 생명윤리(ethics)의 영역인 것이다.

존엄사의 문제 역시 마찬가지다. 인간이 인간으로서 품위를 유지하면서 살아갈 수 없다고 판단하여 스스로 삶을 마감하려고 할 때 이를 허용할 것인가의 문제는 단순히 법을 제정하는 방식이나, 판사의 재량에 의지하는 방식으로 해결할 수 없다.

그 사회가 존엄사를 어떻게 바라볼 것인가의 문제, 즉 생명윤리의 문제를 해결하려고 사회 구성원이 모두 고민하고 애쓸 때 사회규범이 도출되고, 사회구성원은 그 사회규범에 따라 자율적으로 행동할 수 있다.

과학기술이 발전하고 사회가 복잡해지면서 오늘날 생명윤리의 문제는 그리 간단하지 않다. 하나의 생명윤리가 사회규범으로 인간행동의 기준을 제시하기 위해서는 그 생명윤리와 관련된 쟁점을 다양한 관점에서 검토하는 일이 필요하다.

다시 낙태 문제로 돌아가자. 태아의 생명이 소중하다는 점에 대해서는 누구나 동의한다. 하지만 낙태의 문제를 생명의 존엄성으로 재단하는한 생명윤리의 논쟁은 한 걸음도 진전할 수 없다. 난자와 정자가 수정된 후 언제부터 인간으로 볼 것인지, 태아의 생명을 위해서라면 어떠한 경우라도 낙태는 허용될 수 없는 것인지, 태아를 위해서 임신부의 인생은 언제나 포기되어야 하는지, 사회는 언제 임신부에게 희생을 강요할 수 있는 것인지 등 생각해야 할 쟁점이 많다. 이러한 사고에는 지식이 필요하다.

황우석 박사의 배아 줄기세포 연구 역시 마찬가지다. 황 박사의 배아 줄기세포 연구가 성공으로 발표되었을 때 생명윤리학적 비판이 제기되는 것을 수용했어야 하듯이 황 박사의 연구가 허위라고 해서 모든 배아 줄기세포 연구를 비윤리적 영역으로 몰아붙이는 것도 곤란하다. 금지의 논거와 허용의 논거를 살펴볼 필요가 있다.

아더 카플란 박사는 현대인이, 특히 우리나라 사람이 도피하고 싶어 하는 생명윤리의 영역에서 판단에 필요한 지식과 관점을 제공하고 있다.

　우리가 생명윤리의 문제를 외면하면 할수록 이 문제는 윤리의 영역을
건너뛰어 법의 영역으로 옮겨진다. 자율적으로 능동적으로 해결할 수 있
는 것을 타율적으로 강제적으로 강요하게 되는 것은 문제다. 하지만 더욱
큰 문제는 이러한 법제가 외국법, 주로 서양법의 복사판이라는 데 있다.
서양의 세계관, 사회관, 인간관이 어느새 우리에게 주입되어 법이라는 이
름으로 똑같은 사고를 강요하고 있는데도 이를 모른채 살아간다면 슬픈
일이다.

생명과학과 생명윤리

박 태 식

성공회 신부 · 신학박사

황우석 사태

국가생명윤리위원회에서 황우석 사태로 일시 중지되었던 체세포 배아 복제를 재개할 수 있다는 입장을 발표했다(2007년 3월 23일). 물론 제한적이라는 단서는 달려있었다. 아마 끔찍한 신체적인 고통을 받아야하는 사람들을 위해 인도적인 차원에서 제한적으로 허용한다는 뜻일 게다. 복지부는 그에 발맞추어 생명윤리법 제정을 서두르겠다는 발표를 했다. 무엇인가 변화가 일어나고 있다는 징조이다.

미래의 세상은 어떻게 변할까? 자연과학에 몸담고 있는 학자들에게는 흥미로운 질문일지 모르나 종교계 사람들에게는 자칫 두려운 질문일 수 있다. 과거의 그리스도 교회는 과학자들의 연구를 판단하고 단죄할 권리가 있었다. 중세 유럽에서 교회의 결정이라는 것에 막강한 힘이 있어 약초를 따다가 생명을 구한 시골 할머니들을 '마녀'로 규정해 장작불에 태윘으며 지구가 돈다는 주장을 했던 과학자는 종교재판에서 유죄판결을 받기까지 했다. 하지만 교회가 과오를 인정하는 속도는 대단히 느려 수백 년이 지난 1990년대에 이르러서야 비로소 마녀 사냥을 사죄했고 코페르니쿠스의 유죄 판결을 번복했다.

과거와 비교하면 현대 세계에서는 과학과 교회의 관계가 정반대가 된 듯한 느낌이다. 정부와 과학자들은 우선 실험실에서 일을 저지른다. 상황을 알아차린 그리스도 교회는 뒤늦게 나서서 생명윤리가 어쩌고저쩌고 해가면서 상황을 되돌리려 하는데, 이는 전적으로 뒷북을 치는 일처럼 보인다.

황우석 박사가 학자적인 윤리를 저버렸다는 말은 이제 구태의연하다. 오히려 그 후에 벌어진 일들이 중요하다. 불교계에서는 황우석 사태가 공식적으로 정리되고 나서도 황 박사의 연구가 다시 시작되어야 한다는 주장을 강하게 펴왔고 드디어 범국민 서명운동까지 단행해 상당한 공감대를 형성했다.

여기서 잠깐 과거로 시간여행을 해보자. 황우석 박사가 불교계 어른과 카톨릭의 어른을 방문한 적이 있었다.
불교계에서는 전폭적인 지지를 밝힌 반면 카톨릭 서울교구장 대주교는 애매모호한 입장을 취했다. 한편으로 생명연구가 가진 위험성을 지적하면서도 일단 대화를 나누어보자는 식이었다. 충분히 이해가 가는 일이다.

당시 황우석 박사는 전 국민에게 장밋빛 꿈을 선사했다. 줄기세포 연구와 실험을 통해 불치병을 낮게 할 수 있고 최고의 건강으로 장수를 누릴 수 있다는 것이었다. 더구나 이 연구가 국제특허를 얻어 세계적으로 상품

화되는 날에는 대한민국이라는 나라 전체가 돈방석에 앉게 되리라는 희
망에도 부풀어있었다. 장밋빛 미래는 너무나 탐스러웠다. 그래서 황우석
박사를 노벨상 후보로 지명되어야 한다는 바람이 불 정도였으니 아무리
대주교라 할지라도 섣불리 반대를 할 수는 없었을 것이다. 마구잡이로 칼
을 휘둘렀던 중세 카톨릭교회와 비교할 때 격세지감이었다.

그리스도교 윤리의 한계

그리스도 교회가 제시하는 생명윤리의 마지노선은 매우 가파르다. 그
래서 조금만 잘못해도 미끄러져 다치기 십상이다. 일례를 들어, 교회는
낙태를 반대한다. 그러나 윤리신학자들의 견해에 따르면 낙태를 반대하
는 데 심층논리가 작용을 한다. 인간의 자연스런 생명현상은 어떤 경우라
도 막아서는 안 되며, 거기에는 정자의 움직임도 포함된다. 따라서 정자
의 활동을 막는 콘돔도 자연스런 생명현상을 막는 일이 되는 셈이다. 방
법은 단 하나, 주기법만 이용해 성생활을 해야 한다. 그 정도로 엄격한 윤
리의식을 가지고 있으니 교회가 낙태의 타당성을 인정하는 일은 앞으로
도 결코 없을 것이다. 자유연애가 가능하고, 아들인지 딸인지 미리 분별
해서 아이를 지우는 일이 비일비재한 현실에서 보면 참으로 고리타분한
원칙이 아닐 수 없다.

유전자 차원에서 인간을 연구하는 과학자들은 일반적으로 종교적인 윤
리기준에 답답함을 느낀다. 지나치게 원칙적이라 대화의 틈이 보이지 않
기 때문이다. 그러나 그리스도교 윤리에도 한계점은 있다. 질병을 퇴치하
거나 기아에 허덕이는 아프리카의 엄마와 아기들을 극적으로 살려낼 수
있는 가능성을 실험실에서 제시한다면, 인류구원이라는 보다 거대한 가
치에 동조할 수밖에 없을 것이다. 적어도 생명연구에 몰두하는 과학자들

은 그렇게 확신하고 있다. 그래서 자신들의 연구가 비록 당장은 교회의 저항을 받더라도 훗날엔 인정을 받게 될 것이라는 희망을 갖고 있다.

사실 지난 역사를 보면 종교계의 반대에 부딪쳤다고 해서 애써 개발한 새로운 과학기술을 포기한 예는 찾기 힘들다. 더구나 그 기술이 나라의 부를 늘려주는 효과까지 있다면? 답은 분명하다. 황우석 박사에 대한 미련도 그런 맥락에서 이해할 수 있을 것이다.

생태적으로 그리스도교 윤리는 이 세상에 존재하는 악을 거두어내고 선을 이루어내는 데 그 목표를 두고 있다. 이 세상에 존재하는 선과 악을 기정사실로 받아들이고 오히려 집착을 버리는 데서 인간구원의 가능성을 찾는 불교와 사뭇 다른 자세이다. 황우석 박사에게 불교가 그만큼 너그러울수 있는 이유이기도 하다.

타락 이야기

그리스도교에서 생명을 좌지우지할 권리는 오직 하느님에게만 있다는 것은 상식이다. 천지창조가 하느님의 손에 의해 이루어졌고 생명을 주신 분도 하느님이니 당연한 이치라 하겠다. 그런데 천지창조라는 원칙적인 입장만으로 생명이 오로지 하느님의 영역이라는 사실을 인식시키기에 충분하지 않았다. 타락이야기는 그런 맥락에서 보아야 한다.

아담과 하와는 본디 하느님이 만들어놓은 낙원인 에덴동산에서 행복한 삶을 살고 있었다.

그러나 행복한 삶에는 한 가지 조건이 달려있었는데 결코 에덴동산 중앙에 서 있는 선과 악을 알게 하는 나무의 열매를 먹어서는 안 되고, 만일 먹으면 죽음을 면치 못하리라는 경고였다. 그러나 경고가 주어질 때부터 우리는 이미 그 경고가 조만간 무용지물이 되리라는 사실을 알고 있다. 뱀의 꼬임에 빠진 아담과 하와가 열매를 따서 먹은 후 그 벌로 에덴동산에서 쫓겨나 험난한 삶을 살아야 했다. 아담은 노동으로 가족을 먹여 살려야 하고, 하와는 출산의 고통을 겪어야 하며, 뱀은 땅을 기어다니는 비천한 신세로 전락하고 말았다. 그리고 보다 중요한 벌이 한 가지 더 남아 있다.

에덴동산 중앙에는 원래 생명나무와 선악을 알게 하는 나무가 서 있었다. 아담과 하와는 그 중에서 선악과를 입에 넣었고, 그들이 동산에서 쫓겨난 후 생명나무에 도달할 수 없도록 하느님은 천사들을 세워 지키고 돌아가는 불 칼을 장치했다.

아담과 하와의 타락이야기는 물론 신화적인 차원에서 이해해야 한다. 실제로 뱀이 예전에는 나무에 걸터앉아 사람과 대화를 나누었다고 볼 수 없다는 뜻이다. 이 이야기는 당시 사람들의 세계관을 반영한다. 남성이 가족을 먹여 살리려 일을 하게 된 이유, 여성이 아기를 낳게 된 이유, 뱀이 추한 모습으로 땅을 기어다니게 된 이유 그리고 인간이 영생을 누리지 못하는 이유가 들어있다. 이를 두고 흔히 신화에 숨어있는 '발생학적인 세계관' 이라 부른다.

상대화의 길

영생은 오로지 하느님만 누릴 수 있다. 인간이 선악과에 손을 대 비록 지혜를 갖고 있지만 영생은 누리지 못한다. 인간은 반드시 죽어야만 하는 존재이다. 아담과 하와의 타락 신화는 청지창조와 더불어 그렇게 인간의 실존적인 한계를 설명한다. 하지만 오늘날 이루어지는 생명연구의 논리는 창세기의 타락이야기를 무용지물로 만들려 한다.

특정 장기가 쓸모없어진 사람에게는 장기를 복제해서 갈아 끼워주고, 후손이 필요한 사람에게는 시험관 아기를 안겨준다. 유전자 지도를 완전하게 설명하는 날이 오면 그간에 생명을 위협했던 모든 질병을 유전자 차원에서 해결할 수 있다. 말하자면 슈퍼 인간이 등장하는 것이다. 아니, 더 간단한 방법도 있다. 나와 똑같은 인간을 무수히 복제해 놓고 필요할 때마다 모든 장기를 갈아 끼우면 영생의 길이 열릴 수도 있다. 아마 그 때쯤에는 창세기의 타락이야기를 다시 써야 할지도 모른다. 낙원에서 쫓겨난 후 돌아가는 불 칼을 무력화시키고 천사들의 눈을 피해 아담과 하와는 생명나무 열매를 먹었고 에덴동산 재진입에 성공했다고…….

생명과학자들 중에는 질병을 퇴치하고 수명을 연장하려는 인류의 노력이 지향하는 목표가 바로 '새 생명의 창조'라고 하는 이가 있다. 지난 역사에서 인류가 비록 그 목표를 뚜렷하게 인식하지는 못했더라도 암묵적인 차원에서 그런 약속이 있었다는 것이다. 아니, 한 걸음 더 나아가 그런 목표가 없었다면 인류의 건강을 위한 수고가 모두 허사가 아니겠냐는 논리이다. 그 말은 어느 정도 수긍 가는 측면이 있다. 사실 모든 생명현상을 하느님이 주신 것이라면 인간이 살면서 겪는 신체적인 고통도 창조주의 선물이다. 그러니까 창조질서에 따르면 감기약을 먹는 일도 당장 중단되어야만 이치에 맞는데, 아무리 신앙이 투철한 그리스도인이라 할지라도 감기약을 일부러 먹지 않는 경우는 못 보았다는 것이다.

이 세상에 완벽한 윤리의식을 가진 사람은 존재하지 않는다. 겉으로는 도덕군자처럼 보여도 실제로는 뒤에서 더러운 짓을 일삼는 사람들이 우리 주위에 널려있다. 신기술을 폄하하지만 정작 폄하했던 사람 자신이 치명적인 병에 걸리면 어떻게 해서든지 살려고 발버둥 칠 것이다. 말하자면 목숨을 부지하기 위해서는 악마와도 손을 잡는 게 인간이라는 뜻이다. 그처럼 생명과학자들의 논리는 상대화의 길을 걷고 있다. 인류가 이제까지 보편적으로 인정했던 숭고한 가치들을 무력화하고 그 너머에 인간의 이기심이 자리 잡고 있음을 인정하라는 강력한 요구이다.

슈퍼인간이 우리의 목적인가?

생명윤리든, 성경책이든, 인간이든, 하느님이든, 일단 상대화시키기 시작하면 한도 끝도 없을 것이다. 아무리 볼륨을 높인다 한들 교회의 목소리는 멀리까지 들리지 않는다. 또한 아무리 설득력 있는 논리를 교회가 내세운다 한들 국가와 개인의 이익 앞에서는 초라해질 뿐이다. 상대화 경향이 그만큼 큰 힘을 갖고 있기 때문이다.

한국 주교회의에서는 '생명경시 법과 정책을 개정하라.'는 성명서를 발표하고 앞으로 교회의 입장과 가르침을 총망라한 '생명백서'를 발간, 교회 안팎으로 배포할 계획임을 밝혔다(2007년 3월 15일). 그러나 현 시대에 생명과학자들의 치밀한 논리를 교회에서 이겨낼 가능성은 거의 없다. 그리고 국가의 이익에 반대하는 정책을 밀고나갈 용기도 교회는 없는 것 같다. 그저 일이 터지고 나면 성명서나 발표 하는 게 교회의 임무처럼 보인다. 그러니 주사위는 생명과학자들의 손에 잡혀 있다고 해야 옳다. 적어도 외견적으로는 그렇게 보인다.

필자의 눈에 생명 연구나 유전자 연구의 목적은 슈퍼인간의 출현에 있다. 독일 유학시절에 생명과학 연구로 박사학위를 쓰던 친구에게 신기한 말을 들은 적이 있다. 그의 말에 따르면 엉덩이가 셋 달린 돼지나 돌고래만한 연어가 등장할 날이 멀지 않았다고 했다. 그리고 임신 7개월 된 송아지를 강제로 자궁에서 꺼내 여러 가지 실험을 한다는 기사도 읽었고 급기야 줄기세포를 건드리게 되리라는 전망도 있었다. 그 모든 것이 돼지나 연어나 소를 위한 일은 물론 아니다. 그런 연구를 통해 인간이 보다 안락한 삶을 누리려고 하는 것이다. 자연을 자연 그대로 받아들이는 게 아니라 인위적인 강제력을 동원해서라도 사람에게 유용하게 만들어보겠다는 의도이다. 그 정도로 인간이 중요할까? 자연을 거부하면 과연 우리 손에는 무엇이 남을까?

최근에 '거꾸로 읽는 세계사'라는 책을 본 적이 있다. 20세기 초에 비해 빈부의 격차는 더욱 넓어졌고 인류를 위험에 빠트릴 수 있는 치명적인 질병들이 나타났고 교통체증은 더욱 심해졌다. 20세기를 발전의 시대로 보는 긍정적인 역사관을 가진 사람들이 있지만 거꾸로 보면 역사는 퇴보한 셈이다. 눈에 보이는 물질의 세계에 집착하느라 정신적인 가치를 놓치고 있다는 말로 바꿀 수도 있다.

진실한 삶이란 무엇인가? 후손에게 물려줄 수 있는 정신적인 가치는 무엇인가? 아비와 어미가 자식에게 '나는 이렇게 살았다.'라고 자신 있게 말할 수 있는 부분은 무엇인가? 나는 어디에서 왔고 어디로 가는가? 오래 살고 건강하게 사는 게 과연 인간의 존재이유인가? 슈퍼인간이 등장하면 과연 온 자연이 행복해질까? 결코 그렇지 않다.

요즘 이루어지는 생명 연구 방향의 문제점은 초월적인 존재를 과소평가 하는 데 있다. 이른바, 유전자 만능주의, 생명과학 만능주의의 소산이다. 하지만 생명을 창조할 능력이 생겼다고 해서 곧 하느님이 사라지지는 않는다. 선악과를 따먹어 하느님의 지혜를 훔쳐냈다고 해서 창조주 하느님과 같아질 수 없는 것과 마찬가지 이치다.

생명과학자들에게 지금 필요한 것은 겸손의 지혜이다.

생명윤리학이란 무엇인가?

아더 카플란

저자

생명윤리학의 특성과 범위

예전부터 의학에서 생명과 관련된 많은 윤리적 쟁점들이 있어왔지만 생명윤리학은 미국에서 1960년대 후반에야 시작된 최신 영역의 학문이다. 히포크라테스가 그의 유명한 선언 "Primum non nocere (환자에게 해를 입히지 않는 것이 최우선이다)"을 했을 때, 그는 오늘날의 의학계에서도 마주하고 있는 가장 핵심적인 이슈를 예상한 것이다. 바로 의사의 역할과 의무이다. 20세기 후반 의학 연구가 초래한 중요하면서도 어찌 보면 매우 낡은 이슈에서부터, 기술과 과학의 발전으로 야기된 현대의 윤리적 문제에 이르기까지 포괄해서 다루는 학문 영역이 바로 생명윤리학이다. 이런 새로운 학문의 출현 이후 40년이 지난 지금, 생명윤리학은 의학과 생명과학에서 지적인 깊이가 있는 많은 변화를 가져왔다.

생명과학의 진보라는 배경과 함께, 생명윤리학은 다음의 3가지 사명을 가지고 있다.

첫째, 일반적인 의료 실험과 미국을 포함한 선진국의 보건 의료서비스
에 관한 문제들을 제기하는 것이다.

둘째, 생명의학 기술이 발전함에 따라 발생하는 생명윤리의 딜레마와
싸우는 것이다.

셋째, 공공 건강을 위해 국제적인 노력을 기울이는 동시에 사람들의 의
식을 깨우치고, 국민 건강이 일천한 개발도상 국가들에게도 효과적으로
전파될 수 있도록 노력하는 것이다.

줄기세포 연구나 나노 테크놀러지 연구 같은 신기술 출현으로 등장한
윤리적 딜레마에 대한 관심이 이 분야에 관한 사람들의 흥미를 끌고 있지
만, 다른 사명들 역시 동일한 중요성을 지니고 있다.

생명윤리학의 핵심은 '의사가 환자에게 갖는 책임이란 무엇인가? 그리
고 '훌륭한 의사의 미덕은 무엇인가? 와 같은 의학의 전문성에 관한 질문
들이다.

생명윤리학은 의료계와 의학 연구의 중요한 이슈들을 탐구한다. 여기
에는 환자에게 진실 말하기, 의사와 환자간의 합의, 비밀 유지, 수명 연장
시술, 갈등과 이익, 반(反)권리포기, '안락사' , '제3소견' , 보건 의료서비
스의 분배와 접근 등이 포함된다. 생명윤리학내에서 과학과 기술의 발전
에 큰 영향을 받지 않는 부분으로 생명윤리학의 핵심 관심사이면서 그래
서 보다 실용적인 부분이 된다.

생명윤리학의 두 번째 임무는 과학과 의학의 비약적 발전의 속도를 윤
리적 반영이 쫓아갈 수 있도록 조절해 해주는 것이다. 각각의 새로운 기
술과 의학 발전이 대중들을 어디로 안내하는 것인지 도덕적인 방향을 잃
어버리면 찾아내는 것이다. 21세기는 '생명학 세기' 지만 또한 도덕적으
로 어려운 상태가 지속될 지도 모른다. 왜냐하면 우리의 과학이 도달하는

곳이 우리의 윤리적 이해력을 넘어설 것이기 때문이다.

　이러한 기념비적인 진보에 미리 대비하기 위해, 생명윤리학의 범위는 새로운 과학기술에 의해 초래될 윤리적 문제까지 포함하도록 확장되어왔고, 확장되어야만 한다. 새로운 기술이란 인간 게놈 프로젝트, 줄기세포 연구, 인공 출산기술, 동식물의 유전자 조작, 새로운 생명 형태의 합성, 성공적인 복제 개체의 탄생 가능성, 산전 유전자 진단, 나노 테크놀러지, 동물 기관 인체 이식 수술 등이 최근에 진행되고 있는 핵심 과학기술이다.

　최근 생명윤리학은 후진국에 의료서비스를 함께 나누자는 주장을 시작했다. 말라리아, HIV, 에볼라와 같은 바이러스에 효과적인 백신과 치료법을 찾기 위한 연구의 추진을 누가 할 것이며 어떤 도덕적 기준으로 관리 감독할 것인가? 병이 발병하는 후진국 기준 아니면 서구 사회의 기준이 될 것인가? 그리고 어린이들의 의학적 치료에서의 위험성 감소는 어떻게 보장할 것이며, 국가 안보 증진이라는 목표를 위해 어느 정도까지의 조정하며 강제력을 허용할 것인가 등등.

　이러한 여러 인구 수치에 기초를 둔 이슈들은 의료서비스 공급자와 연구가로 하여금 서로 다른 새로운 종류의 윤리적 문제들에 직면하게 만든다. 의료서비스 공급자는 전체인구 통계수치에서 의료 지표가 나아지기를 추구하며, 연구가들은 일부 국가에서 전염성을 보인 치명적인 질병에 대한 연구를 수행하고자 한다.

　모든 학문 분야 혹은 보통 사람들의 삶도 이런 윤리적인 문제에서 영향을 받기 때문에, 생명윤리학의 범주는 나날이 확대되고, 그래서 여러 학과를 대변하는 학자들이 포함될 수밖에 없다. 결국 생명윤리학은 철학, 종교, 의학, 법학, 사회학, 정치학, 장애인들에 대한 연구, 간호학, 그리고

문학에 이르는 다양한 영역의 학문을 포괄하게 된다는 말이다.

생명윤리학의 역사

독특한 학문 영역으로서 생명윤리학은 겨우 40여 년의 역사를 가지고 있다. 이러한 생명윤리학의 역사는 1960년대 미국의 과학과 문화 발전의 일면을 따라가 보면 더욱 확실해진다.

생명윤리학의 학문적 구축은 이 시기 미국의 근본적인 문화 변화와 미국 의학의 비상한 발전에 기인한다. 이 시기에 의학계는 장기 이식, 신장 투석, 인공호흡기 그리고 집중 치료실 등이 생겨나면서 예전에는 상상할 수도 없었던 위치까지 올라섰다. 하지만 이러한 급진적인 기술 발전은 또한 대중에게 이전에는 경험하지 못했던 윤리적 위압을 증대하게 되었다.

예를 들어 '언제부터 중환자실 집중 치료를 시작해야 하는가?' 혹은 '신장 투석과 같은 치료는 언제 취소할 수 있는가?' 와 같은 문제들이 제기된 것이다. 안전한 피임약과 낙태 시술을 위한 기술개발은 윤리적 당혹감을 증대시켰다. 동시에 문화적인 변화가 개인의 자율성과 권리를 강조하는 방향으로 진행되면서, 대중의 의학적 치료와 처치에 대한 참여와 통제 정도가 더욱 강해졌다. 사람들은 낙태와 피임의 자유를 두고 논쟁하기 시작했으며 환자의 권리에 대한 논의도 여세를 몰아 시작되었다.

이러한 분위기에 답하듯, 학계에서도 이 골치 아픈 주제들에 대한 저작물들이 쏟아졌다.

학자들은 철학과 신학의 범주에서 이런 '응용윤리학' 문제들을 고찰하기 시작했다. 생명윤리학 또는 당시 용어로 의학윤리는 합리적인 학문으로 관심을 받게 되었다.

초기 생명윤리학 연구는 대학 내 전통적인 학문, 종교학과와 철학과의 소수의 학자들에 의해 수행되었다. 이들은 새로운 의학과 기술의 발전으로 초래된 문제들에 관하여 저술하였다. 하지만 그들은 독립적인 학문으로 또는 교과 영역이라 부를 수 있을만한 커뮤니티의 구성원은 아니었다. 서로 독립적으로 단절된 채 일하던 개개의 학자들이 생명윤리 이슈를 엄격한 학문 연구의 위치에서 정식으로 논의할 것을 제시하면서 조금씩 제 모습을 갖추어갔다.

하지만 생명윤리학은 최초의 '생명윤리학 센터'의 설립이라는, 즉 이러한 논의들에 대한 연구에 몰두할 수 있는 기구가 설립되면서 하나의 학문영역으로서 그 입지를 굳힐 수 있었다. 최초의 '생명윤리학 센터'의 설립과 함께 학문 생명윤리학이 탄생한 것이다.

모순은, 학문으로서 생명윤리학은 전통적인 아카데미 구성원이 아닌 기구를 설립하면서 존재하게 된 것이다. 생명윤리 연구를 위한 이 최초의 기구는 아카데미 연구의 한계와 완고한 경계 설정을 제거하고자 만든 독립된 생명윤리 센터였다.

1970년 9월에 설립된 이 기구가 바로 처음에는 '인간 과학과 가치 연구를 위한 센터'라 불렸던 해스팅스 센터이다. 설립자 다니엘 캘러한은 해스팅스 센터를 오직 생명윤리학의 진지한 연구에 헌신하는 학제 간 성격의 기구로 세웠다. 당시 캘러한은 필라델피아 대에서 철학박사 학위를 받은 직후였다. 그는 응용윤리학에 관한 문제들을 연구하던 학자 중 한 명이었다. 그러나 그는 전통적인 철학의 경계에서 벗어나 있는 복잡한 문제의 수렁에 빠진 자신을 발견했다. 그는 낙태라는 주제를 다루기 위해서는 스스로는 방향성을 잡을 수 없는 학문들, 즉 법학, 의학, 사회학 분야 등의 참조가 어느 정도 필요함을 알게 되었다.

그러나 학과들은 대학 안에 떠있는 섬처럼 존재하기에, 진정한 학제간의 연구를 수행하기란 불가능한 것처럼 보였다. 해스팅스 센터는 중요한 물음들을 여러 학문적 시각과 방법으로 다각도로 투시하며 연구할 수 있는 지적인 공간을 마련하기 위해 설립되었다.

두 번째 기구는 1971년 생명윤리학 분야의 단결을 위해 창립된 케네디 윤리 연구소였다.

비록 이 곳이 전통적인 아카데미 내부에 있었지만, 조지타운 대학에 있던 설립자들은 해스팅스 센터와 유사한 목표를 가지고 있었다. 케네디 윤리연구소는 어느 특정한 학과 부서 안에 편입되지 않았지만 학위과정 프로그램을 가지고 있었고, 교원 채용에 있어서 대학 모델을 따르는 등 정통적인 학부처럼 보였다.

이러한 신중한 시작들로 인하여 생명윤리학의 영역은 확대되었다. 수십 개 대학이 이어서 선례를 따라 주로 생명윤리학 이슈만을 연구하는 기구를 설립하기 시작하였다. 곧이어 인공 심장과 시험관 아기 같은 첨단 기술 그리고 HIV 바이러스 같은 의학계의 문제점들이 제시되면서 생명윤리학은 성장하게 되었다. 이제 생명윤리학은 아카데미 지도 안에 상설로 자리 잡게 되었고, 공론의 중심에 서게 되었다.

생명윤리학 기구

대학과 연계되었건 아니었건 간에, 최초의 생명윤리학 기구는 센터이거나 협회였다.

일반적으로 정부나 전형적인 기업 홍보부, 혹은 학교 조직으로부터 자유로웠고 상당한 독립성을 확보하고 있었다. 지난 30년 간, 생명윤리학이 학문 영역으로 정당성을 얻어가면서 생명윤리학 센터는 많은 학교에서 학부로 전환되었다. 독립된 지식 창고 조직의 모델로 오늘날 생명윤리학 센터는 종종 의과대학이나 예술 과학대학 안에 설립되기도 하는데, 그 조직도 학교 내의 다른 학부들과 다르지 않은 동일한 구조를 가지고 있다.

생명윤리학의 전문화는 아카데미 영역에서 센터로 연구의 장을 옮겨왔고, 이러한 발전과정으로 인해 생명윤리학은 종신 재직권, 학위 프로그램, 전문가 컨퍼런스, 학회지와 같은 전통적인 아카데미의 특성까지 가지게 되었다.

1980년대 초, 의과대학들이 생명윤리기구를 의료윤리학 또는 의료인문학의 한 부로 설립하기 시작하였다. 의과대학내에 위치한 이러한 생명윤리학 기구들의 의무에는 박사과정의 학생들에게 윤리교육을 하는 것이 포함되어 있었다. 초기의 생명윤리센터들의 주된 목적은 학문의 연구생산이었지만, 생명윤리학부의 경우 교육자로서의 의무가 있었다. 이러한 기구들은 사실 학교가 가지는 상대적으로 불충분한 교육적 의무를 보완하기 위해 있는 것으로 인식되었다. 의과대학이 아니라 예술과학대학 내의 생명윤리학 기구들 역시 학부생이거나 대학원생들을 가르치는 교육자로서의 의무를 가졌다.

생명윤리학의 조직들은 그 유형에 따라 전통적인 학부 또는 대학원 코스와 전공강의 또는 집중강의를 제공한다. 또한 대학원 학위과정(대부분 석사 과정)이 있고, 의대생들은 학부과정에서, 레지던트들은 윤리교육과정이 마련되어 있다. 미국에는 현재 30개 이상의 생명윤리 분야의 전공이 개설되어 있으며, 다양한 학생들을 끌어들이고 있다. 학부에 갓 입학한 학생이나, 법학 박사 또는 의사 면허나 의학 박사학위를 따려는 학생들, 법조계나 의료계에서 온 전문가들 그리고 생명윤리 분야의 전문지식을 요구하는 일을 담당하는 공무원들이 생명윤리학을 배우고 있다.

생명윤리학은 전문화에 따라 정통적인 학계 스타일에서 아카데미 저널과 같은 형태의 논문을 요구하게 되었다. 이러한 새로운 학문 영역의 요구는 참신한 연구 성과를 게재할 수 있는 학회지를 필요로 하게 되었다.

결국 생명윤리학의 연구 성과만을 게재하는 전문학회지의 탄생을 가져왔다. 해스팅스센터 리포트, 케네디 연구소, 생명윤리 아메리카 저널, 생명윤리 지가 그것이다. 이로써 아카데미 안에 편입된 생명윤리학은 그 새로운 논문들을 정통 의학지와 과학저널에 싣기 시작하였다. 현재 생명윤리 연구는 일반적으로 JAMA(미국의사협회지), 뉴잉글랜드 의학저널, 사이언스 그리고 네이처지에 게재된다.

생명윤리학에서 가장 요긴하게 사용되는 기구는 인터넷일 것이다. 모든 주류 생명윤리 연구소, 센터, 학부 또는 일부 저널들까지 웹사이트를 정성 들어 운영하고 있다. 연구소, 학부, 학위 프로그램에 관한 전문적인 정보를 제공하는 것 뿐 아니라 현재의 생명윤리 이슈에 관한 대중들의 논의를 끌어내기 위한 교육적인 의무도 수행하고 있다. 이러한 사이트들은 관련 이슈에 대하여 더 많이 알고자 하는 사람들에게 가치 있는 정보들을 제공한다.

가장 잘 개발된 사이트는 www.bioethetic.net 으로 '생명윤리 아메리카 저널'의 협력 사이트이다. 이 사이트는 유저들에게 단순히 생명윤리 분야의 실제 연구 결과를 알려주는 것에 그치는 것이 아니라, 고등학생을 위한 생명윤리 프로젝트, 채용 정보, 초보자를 위한 생명윤리, 새로운 생명윤리 관련 기사를 매일 업데이트하며 그 원문이 게재된 사이트와 링크할 수 있도록 하는 등 다양한 메뉴를 제공해준다.

생명윤리 방법론

최초로 생명윤리학 영역을 구축하고 이끌었던 이들은 대부분 신학자 아니면 철학자들이었다. 그들의 원래 연구 분야와 연구방법이 이어져오긴 했지만, 생명윤리학에서 이뤄진 초기의 연구는 특정한 기술과 특정한 실험, 그것에 대한 도덕적 허용가능성에 관한 모범적인 논쟁들과 분석결과들을 한 곳으로 모은 것이다. 1970년대부터 이러한 신학자들과 과학자들의 모임에 심리학자와 법학자가 동참하였다. 이들 역시 생명윤리에 관한 논의들에 대하여 규범적인 주장들을 내놓았다. 하지만 1990년대 중반에 이르러서야, 생명윤리학은 다른 분야의 사람들도 끌어들이기 시작했다. 거기에는 사회학자, 경험 많은 임상의학자, 의사와 간호사들이 있었다. 새로운 학자들의 동참으로, 생명윤리학의 방법론은 생명윤리 영역 속에 신종 학문들의 방법론을 반영하면서 바뀌기 시작하였다. 이러한 변화들과 함께 생명윤리학은 문제에 대한 표준적인 분석방법과 경험주의적 연구틀을 포함해, 필자가 명명한 '경험주의적 생명윤리학'까지 제공하기에 이른다.

경험주의 생명윤리학은 두 가지 방법 중 하나를 취한다. 두 가지 방법이란 생명윤리학적인 문제들을 밝히기 위해 필요한 경험에 입각한 데이터를 모으는 방법과, 이와 달리 생명윤리의 영역 그 자체를 연구하기 위해 학과적인 특성을 벗어나고자 하는 방법이다.

첫째 방법을 사용하는 프로젝트는 사회과학 방법론인 정성적 연구와 정량적 연구 두 가지 방법을 모두 사용해서 설득력 있는 생명윤리학 주장을 확립하기 위해 필요한 정보를 모으는 것이다. 예를 들어 이러한 경험주의적 연구는 의학 정보에 대한 환자의 이해력, 의학적 치료 과정에서 환자와 그 가족이 경험한 것, 어린이들과 무능력한 어른들의 역량 등을 탐구한다. 이 조사의 목적은 종종 의사들이 마주하게 되는 특정한 윤리적 딜레마가 무엇인지를 얻기 위함이다.

둘째 방법을 사용하는 프로젝트, 즉 생명윤리학 그 자체에 대한 연구는 다음과 같은 테마들을 탐구한다. 생명윤리학의 학문 영역이 발달해온 방법, 생명윤리학이 정책 형성에 미치는 영향, 생명윤리학 연구에서 사용되는 방법과 전략, 생명윤리학에 대한 생명윤리학계 스스로의 이해, 대중들의 삶과 현대 전 학계에서 생명윤리학이 가지는 위치 등의 주제들을 연구한다. 현재, 매우 주목을 끄는 방법 중 하나는 '서술적 생명윤리학' 또는

'해체주의적 생명윤리학'이라 불리는 것이다. 문학 비평의 통찰력을 사용함으로써, 이러한 생명윤리학자들은 생명윤리학의 담론을 조사한다. 이들의 목적은 생명윤리학이 그 동기와 목적을 정하는데 있어 보다 더 자기반영적이 될 수 있도록, 생명윤리학 특유의 성향, 관습, 가정을 밖으로 드러내는 것이다. 같은 맥락에서 생물윤리학의 영역에서 페미니스트 생명윤리학자와 신체장애 생명윤리학자들의 발전을 주시하고 있다. 두 그룹에서 여러 이슈 중 어떤 관점을 받아들이거나 배제하는지, 어떤 의견을 표명하며, 특정한 중요 이슈에 대한 합의점은 무엇인지를 분석하는 것이다.

전적으로 2000년대 초반까지는 생명윤리의 경험주의적 방법이 학계에서 잘 받아들여졌다. 모든 생명윤리 연구소와 부서들은 사회과학 혹은 임상 의학 분야에서 지지를 받았다. 많은 경우에 경험주의자들이 센터나 부서의 다수를 구성하였다.

마지막 방법론은 의료 인문학 분야에서 중요하게 사용하는 문학비평(분석)이다. 임상 의학자들의 윤리 교육 시 관련 문학작품들을 비평하는 방법이다. 이러한 의료 인문학은 임상의학자들에게 1인칭으로 질병에 대해 서술하게 하거나, 1인칭 시제로 진술을 하게 한다. 결국 이런 문학작품들을 연구하는 것은 의료 서비스 전문가들이 환자와 의사가 연관된 윤리적 논의를 강의할 때 중요한 역할을 수행한다.